# 金州管理战略论

Jinzhou Guanli Zhanlüelun

吴家富 ◎ 著

西南交通大学 出版社

·成都·

## 图书在版编目（CIP）数据

金州管理战略论 / 吴家富著. —成都：西南交通大学出版社，2014.9
ISBN 978-7-5643-3285-3

Ⅰ.①金… Ⅱ.①吴… Ⅲ.①区域经济－经济管理－研究－黔西南布依族苗族自治州②社会管理－研究－黔西南布依族苗族自治州 Ⅳ.①F127.732②D677.32

中国版本图书馆 CIP 数据核字（2014）第 191076 号

### 金州管理战略论

吴家富 著

| | |
|---|---|
| 责 任 编 辑 | 孟秀芝 |
| 封 面 设 计 | 墨创文化 |
| 出 版 发 行 | 西南交通大学出版社 |
| | （四川省成都市金牛区交大路 146 号） |
| 发 行 部 电 话 | 028-87600564　028-87600533 |
| 邮 政 编 码 | 610031 |
| 网　　　　址 | http://www.xnjdcbs.com |
| 印　　　　刷 | 成都蓉军广告印务有限责任公司 |
| 成 品 尺 寸 | 148 mm×210 mm |
| 印　　　　张 | 11.75 |
| 字　　　　数 | 324 千字 |
| 版　　　　次 | 2014 年 9 月第 1 版 |
| 印　　　　次 | 2014 年 9 月第 1 次 |
| 书　　　　号 | ISBN 978-7-5643-3285-3 |
| 定　　　　价 | 47.00 元 |

图书如有印装质量问题　本社负责退换
版权所有　盗版必究　举报电话：028-87600562

# 序 言

读完家富同志的《金州管理战略论》一书，我不禁乡情澎湃、浮想联翩。我和家富的家乡黔西南布依族苗族自治州被誉为"中国金州"，是个生态环境优美、物产极为丰富的美丽之州、富饶之州！

金州是我成长和一度工作过的地方，和家富同志一样，我对于这块土地有着深深的赤子之心、拳拳之情！由于自然、历史、地理等诸多因素的影响，故乡的经济社会发展相对滞后，目前尚处于"欠发达、欠开发、欠开放"的阶段，如何使这块富饶的土地彻底摆脱"富饶的贫困"，插上腾飞的翅膀，与全国同步建成小康社会，是每个金州儿女时时刻刻考虑的问题！可喜的是，家富同志通过深入调查研究后运用经济学、管理学等学科的相关理论认真探讨了一系列金州发展的战略问题并撰写了此书，全书将理论概括、实践探索、对策思考融为一体，逻辑严谨，言之有物。我读完后的总体感觉是：情深、意切、理深！

此书从政治自觉、文化自信和管理创新的高度，从战略思维、创新思维和底线思维的维度，从资源配置、市场优化和协调发展的角度系统论述了金州管理战略，令人耳目一新。

总之，此书具有较高的学术价值和实践意义，对金州进一步开拓战略思维、创新发展机制、加速发展、加快转型、推动跨越意义重要，值得一读！

（序言作者为贵州省经济文化促进会会长、贵州省核心专家、研究员、经济学博士龚晓宽）

2014 年 4 月 29 日
于贵阳

# 前　言

《金州管理战略论》一书，系作者运用经济管理学、公共管理学等理论知识，从管理战略的角度，结合金州经济社会管理的实际进行研究探索的初步成果。其中包含理论概括、经验总结、问题研究和对策思考。本书是根据金州党校（行政学院）系统干部教育培训的教学需要，继《黔西南产业发展研究》和《黔西南产业模式研究》两书公开出版之后的第一部由作者独立完成的教学专著；也是一部以实际行动巩固金州党校（行政学院）系统大中专体制升格评估成果、提升教学科研水平、结合实际贯彻落实《中国共产党党校工作条例》和《国家行政学院工作条例》的地方性干部教育教科书。全书共分为四个部分计三十六章，其中每个部分均为九章。

第一部分为"金州管理战略论"：旨在从管理战略的角度研究和论述金州的经济社会管理。第一章简述了金州的来源、内涵和基本情况，概括了管理战略的概念；第二章探索了金州经济发展战略的理论依据和实践基础；第三章提出了金州管理战略应深入贯彻落实科学发展观的观点，论述了科学发展观的深刻内涵、精神实质和根本要求，作出了结合实际贯彻落实科学发展观的理论思考；第四章提出了金州应重点实施工业强州战略的理论依据、路径选择和对策研究；第五章提出了金州应重点实施城镇化带动战略的意义、路径和措施；第六章作出了金州应努力构建城乡一体化战略的思考，分析了努力构建城乡一体化战略的重要性、紧迫性、战略要求及应解决的重要问题；第七章提出了金州应实施跨越式发展战略的观点，论证了树立跨越式发展理念、明确跨越式发展目标、把握跨越式发展关键和找准跨越式发展抓手等重点问题；第八章比较和论证分析了《孙子兵法》与企业竞争战略的理论依据、基本原则和战略控制与实施，归纳提炼了其对金州的启示；第九章比较分析了发达国家提出的"再工业化"对金州发展战略的挑战，介绍了"再工业化"提出的背景、内涵、举措与对我国制造业的挑战与启示，研究了金州的应对措施。

第二部分为"金州经济管理论"：旨在从经济管理方面研究和探讨金州的经济管理战略。第十章综述了金州建州以来经济发展思路的探索阶段、形成阶段、优化阶段和成熟阶段；第十一章提出了金州要走新型工业化道路的观点，论证了金州走新型工业化道路的内涵、量和质的关系以及发展方向；第十二章提出了金州应走特色城镇化道路的观点，分析了存在的主要问题，作出了路径选择的思考；第十三章提出了金州应加快推进市场化建设的观点，归纳了市场化的科学内涵、分析了市场化的现状、研究了推进市场化建设的对策措施；第十四章提出了金州应加快推进农业产业化的观点，思考了金州加快推进农业产业化的对策措施；第十五章阐述了资本和资本的自然属性，论证和思考了金州应加快推进资本置换步伐的重要意义；第十六章提出了金州应加快推进招商引资工作的观点，研究分析了招商引资工作的重大意义、重要特征和对策措施；第十七章论述和阐释了企业营销中的"加减乘除"策略，归纳了其对金州的启示；第十八章论证和分析了金州应发挥比较优势、努力实现后发赶超的重要性和紧迫性，思考了后发赶超的措施。

第三部分为"金州公共管理论"：重在对金州的公共管理工作进行一些解读、研究和探讨。第十九章概述了金州公共管理的内涵、目的和任务；第二十章提出了金州的公共管理应着力解放思想促跨越的观点，阐释了什么是解放思想，为什么要解放思想和怎样解放思想；第二十一章从理论角度论述了公共管理关系的理论与实践问题，强调了问题意识和实践的重要性；第二十二章论述了我国部门管理模式的创新，介绍了国外的几种管理模式，分析了国内部门管理模式的现状，进行了国内部门管理模式创新的思考；第二十三章论述了行政决策的特性、方法和进行科学决策的程序；第二十四章从理论与实践的角度论证了领导干部心理素质矫正问题，解读和分析了领导干部常见的心理障碍，探讨了领导干部心理调适的办法；第二十五章介绍了"仇和式"行政管理模式的经验，倡导加以借鉴；第二十六章从理论角度论述了金州文化管理的内涵与定位；第二十七章论述了金州公务员管理的激励机制，解读了激励机制的内涵及类型，分析了问题及原因，思考了对策措施。

第四部分为"金州开放管理论"：重在从开放的角度研究探讨金州的对外开放和管理。第二十八章介绍了美国的城市建设和先进经验，作者在美国推介了金州顶效开发区；第二十九章介绍了作者赴日本、韩国考察招商的启示；第三十章论述了构建和谐开发区的路径和关键；第三十一章阐述了经济开发区集约用地、保护农民利益、科学发展、盘活存量的重要性；第三十二章提出了顶效经济开发区应实施跨越式发展战略，论述了开发区三次产业结构的良性调适的重要意义；第三十三章回顾了顶效开放区成立十五周年的主要成就、主要经验，归纳了过去的不足，提出了新的发展目标；第三十四章论述了进一步完善开发区管理体制与加快发展的重要性；第三十五章总结了顶效开发区的经验与启示，分析了综合开发的现状，归纳了成功经验，对可持续发展进行了展望；第三十六章论述和分析了金州扩大开放与加快开发的前景，分析了金州的经济发展形势，对金州扩大开放、加快发展进行了思考，提出了建议。

总之，本书的写作旨在研究探索、归纳总结金州经济社会管理中的理论成果和实践经验，用以指导金州的经济管理、公共管理等管理实践活动；同时也为金州党校（行政学院）系统的干部教育培训教学提供实用教材。本书的写作过程虽为作者独立完成，但期间得到了州内外相关单位和本校（院）图书馆等管理部门的极大支持，得到了本校（院）教员秦廷昌、谭猛、骆雪娇和学员王明献等同志的大力帮助与支持；特别是得到了贵州省委讲师团原团长、贵州省经济学家、研究员、博士生导师龚晓宽同志的指导与欣然作序，在此，一并表示衷心的感谢！

吴家富<br>2014 年 4 月 24 日

# 目 录

## 第一部分 金州管理战略论

第一章 金州管理战略简述 ································ 3
  第一节 金州的概况 ································ 3
  第二节 管理的定义 ································ 5
  第三节 战略的定义 ································ 6

第二章 金州经济发展战略探索 ······················ 7
  第一节 以毛泽东军事思想为指导,结合实际研究实施"以弱制强"的发展战略 ············ 9
  第二节 从金州的实际出发,研究实施"跨越式"发展战略 ································ 17

第三章 深入贯彻落实科学发展观 ·················· 27
  第一节 科学发展观的深刻内涵、精神实质和根本要求 ········································ 28
  第二节 结合实际贯彻落实科学发展观 ········ 38
  第三节 加快推进金州经济社会发展的历史性跨越 ······ 41

第四章 金州重点实施工业强州战略 ················ 45
  第一节 金州重点实施工业强州战略的理论依据 ········ 45
  第二节 金州重点实施工业强州战略的路径选择 ········ 47

第三节　金州重点实施工业强州战略的对策措施 …… 49

第五章　金州重点实施城镇化带动战略 ………………… 54
　　第一节　金州重点实施城镇化带动战略的意义 ……… 54
　　第二节　金州重点实施城镇化带动战略的路径 ……… 56
　　第三节　金州重点实施城镇化带动战略的对策 ……… 58

第六章　金州努力构建城乡一体化战略 ………………… 61
　　第一节　金州努力构建城乡一体化战略的重要性和紧迫性
　　　　　 ……………………………………………… 61
　　第二节　金州努力构建城乡一体化战略的要求和重点 … 64
　　第三节　金州努力构建城乡一体化战略应着力解决的
　　　　　　重大问题 ………………………………… 67

第七章　金州应实施跨越式发展战略 …………………… 71
　　第一节　树立跨越式发展理念 …………………… 71
　　第二节　明确跨越式发展目标 …………………… 74
　　第三节　把握跨越式发展关键 …………………… 75
　　第四节　找准跨越式发展抓手 …………………… 94

第八章　《孙子兵法》与企业竞争战略对金州的启示 …… 107
　　第一节　企业竞争战略的理论依据 ……………… 107
　　第二节　企业竞争战略的基本原则 ……………… 111
　　第三节　企业竞争战略的控制与实施 …………… 114
　　第四节　企业竞争战略对金州的启示 …………… 117

第九章　发达国家提出"再工业化"与金州发展战略 …… 118
　　第一节　"再工业化"提出的背景 ………………… 118
　　第二节　"再工业化"的内涵 ……………………… 121
　　第三节　发达国家"再工业化"的举措 …………… 123

第四节 "再工业化"对我国制造业的挑战与启示 ………… 126
第五节 "再工业化"与金州发展战略 ……………………… 131

# 第二部分　金州经济管理理论

**第十章　金州经济发展思路综述** ………………………………… 137
　　第一节　思路的探索阶段 ……………………………………… 138
　　第二节　思路的形成阶段 ……………………………………… 139
　　第三节　思路的优化阶段 ……………………………………… 140
　　第四节　思路的成熟阶段 ……………………………………… 142

**第十一章　金州要走新型工业化道路** …………………………… 145
　　第一节　科学认识"新"的内涵 ……………………………… 145
　　第二节　正确处理量和质的关系 ……………………………… 146
　　第三节　重在发展循环经济 …………………………………… 147

**第十二章　金州应走特色城镇化道路** …………………………… 152
　　第一节　金州走特色城镇化道路的意义 ……………………… 152
　　第二节　金州走特色城镇化道路中的主要问题 ……………… 154
　　第三节　金州走特色城镇化道路的路径选择 ………………… 156

**第十三章　金州要加快推进市场化建设** ………………………… 161
　　第一节　深刻认识市场化的科学内涵 ………………………… 161
　　第二节　正确分析金州市场化的现状 ………………………… 162
　　第三节　认真研究金州推进市场化的对策 …………………… 164
　　第四节　扎实抓好金州的市场化建设 ………………………… 166

**第十四章　金州应加快推进农业产业化** ………………………… 169
　　第一节　金州农业产业化重在"五个培育" ………………… 169

| 第二节 | 金州农业产业化要面对现实 | 171 |
| 第三节 | 金州农业产业化应正视问题 | 172 |
| 第四节 | 金州农业产业化要研究对策 | 173 |

**第十五章　金州应加快推进"资本置换"步伐** 178
  第一节　什么是资本 178
  第二节　怎样看待资本的自然属性 180
  第三节　加快"资本置换"步伐 182

**第十六章　金州应加快推进招商引资工作** 187
  第一节　加快推进招商引资工作的重大意义 187
  第二节　招商引资工作的主要特征 189
  第三节　招商引资工作的对策措施 191

**第十七章　企业营销中"加减乘除"策略的启示** 197
  第一节　加法营销策略：多功能多品种 197
  第二节　减法营销策略：缩小体积简化服务 198
  第三节　乘法营销策略：组合配套以点带面 200
  第四节　除法营销策略：分散经营多样出击 201
  第五节　"加减乘除"营销策略：贵在"四则运算" 203
  第六节　企业营销策略对金州的启示 204

**第十八章　金州发挥比较优势与后发赶超** 205
  第一节　比较优势、后发赶超、后发优势的经济学概念 205
  第二节　后发地区实现后发赶超的条件 206
  第三节　后发地区实现后发赶超的障碍 207
  第四节　后发地区实现后发赶超的重要意义 208
  第五节　后发地区实现后发赶超的对策 210

# 第三部分　金州公共管理论

## 第十九章　金州公共管理概述 ························· 215
### 第一节　公共管理的内涵 ························· 215
### 第二节　公共管理的目的和任务 ··················· 216

## 第二十章　金州应解放思想促跨越 ····················· 220
### 第一节　什么是解放思想 ························· 220
### 第二节　为什么解放思想会有如此威力 ············· 221
### 第三节　第一轮解放思想的背景、任务和内涵 ······· 223
### 第四节　新一轮解放思想应解决的问题 ············· 226
### 第五节　共产党员应带头解放思想 ················· 228

## 第二十一章　公共关系管理的理论与实践 ··············· 232
### 第一节　公共关系管理的定义 ····················· 232
### 第二节　公共关系管理理论与实践的关系 ··········· 233

## 第二十二章　我国部门管理模式创新 ··················· 238
### 第一节　管理及其管理模式 ······················· 238
### 第二节　国外管理模式略探 ······················· 239
### 第三节　我国部门管理模式现状 ··················· 243
### 第四节　我国部门管理模式创新 ··················· 245

## 第二十三章　行政决策的科学程序 ····················· 248
### 第一节　决策与行政决策 ························· 248
### 第二节　行政决策的特性与分类 ··················· 249
### 第三节　行政决策的意义及方法 ··················· 251

第四节　行政决策的科学程序 …………………… 252

第二十四章　领导干部心理素质矫治 …………………… 256
　　第一节　领导干部心理素质简介 …………………… 256
　　第二节　领导干部常见的心理障碍分析 …………… 256
　　第三节　领导干部的心理调适 ……………………… 259

第二十五章　"仇和式"行政管理创新经验值得借鉴 … 263
　　第一节　"仇和式"经验简介 ……………………… 263
　　第二节　"仇和式"经验值得借鉴 ………………… 265

第二十六章　金州文化管理的内涵与定位 ……………… 269
　　第一节　金州文化管理的内涵 ……………………… 269
　　第二节　金州文化管理的定位 ……………………… 271

第二十七章　金州公务员管理的激励机制 ……………… 275
　　第一节　激励的概念及类型 ………………………… 275
　　第二节　现行公务员管理激励机制的问题与原因 … 276
　　第三节　完善现行公务员管理激励机制的对策措施 … 278

# 第四部分　金州开放管理论

第二十八章　国外先进经验借鉴——以美国为例 ……… 285
　　第一节　美国的城市建设简介 ……………………… 285
　　第二节　借鉴美国的先进经验 ……………………… 287
　　第三节　在美国推介金州顶效开发区 ……………… 290

第二十九章　赴日本、韩国考察的启示 ………………… 293
　　第一节　感受与收获 ………………………………… 293

| 第二节 | 启示与思考 | 297 |

### 第三十章 构建和谐顶效经济开发区 ……………………… 300
| 第一节 | 构建和谐开发区的路径 …………………………… | 300 |
| 第二节 | 构建和谐开发区的关键 …………………………… | 302 |

### 第三十一章 顶效经济开发区集约用地与高效发展 …………… 305
| 第一节 | 开发集约用地的重要性 …………………………… | 305 |
| 第二节 | 保护农民利益的重要性 …………………………… | 306 |
| 第三节 | 科学发展的重要性 ………………………………… | 308 |
| 第四节 | 盘活存量的重要性 ………………………………… | 309 |

### 第三十二章 顶效经济开发区跨越式发展 ……………………… 311
第一节 认真抓好"三农"工作,加快调整农业产业结构
……………………………………………………………… 312
第二节 切实抓好招商引资工作,推动二、三产业快速增长
……………………………………………………………… 313
第三节 继续抓好基础设施建设,不断改善投资硬环境 … 315
第四节 认真落实以人为本要求,努力构建和谐社会 …… 316

### 第三十三章 顶效经济开发区成立十五周年回眸 ……………… 318
| 第一节 | 十五年的主要成就 ………………………………… | 318 |
| 第二节 | 十五年的主要经验 ………………………………… | 320 |
| 第三节 | 过去的不足与未来目标 …………………………… | 322 |

### 第三十四章 完善开发区体制与加快发展 ……………………… 325
| 第一节 | 加快法制建设,使开发区管理法制化、规范化 … | 326 |
| 第二节 | 严格政企分离,积极扶持社会中介组织的发展 … | 327 |
| 第三节 | 面向市场,不断创新开发区管理体制 …………… | 328 |

第四节　打造环境，进一步增加对投资商的吸引力 ……… 329
第三十五章　顶效经济开发区的经验与启示 …………………… 331
　　第一节　顶效综合开发的现状 ………………………………… 331
　　第二节　顶效开发区的成功经验 ……………………………… 333
　　第三节　顶效的可持续发展展望 ……………………………… 345
第三十六章　金州扩大开放与加快开发 ………………………… 350
　　第一节　金州当前经济发展形势分析 ………………………… 350
　　第二节　对金州当前经济发展的思考与建议 ………………… 353
　　第三节　金州应扩大开放加快开发 …………………………… 355
参考文献 …………………………………………………………… 357
后　　记 …………………………………………………………… 360

# 第一部分 金州管理战略论

# 第一章 金州管理战略简述

## 第一节 金州的概况

金州是指"中国金州"——贵州省黔西南布依族苗族自治州。黔西南布依族苗族自治州成立于1982年5月1日,是全国30个少数民族自治州中最年轻的自治州之一。黄金远景储量1 500吨以上,全州8县(市)都有黄金储备,2005年9月被中国黄金协会命名为"中国金州",授予"中国金州"称号。中国黄金协会会长成辅民同志亲笔为黔西南州题写了"中国金州"的题词。从此,贵州省黔西南布依族苗族自治州便被雅称为"金州"。

金州地处黔滇桂三省区结合部,贵州西南隅、云贵高原东南端。现辖兴义市、安龙县、兴仁县、贞丰县、晴隆县、册亨县、望谟县和顶效经济开发区(义龙新区)。全州面积16 804平方公里,总人口344.81万人。州境内居住着汉、布依、苗、回、彝、仡佬、瑶等35个民族,少数民族人口占42.47%,是一多民族聚居的民族自治州。

金州地跨东经104°35′~106°32.7′,北纬24°38′~-26°11′,东西长210公里,南北宽127公里。属珠江水系,南、北盘江流域。东面与贵州黔南州罗甸县接壤,南面与广西隆林、田林、乐业三县隔江相望,西面与云南富源、罗平和贵州盘县毗邻,属典型的低纬度高海拔山区。金州面积中宜耕面积占11%,宜林面积占37.5%,宜牧面积占11.8%,山河面积占40.9%;其中山地占53.8%,丘陵占14.9%,盆地占4.4%,河谷坝子占26.9%。

金州整个地势西高东低、北高南低，最高点为兴义市七捧高原顶峰，海拔2 207.2米；最低点为望谟县红水河边大落河口，海拔275米，高低相差1 932.2米。州内地势起伏、类型多样、过渡明显，可分为五个不同地貌区，即低山侵蚀峡谷区、岩溶高原槽坝区、岩溶侵蚀高原区、岩溶侵蚀山地区和侵蚀山地河谷区。土壤资源可分为9土类、19亚类、47土属和204土种；土壤多属酸性和微酸性红黄土壤。

金州气候资源得天独厚，属亚热带湿润气候区域（年平均气温为13.6℃~19.1℃），热量充足（年平均日照为1 436~1 648小时），雨量充沛（年平均降雨量为1 253.1~1 577.2mm），无霜期长（年平均无霜期为280~350天），雨热同季、温暖湿润、冬无严寒、夏无酷暑、森林覆盖率达46%。夏季年平均气温高于30°的时间为4~6天，冬季年平均气温低于0°的时间为3~5天，可称为"温暖兴义"和"第二春城"，是名副其实的四季如春之都。

金州资源丰富，水能资源丰沛（境内南盘江、北盘江、红水河三大水系落差跌宕，长达10公里以上的河流为144条）；矿产资源富集（境内探明的矿藏有煤、金、锑、铅、钛等达40余种）；生物资源多样（境内有植物150余种、375属、760多科，药物1 000余种，动物10多类，鸟类40多种）；劳动力资源富余（全州年均农业剩余劳动力达80万人以上）；旅游资源丰富（境内生态良好、山川秀美、景色迷人、民风纯朴、少数民族文化多姿多彩，有国家级风景名胜区2个、非物质文化遗产地5处、农业旅游示范点2个、省级风景名胜区7个、自然保护区4个）。

金州区位优势明显凸现，州府所在地兴义市——距昆明300公里、距南宁300多公里、离贵阳300公里，被习近平同志称为"三省通衢"，区位优势明显，适宜规划建设一座区域性中心城市。为此，金州党委、政府正在着力打造"兴（义）、安（龙）、兴（仁）"、构建城市群、拉动大发展，推进产城互动、努力形成"半小时经济圈"，从而拉动金州经济社会的跨越发展、转型发展、科学发展，努力将金州州府所在地兴义市建设成为黔、滇、桂三省区结合部的商贸物流中心和国内一流、世界知名的旅游胜地。

## 第二节 管理的定义

　　管理是指社会组织中，为了实现预期的目标，以人、财、物为中心进行的协调活动。它包括四层含义：管理是为了实现组织未来目标的活动；管理工作的实质是协调；管理工作存在于组织之中；管理工作的重点是对人、财、物进行管理。

　　具体地讲，管理就是制定、执行、检查和改进。制定就是制定计划、规划、规范、标准、法规等，简而言之就是制订"游戏"规则；执行就是按照计划、规划等相关游戏规则去做、去实施、去落实；检查就是适时地将执行的过程或结果与计划、规划等"游戏"规则进行对比；改进是对总结出的经验、查找出的问题进行改进，即通过经验借鉴，对问题进行纠正。

　　从词意上理解，管理一词有料理、治理、过问、理会、管束之意。"管"，原意为细长中空之物，其四周被堵塞，中央可通达。使之闭塞为堵，使之通行为疏。管就是指有堵有疏，疏堵结合。由此理解，管既包含疏通、引导、促进、肯定、打开之意，又包含限制、规避、约束、否定、闭合之意。"理"，原意为顺玉之纹而剖析，即代表事物的道理、本质和发展规律，包含着合理、顺理、遵循之意。广义的管理是指应用科学的手段安排和组织经济社会活动，使其有序进行。

　　管理犹如治水，要疏堵结合，顺应规律而行。管理可分为多种类型，如经济管理、公共管理、社会管理、工商管理、战略管理等。管理是由众多要素构成的，如管理主体即由谁来管；管理客体即管什么；组织目的即为何要管；组织条件即在什么情况下管、管到什么程度。管理程序可表达为：决策—计划—组织—实施—领导—控制—创新。

## 第三节 战略的定义

战略指战争的谋略。在古汉语中,战略一词历史久远,最早为军事方面的概念。"战"指战争,略指"谋略"。春秋时期孙武的《孙子兵法》被认为是我国最早的军事著作。战者,抗衡、抵制、搏斗、竞拼也;略者,计谋、策划、方略、谋生也。战略一词便具有了竞争、拼搏、求胜、谋生之意。在现代汉语中,战略一词被引申到政治、经济和社会发展领域,其含义演变为泛指统领性的、全局性的、左右胜败的谋略、方案和对策。

《辞海》对战略一词的解释是:军事名词,即对战争全局的筹划和指挥。它依据敌对双方的军事、政治、经济、地理等因素,照顾战争全局的各方面,规定军事力量的准备和运用。具体地说,战略指指导战争全局的方略,即战争指导者为达成战争的政治目的,依据战争规律所制定、采取的准备和实施战争的方针、政策和方法。战略是在战争中利用军事手段达到战争目的科学和艺术,是为了达到战争目的而应对战斗的对策的实际运用。

随着人类社会实践的不断创新和发展,战略一词被广泛地应用于军事之外的领域,如企业管理战略、经济管理战略、公共管理战略等概念的出现,不断赋予战略一词以新的含义,因此,将战略思维广泛地应用于企业管理、社会管理、经济管理、行政管理等领域,为战略一词增添了新的内涵。

为此,研究金州的经济社会发展措施,论述金州管理战略,也就是应用管理学的理论,研究和论述金州经济社会发展能否在竞争中获胜的方略、措施、方法和手段。

综上所述,《金州管理战略论》就是研究金州在整个经济社会发展中怎样运用创新思维、战略思维加强管理,如何实施有效战略和方略的理论归纳和实践探索。

## 第二章　金州经济发展战略探索

根据经济管理、公共管理学的相关理论知识，本书从管理学的角度，就金州经济发展战略进行了一些初步研究和探索。在探讨和研究过程中，坚持以马克思列宁主义、毛泽东思想、邓小平理论、"三个代表"重要思想和科学发展观为指导。特别坚持在党的十七大报告指导下进行探索，从思想深处充分认识到：学习贯彻党的十七大精神，重在"结合实际，领会精神，把握实质，抓好落实，促进发展"。结合实际，就是注重将党的十七大精神与金州的实际紧密结合起来，因地制宜地、创造性地贯彻落实好党的《十七大报告》精神；领会精神，就是注重从十七大的相关文件中寻找对金州加快发展有用的内容和条文，并用以指导我们的工作；把握实质，就是注重把握发展这个主题，这对金州而言，就是要一如既往地贯彻落实好胡锦涛同志视察贵州时的重要讲话，努力推动经济社会的历史性跨越；抓好落实，就是注重围绕发展这一主题开展工作，努力通过抓好各项工作的落实来推动发展；促进发展，就是注重在实践中坚持发展不松劲，力求通过发展来促进和谐，在和谐中促进发展，通过发展来实现全面建设小康社会的宏伟目标。

金州2005年生产总值为119.91亿元，比2000年翻了一番；财政总收入为16.1亿元，在2000年的基础上年均增长18.4%。2006年年初，州委、州政府在认真总结全州"十五"规划执行情况的基础上，制定了"十一五"规划纲要，提出了"十一五"时期的指导思想、战略定位和发展目标。即：以邓小平理论和"三个代表"重要思想为指导，全面贯彻落实科学发展观，坚持以人为本，把抢抓机遇，加快发展作为富民兴州的第一要务；坚持以经济建设为中心，大力实施"电力兴州、矿产富州、农产稳州、科教强州、环境立州"战略，调整经济结构，转变增长方式，壮大支柱产业，促进经济社会全面、协调、可持续发展。努力把黔西南建成西南腹地出海便捷通道、交通枢纽和黔滇桂三省区结合部的中心市场；西电东送的重要电源基地、电力枢纽和通道；黔滇桂三省区结合部煤炭、黄金、重化工、煤化工基地；珠江上游重要生态屏障和林、牧、渔、药生态循环经济区；祖国西线旅游明珠和最佳人类居住环境之一。到 2010 年，实现全州生产总值比 2000 年翻两番，达到 232 亿元以上，人均超过 800 美元，生产总值年均增长 15%；财政总收入完成 45.1 亿元以上，年均增长 16% 左右。

上述目标，只要保持现有速度，在整个运行中不出现重大问题，就完全能够实现。贯彻落实科学发展观和党的十七大精神，重在结合实际，加快发展，努力实现历史性跨越。为了结合贵州实际贯彻落实科学发展观和党的十七大精神，贵州省委、省政府提出了一系列新的思路和理念，如"贵州欠发达、欠开发、欠开放"；千方百计发挥好贵州人力资源的作用；规划建设贵阳至广州的高速公路，贵阳至广州的高速铁路；区位决定发展的地位等等。这些新的思路和理念，正中贵州发展滞后的要害和问题症结，找到了解决问题的良方。

结合金州的实际，究竟该如何贯彻落实党的十七大精神和省委的决策部署呢？就是要把上级的精神与当地的实际紧密结合起来，创造性地开展工作；就是要努力推进金州经济社会的跨越式发展，在实践中做到"不唯书、不唯上、只唯实"。为此，作者对金州近期和中长期的经济发展战略进行了初步研究和探索，认为应着力实施以下两大发展战略。

## 第一节 以毛泽东军事思想为指导，结合实际研究实施"以弱制强"的发展战略

毛泽东同志军事思想是毛泽东思想的重要组成部分，其实质和精髓就是"实事求是，灵活机动"。世人称毛泽东用兵如神，正是因为他坚持了实事求是的原则，坚持了人民战争的思想，注重在实践中灵活机动，因地制宜。毛泽东军事思想的一个显著特点就是"以弱制强，以少胜多"。为此，学习、研究和应用毛泽东军事思想，显然对像黔西南州这样的"欠发达、欠开发"的两欠地区的产业模式的形成，对促进全州经济社会的跨越式发展具有现实的、十分重要的指导意义。

有经济学家说："商场就是战场，商战就是兵战。"在当今经济全球化的大背景下，"军事就是战斗，经济也是战斗，军事有抗衡，经济有竞争"。由此理解，两者皆面临着如何战胜对手的严峻局面。要想战胜对手，就必须具有高超的谋略，而毛泽东思想已被中国民主革命的实践证明就是中国共产党克敌制胜的高超谋略。

在当今世界经济一体化的激烈竞争中，日本等国家也推崇《孙子兵法》，并用《孙子兵法》的谋略指导本国经济参与全球的竞争。《孙子兵法》固然好，但毛泽东军事思想也有其高超之处。毛泽东军事思想既吸取了《孙子兵法》的优点，又有很多新的创造，有更强的哲理性，更具有时代特点，更符合当今中国的经济建设实际，特别是更符合金州的州情实际，具有非常现实的指导意义。

毛泽东同志是我们中华民族几千年来最伟大、最成功的军事家。他以无产阶级革命家的气概，雄视古今，汇纳百川，创造了一整套完整的军事理论和兵法谋略。其中关于战争性质的分析，关于人民战争的思想，关于中国革命战争的特殊规律，尤其是关于游击战、运动战

的一系列论述,在《孙子兵法》古兵今书中是难于寻见的。他从马克思主义哲学的高层次上提出了指导战争的方法论,他认为:根据马克思主义的辩证唯物论和历史唯物论指导战争的方法论,就是解决认识战争和指导战争中主观同客观的矛盾问题。他不仅研究了一般的战争规律,而且深入研究了中国革命战争的特殊规律,还根据中国的特殊情况,研究了现代中国的特殊的战争指导规律。

毛泽东根据人民战争的特殊规律,在几十年戎马倥偬的实践中总结出使人民军队从小到大,由弱到强,达到"以弱制强"的战略。这是革命的法宝,由弱变强的武器。我们知道:世界上的任何新生事物,最初都是很小很弱的,都是通过斗争或竞争,依靠自己的战略或谋略的正确,而最终战胜或取代了那些"庞大的旧事物"。这是历史的发展规律,古今中外概莫能外。毛泽东同志正是根据辩证法,依靠"小米加步枪"的人民军队战胜了"飞机加大炮"的国民党军队,战胜了具有优良装备的日本侵略者。

结合以上理论观点,可以得出以下结论:在经济建设和社会主义市场经济条件下的市场竞争中,我们中国及其一切发展中国家,都属于国际市场上的弱者。作为弱者要想赶上或战胜强大的竞争对手,就必须学习、研究和运用毛泽东军事思想;作为像贵州、像黔西南州这样的"两欠"地区,现在无论在国内或国际市场上都是弱者,要想赶上或超越强大的竞争者,就必须好好地学习、研究和运用毛泽东军事思想。

结合黔西南的州情实际,学习、研究和运用毛泽东军事思想指导金州的经济建设、社会进步和支柱产业的形成,无疑具有十分重要的指导意义。

要想学习、研究和运用毛泽东思想,指导好金州经济社会的跨越式发展和支柱产业的形成,必须推崇以下战略谋法。

## 一、"以一当十"法

"在战略上藐视敌人,在战术重视敌人",即在战略上"以一当十",在战术上"以十当一",这是毛泽东军事思想中的谋法之一,这里我们且说前者。毛泽东在青年时代,因亲眼目睹中华民族备受帝国主义列强的欺侮以及帝国主义、官僚主义、封建主义勾结压迫劳苦大众的事实,年仅十八岁时就站在橘子洲头吟诵出"问苍茫大地,谁主沉浮"的豪迈诗句;以后又提出了"一切帝国主义都是纸老虎"的英明论断。他不畏强暴,不怕帝国主义,紧紧依靠人民的力量打败了比自己强大得多的国民党军队、日本帝国主义和美帝国主义侵略军。

在金州的经济建设和产业发展中,领导者应当学习、研究和运用毛泽东军事理论,真正从思想上树立"以一当十"的大无畏战略,在实践中发扬"红军长征精神""遵义会议精神"和"艰苦奋斗、不怕困难、攻坚克难、永退缩"的贵州精神。要尊重历史,面对现实,承认落后,不甘落后,奋起直追。邓小平同志虽然在领导风格上与毛泽东同志有不同之处,但在战略上藐视敌人这一风格气概上是完全一致的。他创立的建设有中国特色社会主义理论,他绘制的改革开放的宏伟蓝图,他提出的路线、方针、政策,最终都是为了用社会主义取代资本主义;他提出的学习借鉴经济发达国家的先进技术和管理经验,并倡导敢冒、敢闯、敢试和"三个有利于"的创新精神,目的都是为最终战胜资本主义创造条件。作为"两欠"地区的领导者,如果有畏怯心理,将难以率领"部队"战胜强大的竞争对手。金州与发达地区相比,至少要落后十年左右,这是客观存在的,我们必须承认。但我们也绝不能因此而悲观失望,甚至坐等观望,我们也有我们的优势,我们也有我们的闪光点。只要我们坚持以马克思列宁主义、毛泽东思想和中国特色社会主义理论体系为指导,紧紧围绕"发展"二字做文章,在实践中坚持实事求是、因地制宜的原则,认真学习、研究和运用毛泽东同志"以一当十"的战略谋法,我们就完全有信心、有决心赶上或超越强大的竞争对手,最终实现缩小差距,迎头赶上,后来居上的发展目标。否则,我们就会悲观失望,无所作为,寸步难行,最终结果就是永远落后。

## 二、"捕捉战机"法

毛泽东同志历来注意通过观察分析形势，准确抓住战机。例如，1946年，蒋介石由全面进攻变为重点进攻山东和陕甘宁根据地。当即，转战于陕北的毛泽东，科学地分析了形势，认为蒋介石虽占据优势，但已成强弩之末。为此，他及时抓住战机，做出转入"战略反攻，大举出击，逐鹿中原"的战略决策，紧接着刘邓大军强渡黄河，挺进大别山，创造了中国战争史上的奇观。

在经济建设和支柱产业的发展中，特别是在金州这样的"两欠"地区的经济开发中，及时捕捉战机显得更为重要。由于金州处于大西南的浅腹部，珠江水系红水河干流上，资源富集，能源丰厚，开发潜力巨大。特别是地处西江上游经济区、乌蒙山扶贫开发区和石漠化治理连片区域，区位优势明显，面临着极好的开发建设机遇。

据目前的情况分析，金州经济社会具备又好又快、更好更快发展的条件，机遇凸显，对有效促进产业升级、拉动产业发展，形成产业支柱具有以下"四大机遇"。

### 1. **国家继续加快推进西部大开发的机遇**

党的十七大明确指出，国家将继续推进西部大开发的进程，加大对西部地区以交通和水利为重点的基础设施建设的投入。将通过财政转移支付，扶贫开发，基础产业建设等多种形式继续加大对西部地区的投入力度。十七大报告后中央又专题召开了西部大开发工作会，对加快西部地区第二轮大开发的具体事项进行了部署，明确提出要培育西江上游经济区和全力实施乌蒙山区扶贫开发攻坚工程。所以，我们必须捕捉这一战略机遇，有针对性地、有充分准备地"跑步"上项目，以尽快建设和完善我州的基础设施和基础产业，为实现全州经济社会的跨越式发展夯实基础。

### 2. **国际金融危机余波未了的机遇**

2008年起源于美国的次贷金融危机，虽然有了局部的缓解或复苏，但余波未了。这次国际金融危机对金州来说是机遇也是挑战，但总体上机遇大于挑战。因为危机对产业布局比较密集，外贸型产品较多的地区是一种危机和影响，而对于金州这样工业基础十分薄弱、商品市场极不发达、消费能力不足，仅靠投资拉动发展的地区反而是一次加快发展的大好机遇。对此，我们必须抢抓国家为了应对金融危机而采取的扩大内需、实施财政转移支付、加大对基础设施、基础产业的投入力度等机遇，用项目与中央政策对接，努力推动全州经济又好又快、更好更快地发展。

**3. 中央加大力度推进生态文明建设的机遇**

党的十七大报告明确作出了"生态文明建设"的战略部署，将生态文明建设作为实现科学发展、协调发展、可持续发展的重要举措付诸实施。这对金州这样生态相对良好的"两欠"地区无疑是一次大的发展机遇。为此，我们必须捕捉这一战机，尽最大努力发挥我州的生态资源优势，加快发展和提升我州的旅游业，适度加快推进我州的城镇化进程，积极改善人类居住环境，以吸引更多客商到我州观光旅游、休闲度假、投资兴业，以此推动全州的科技、文化、教育、卫生、体育、物流、房地产等相关产业的快速健康发展。

**4. 国家加快建设中国——东盟自由易区的机遇**

"十一五"期间，国家开始在广西南宁加快推进东盟自由贸易区的建设步伐，现已建成投用，同时正加紧开发建设北部湾经济区。南宁和北部湾与我州兴义的距离均在500公里左右，这就将我州置于从西部到沿海重要出海通道为中轴线的产业的经济链上。特别是南昆铁路、珠江航运和即将建成通车的汕昆高速公路均横穿西江上游经济区的黔西南州境内，良好的交通条件将与我州丰富的能源和矿产资源联姻，这就为原材料的就近加工和出口创造了条件。为此，我们必须捕捉这一战机，加快规划布局我州的工业基地，积极推进沿江、沿铁、沿高速公路工业产业链和城镇带的建设步伐，用市场化来带动工业化和城镇化的健康发展，加快推进全州经济社会的长足发展，努力实现跨越式发展，力争五至十年内实现历史性跨越。

总之，机遇难得，机不可失，失不再来。我们必须正确运用毛泽东的"捕捉战机"法来指导全州经济的开发与开放。否则,就将坐失良机,被动挨打。

### 三、"避实击虚"法

在整个中国革命的过程中,面对强敌,毛泽东同志广泛采用了避实击虚的战略原则。他提出的"敌进我退,敌驻我扰,敌疲我打,敌退我追"的十六字诀,就是避实击虚法的具体运用。在红军打游击战的前三年,之所以能粉碎强敌的多次大规模"围剿",就是采用避实击虚法的具体效应。

在经济开发和竞争中,任何强者并不是在所有方面都是强者,他必然在某方面或某一点上处于劣势。作为弱者,应以自己之长击对手之短,以自己之实击对手之虚,积小胜为大胜,最终反弱为强。因此,黔西南这样的"两欠"地区的经济建设,要想打入全省市场、全国市场甚至国际市场,就必须采取避实击虚的战略战术。也就是说,我们要在紧紧抓住机遇的同时,充分发挥自身的优势。

那么,我们金州的自身相对优势有哪些?据研究分析,当前若要尽快实现我州又好又快、更好更快地发展,尽快实现跨越式发展,从而实现历史性跨越的目标,我们拥有以下"四大优势"。

**1. 独特的区位优势**

州府所在地——兴义市离我省省城贵阳300公里,离云南省城——昆明300公里,距广西南宁400公里,地处三省区结合部,是"南、贵、昆"经济区域的轴心,地理上的区位优势凸现。

**2. 便捷的交通优势**

飞机场坐落在州府所在地兴义市,南昆铁路横贯兴义、安龙、册亨三县市,324国道、210省在州内顶效交汇,即将建成投用的"汕昆"高速公路和即将建设的两条高速公路和铁路穿越州境内,在近几年内可望实现县县通铁路和高速公路,南盘江航道发端于州境内,形成了便捷的立体交通网络,交通优势十分明显。

### 3. 丰富的能源和资源优势

黔西南被称为"水墨金州",就是因为水能资源、煤炭资源和黄金资源富集,全州境内拥有煤、金、锌、锑、铁等有色金属矿达40余种,开发前景可观,是一个能源和资源十分丰富的地区,能源和资源优势得天独厚。

### 4. 良好的生态优势

全州上下山峦叠嶂,植被茂密,森林覆盖率达46%以上,被誉为"珠江上游的生态屏障"。加之一年四季温差变化不大,被称为"第二春城",是最适宜人类居住之地,生态环境和人居自然环境十分优越。

因此,我们一定要最大限度地发挥优势,千方百计地加快开发的步伐,努力通过积小胜为大胜的量变过程,囤积实力,适时打入全国市场和国际市场,促成全州经济的跨越式发展。

## 四、"欲取先予"法

"欲取先予"是毛泽东同志诱敌深入的有效谋略。在第一次国内革命战争中,毛泽东同志采取诱敌深入根据地,在运动中歼灭来犯之敌的谋法,粉碎了敌人四次大规模的"围剿"。而王明采取了"御敌于国门之外"的笨办法,使第五次反"围剿"遭到了失败。在第二次国内革命战争中,毛泽东同志适时主动放弃了延安等一些城市,实现了"拿延安换整个中国"的目的。

在我国实行改革开放以来的经济开发建设的主战场上,党中央、国务院不失时机地建立了经济特区、开发区、保税区、出口加工区,实施开放城市"三来一补",吸引外资、合资办企业,"特事特办、一厂一策"等举措,都是"欲取先予"策略的具体运用。试想:外商想赚钱,我们谋发展,你不让外商有钱可赚,他会来投资吗?只有让"肥水外流"一些,我们才有可能获得更大的利益。对此,自改革开放以来,特别是小平同志南方谈话以来,黔西南州委、州政府也曾出台过一些优惠政策,建立了顶效经济开发区和几个开发小区等，这也是"欲取先予"法的具体体现。然而，实践证明，针对我州目前的发展现状，仅有这些还远远不够。还必须进一步结合实际，出台更多更好的优惠办法和服务措施，还必须进一步坚持"你投资、我服务，你经营、我收税，你发财、我发展"的双赢政策。以最大限度吸引外来资金、技术和人才来黔西南与我州的能矿资源、生物资源、旅游资源、农业特产资源和劳动力资源联姻，最大限度地实现资源的就地转化增值。并不断延长产业链，着力开发下游产品，以此强力推动我州工业化和城镇化的进程。同时，还应不断加大教育和科技的投入，注重培养提升"永久"牌人才的素质，尽快组建我州当地的上市公司等。只有这样，才能加快我州经济社会又好又快、更好更快的发展，才能以最快的速度完成"由弱变强"的质变过程。

## 五、"众志成城"法

毛泽东同志在《西江月·井冈山》这首词中写下了"早已森严壁垒，更加众志成城"的名句，充分反映了他的"人民战争"思想。毛泽东同志认为，兵民是胜利之本。他在《井冈山的斗争》一文中写道，通过强有力的思想政治工作，士兵感觉到不是为他人打仗，而是为自己打仗，打了胜仗，可以翻身做主人，可以分田地；他还通过被西方称之为"洗脑"的思想政治工作，改造人们的世界观，甚至把当过土匪的人改造成人民的英雄。正是我党一贯坚持的思想政治工作这一传家宝不断得到发扬光大，才保证了我军由弱变强，最终打败强大敌人。

在经济开发中，特别是在我州这样"两欠"地区的经济发展中，精神支柱显得更为重要。新一届的省委、省政府主要领导刚到任就紧紧抓住了这一关键环节，提出了"要高举发展的旗帜，团结的旗帜，奋斗的旗帜，把思想统一到发展上来，把心思集中引发展上来，把力量凝聚到发展上来"的动员部署，要求全省上下要聚精会神搞建设，一心一意谋发展，要强力推进全省经济社会又好又快、更好更快地发展，正确处理好与快的关系，注重解决好"慢"这一主要矛盾。为了切实解决好"慢"这一主要矛盾，他们提出了要进一步弘扬红军长征精神、遵义会议精神和温家宝同志概括的贵州精神。这就是结合实际解决问题，推动发展的强有力的政治思想工作；这就是依靠群众、唤起群众、最大的限度地调动广大干部群众投身于经济开发主战场的积极性的具体表现；这就是"众志成城"法的实际运用。为此，我们必须紧跟不掉队，认识不错位，以确保省委、省政府的决策部署落到实处。这是因为：要推进黔西南经济社会又好又快、更好更快地发展，一方面要充分调动和保护广大干部群众加快改革开放和务实创新的积极性；另一方面也要充分调动和保护广大干部群众反腐倡廉的积极性。要充分调动和保护这两个积极性，就离不开思想政治工作。因此，我们既要发扬传统的方法，又要根据不断变化的新情况采取新的方法，以最大限度地宣传群众，发动群众；最大限度增强广大干部群众的危机感、责任感和紧迫感。确保全州上下紧跟省委、省政府的决策部署，尽快将精神变成物质，尽快创造更多的物质财富，以促进全州经济社会发展沿着正确的轨道不断取得阶段性成果。只有全州上下齐心协力，心往一处想，劲往一处使，拧成一股绳，万众一心，上下同欲，真正形成"众志成城"，你追我赶的良好局面，我州的经济腾飞才能大有希望。

## 第二节　从金州的实际出发，研究实施"跨越式"发展战略

所谓"金州州情实际"，概而言之，就是"不沿边，不沿海，人口多，耕地少，工业不大，商业不活，人均收入低，资源富集，发展潜力大"。这就是我们面临的实践基础，在这样一个实践基础上，我们必须结合实际，研究对策，加快发展，通过实施跨越式发展战略，努力创造条件实现新的历史性跨越。

胡锦涛同志在2005年视察贵州时强调："科学发展观是我们党

以邓小平理论和'三个代表'重要思想为指导,从新世纪、新阶段党和国家发展大局出发提出的重大指导思想,无论对发达地区还是欠发达地区,都具有十分重要的指导意义。我们一定要坚持以科学发展观统领经济社会发展全局,使贵州的经济社会发展始终沿着正确的航向前进。"胡锦涛同志还说:"像贵州这样的西部省份,只要符合科学发展观的要求,有条件,有效益,就要努力加快发展。"我们一定要结合我州的实际,加快将精神转变为物质的实践过程;一定要因地制宜,因时制宜,与时俱进,加快发展;并在实践中切实做到"不唯上、不唯书、只唯实"。

胡锦涛同志还号召全党全国要努力推动经济社会尽快实现历史性跨越。胡锦涛同志所说的历史性跨越,实质上是指从一个历史阶段向另一个历史阶段的跨越,即从粗放型发展阶段向科学型、节约型、效益型的发展阶段的跨越。由此理解,科学发展观是现代化建设各个领域和各项工作中贯彻落实"三个代表"重要思想的具体体现,是指导我们全面建设小康社会的重要理论基础,更是加快发展,努力实现历史性跨越的指导方针。为此,我们不但要用科学发展观武装头脑,指导实践,切实把思想认识统一到科学发展观上来,统一到省委、省政府主要领导最近提出的加快发展的要求上来;而且要紧密联系区域发展的实际,进一步增强推进区域跨越式发展的自觉性,用区域跨越式发展的实际成果来落实科学发展观的要求和省委、省政府的工作部署。

上述多次提到的跨越式发展,其含义就是在常规发展,赶超常规发展,跳跃式发展基础上的跨越,其实质就是快速发展。具体是指:各项经济指标与上年度相比,同比增幅在18%以上才叫跨越式发展。因此,我们要实现的阶段性目标,实质上就是低速发展(常规发展)同比增幅为4%左右;超常规发展(中速发展)同比增幅为8%左右;跳跃式发展(高速发展)同比增幅为12%左右,在此基础上向同比增幅为18%以上的跨越式发展(快速发展)转变。由此可见,像金州这样的"两欠"地区,学习实践科学发展观活动,贯彻落实省委、省政府作出的工作部署，重在"发展"二字，如果不发展，就无谈和谐，无谈小康社会，就无从达到我们的终极目的——让人民群众更加幸福安康。只有在又好又快发展的经济基础上，才能实现更好更快的、全面的、协调的、可持续的发展，从而才能实现社会和谐和全面建设小康社会的宏伟目标。

像金州这样"两欠"地区的经济建设，只有不断地创造条件实现跨越式发展，最终才能实现历史性跨越。为了早日实现历史性跨越的目标，我们必须实施跨越式发展战略。这一战略应切合实际，注重在实践中的可行性，应立足发挥优势，抢抓机遇；区别情况，分类指导；统筹兼顾，分步实施；能快则快，跨越式发展的原则来制定战略，付诸实践，抓好落实。

## 一、发挥优势，抢抓机遇

所谓"发挥优势"，就是发挥在第三节中阐述分析到的"四大优势"。即独特的区位优势、便捷的交通优势、丰富的资源优势和良好的生态优势。在此，不再重复讲述。但我们一定要充分发挥和利用这些良好优势。

所谓"抢抓机遇"，也就是抢抓我们在第三节中已全面分析了的"四大机遇"。一是国家继续推进西部大开发的机遇；二是国际金融危机余波未了的机遇；三是中央加大力度推进生态文明建设的机遇；四是国家加快建设中国—东盟自由贸易区的机遇。我们一定要抢抓这些机遇，并且一定要抓紧、抓实、抓住不放。只有这样，金州才有可能尽快实现跨越式发展。

## 二、区别情况、分类指导

所谓"区别情况"，就是要区别我州八县市和顶效开发区经济结构的不同类型，并根据不同的类型，采取不同的方法进行指导。通过实地调查和分析，金州的经济结构现状，大体可以区分为三大类型。

1. **城市型经济区域**

即以兴义、安龙、兴仁三县市和顶效开发区为区域的城市经济圈，简称"兴安兴"半小时经济圈。这一区域是全州地理区位上的"金三角"，是全州经济要素相对集中，交通区位优势明显，资源配置条件较好的城市经济区域。

2. **资源型经济区域**

即以贞丰、晴隆、普安三县为区域的水能资源和矿产资源经济带，这一区域的煤炭、黄金、锑、铅等资源和水能资源相对富集，约占全州矿产资源蓄藏量和水能资源拥有量的60%，是全州资源最丰富的资源型经济区域。

3. **农业型经济区域**

即以册亨、望谟两县为主和其他县市的边远乡为辅的，以农业资源即种养业为主的经济区域。这一区域的土地、荒山、草场、森林等农业资源相对广袤和富足，可以建成全州上规模、上档次的"农、牧、林、渔、药"基地，是全州条件较好的农业型经济区域。

针对上述三种区域的经济结构类型，我们理应切合实际，采取不同的方法给予指导，进行扶持，推进发展，实现跨越。

对城市型经济区域，就是要最大限度地加大开发力度，加快建设的速度，提高建设的质量；就是要尽快打造"兴安兴"，构建城市群，建成工业链，搞活商贸镇，拉动大发展。

对资源型经济区域，就是要加快完善县城和交通干道至资源集中点的道路建设；就是要尽快"铺路开发，有水快流"，并在实践中讲求科学开采，有序开采，做到既要绿水青山，又要金山银山；就是要加大开发力度，并注重就近加工，扩大对下游产品的开发和利用。

对农业型经济区域，就是要紧紧抓住国家继续实施西部大开发和加大扶贫开发力度的机遇，加快农业基础设施的建设，扎实抓好相关产业基地的建设，并注重扩大规模，实施加工，走"农工商"一体化，"产供销"一条龙之路；就是要结合实际，因地制宜，大力发展生态旅游、观光农业和民族民间文化旅游。

三、统筹兼顾，分步实施

所谓"统筹兼顾"，就是要通盘考虑全州各种类型经济结构的实际情况，不偏不倚，兼而顾之；所谓分步实施，就是要针对全州不同类型的经济区域，采取不同的方法推进发展。具体地讲，按照第三节中阐述的理论依据和前面已分析到的机遇和优势等情况，全州近11年内的经济提速增效应采取"三路走"和"三步走"的方法和步骤有序推进。

所谓"三路走"就是要分别不同的经济结构类型，恰当调整速度，以区域为纵队整体推进。"三路走"可分队如下：

1. 第一路纵队即城市型经济区

一定要尽快打造"兴安兴"，构建城市群，"跑步"前进促发展。实施这一步骤，需要尽快改造建成顶效至安龙、安龙至兴仁、顶效至兴仁三者之间的高速通道，切实形成顶效至安龙、安龙至兴仁、顶效至兴仁、顶效至兴义老城区之间相互往返行程均为半小时左右的"半小时经济圈"；需要按照100万~200万人口左右的城市群实行高起点规划，高标准建设，高水平管理和经营城市，大力发展城市经济和三产贸易；需要腾出现在的马岭、顶效、郑屯、万屯等工业重镇的空间来规划建设新的城市区域，重新沿铁路、沿高速公路选址布局和兴建重工业项目，努力建成以矿产资源为原料的工业链和产业群，以形成集聚效应，发展循环经济；需要加快城市基础设施建设，加大投入力度，力争通过发展工业、物流业和旅游业来扩大城市规模，提升城市档次。力争在本届政府任期内，兴义市区的城市人口达到36万左右，顶效开发区的城镇人口增长到5万人左右，安龙、兴仁两县城区的城镇人口各增长到8万人左右，使"兴安兴"半小时经济圈内的城镇人口接近60万人，以尽快形成"兴安兴"城市经济区域。确保在任期内，该区域经济增速各项指标提升到年均增幅为 20% 左右，使这一区域率先实现快速发展，从而逐步实现跨越式发展。

### 2. 第二路纵队即资源型经济区域

一定要科学指导，"有水快流"，"齐步"前进拉发展。实施这一步骤，需要尽快落实贞丰、晴隆、普安三县公路主干道延伸至矿区和水能资源点上的"经济路"建设，着力提升到矿区和水能资源点的公路的质量和档次，以切实形成县城、车站、码头通往各矿区和水能资源点的良好道路网络；需要尽快启动上述三县矿产资源的勘测和规划工作，以切实做到心中有数，有序开采，有效开采和利用；需要积极引进资金、技术和人才，加快对矿产资源的开采速度，积极推动"有水快流，发展下游"良好局面的形成；需要加快推进并切实抓好水电、火电等项目的审报和建设。力争在本届政府任期内，上述三县各项经济指标年均增幅保持在 20% 左右，力争进入跨越式发展的轨道。

### 3. 第三路纵队即农业型经济区域

一定要科学种养，保护生态，美化环境，"正步"前进保发展。实施这一步骤，需要继续稳步推进册亨、望谟两县和其他县市边远乡的"十二五"规划的编制和实施，扎实将种植、养殖和生态旅游业作为主导产业抓紧抓好；需要扎实抓好蔬菜、速生林、草场、中药材等若干个数十万亩或百万亩农业生产基地的建设；需要规划和实施好"秋、冬、春"三季生态旅游业的相关项目，大力发展民族民间文化，将旅游业和民间文化产业有机地结合起来，着力推进农业产业化的进程。争取在本届政府任期内上述两县的各项经济指标年均增幅保持在 16% 左右，确保进入跳跃式发展的行列。

总之，就是要通过实施"三路走"方略来加快全州经济社会的发展步伐，促成全州经济社会又好又快、更好更快发展的良好态势。促成全州经济建设的各项指标在本届政府任期内由原计划的年均增幅 15% 左右提高到年增幅 18% 左右。力争全州整体步入跨越式发展的行列，使全州经济进入又好又快、更好更快发展的科学轨道。也只有这样，我们才有可能逐步缩小与发达地区的差距。

所谓"三步走"，就要求五届州政府、六届州政府和七届州政府在任期间，分为"三步走"实施跨越式发展战略。力争到2021年（建党100周年）时，使全州经济整体上实现历史性跨越。

"三步走"的分步如下：2011年，全州的人均生产总值（在2010年为人均850美元的基础上）突破1 000美元；到2016年，第六届州政府换届时，全州人均生产总值力争在2011年的基地上翻一番，达到2 000美元；再到2021年（建党100周年）时，第七届州政府任期满时，全州人均生产总值力争突破4 000美元大关。努力实现三步跨越发展之后，全州经济整体进入良性发展轨道，从而才能基本跟上或接近全国的平均发展速度和水平，这就是我们需要实现的历史性跨越的目标。

### 四、能快则快，跨越式发展

所谓能快则快，就是要在科学发展观的指导下，凡是有条件加快发展的区域、单位和行业，都要开足马力，快速发展；所谓跨越式发展，就是要在跳跃式发展的基础上实现跨越发展，即各项经济指标同比增幅达20%左右。为此，作为像我州这样欠发达地区，只有在实践中坚持能快则快的发展方略，才能不断地实现跨越式发展；只有不断地实现跨越式发展，才能最终实现全州经济社会发展的历史性跨越。

为了贯彻落实好省委、省政府近期作出的"高举发展的旗帜，团结的旗帜，奋斗的旗帜，把思想统一到发展上来，把心思集中到发展上来，把力量凝聚到发展上来"的要求和部署，以确保全州经济社会又好又快、更好更快发展；为了早日实现我州经济社会的历史性跨越的目标，我们应当结合已经发生了变化的实践活动，本着实事求是，能快则快，一切从实际出发的原则，进一步认真研究分析、调整和实施我州近期和今后的经济发展思路、发展定位、发展战略和阶段性目标的总体规划,从而进一步规划、调整和确定全州到2021年期间经济社会发展的奋斗目标。

根据研究分析,全州今后11年内的经济发展目标和产业模式的战略选择应围绕"一条思路",明确"五个定位",实施"五大战略",实现"一个目标"的总体规划(简称"1551"工程)来努力实施。

1. 围绕"一条思路"

即"一二三四"的科学发展思路。"一"即一心一意走科学发展之路,就是要强力推进跨越,把黔西南州建设成为天蓝、地绿、水清、人和、业兴的"和谐黔西南";"二"即两个优先发展,就是要优先发展基础设施,优先发展科技教育;"三"即三个优化,就是要优化发展环境、优化生态环境、优化勤政廉政环境;"四"即四个推进,就是要推进工业化、推进城镇化、推进市场化、推进农业产业化。

2. 明确"五个定位"

即努力把黔西南州建设成为西南腹地出海和连接东西亚的大通道,黔滇桂三省(区)结合部交通枢扭和商贸物流中心;建成西江上游经济区的能源和原材料深加工开发基地;建成珠江上游重要的生态屏障、祖国西线优秀旅游目的地和最宜人居的旅游城市;建成贵州融入中国——东盟自由贸易区的桥头堡和新高地;建成贵州西部区域经济新的增长极。

3. 实施"五大战略"

即科教兴州战略,工业强州战略,农产稳州战略,商贸活州战略,环境立州战略。

(1) 科教兴州战略。就是要坚持"科学技术是第一生产力"的指导思想,充分发挥科学技术在欠发达地区经济发展中的先导作用,依靠科技进步和技术创新来提升产业品质和提高产品档次。结合我州的州情实际,重点引进和开发科技含量高的企业和项目,充分利用我州矿产资源、水能资源、生物资源、旅游资源和农业特色资源丰富的优势，加快改革、扩大开放、积极引进资金和技术，着力开发具有市场前景的特色产品，大力发展科技型产业和创新型企业。与此同时，还应兴建少数民族地区的教育事业，认真规划、加大投入，大力发展幼儿教育、普高教育、职业教育、成人教育和高等教育，巩固和发展已建成的从幼儿到大学的"一条龙"教育体系，依靠科技进步和教育提高来振兴黔西南经济。

（2）工业强州战略。就是要进一步增强"无工不富"的理念，充分发挥工业具有的"聚集财富，做大蛋糕"的效用，不断强化工业在全州经济结构中的主导地位。结合"十二五"规划的编制，认真研究和调整全州工业的总体布局，创造条件壮大提升顶效开发区工业园区的档次，考虑规划建设青山→楼下→清水河→威舍工业经济长廊，大力发展循环经济。积极创造条件推进乌沙、德卧、青山、巴铃、龙场、巧马等工业重镇的建设步伐，并在有条件的县创建工业园。以提高产品精深加工度，产业集中度、产业链的延伸度和对外营销度为重点，通过壮大支柱、培育骨干、突出特色、优化布局、科技助推、项目带动等措施，积极引进和建成一批经营品质好、产品档次优、管理水平高、整体实力强、发展潜力大，对全州经济发展壮大具有支撑和带动作用的工业龙头企业。依靠工业的迅速健康发展来促进黔西南经济发展。

（3）农产稳州战略。就是要扎实抓好社会主义新农村建设，积极探索推进"工业反哺农业，城市支持农村"的城乡一体化进程；继续抓好农业各大产业的基地建设，大力发展精品农业、观光农业、生态农业和特色农业；按照"五个培育"的要求，实施市场化运作，以进一步做大做强全州农业产业。依靠农业的稳步、持续健康发展来稳定黔西南经济。

（4）商贸活州战略。就是要坚持"无商不活"的观点，充分发挥州政府所在地处于黔滇桂三省（区）结合部，机场、铁路、高速公路等均在境内坐落或交汇的交通枢纽优势，加快发展现代物流业、商贸业、服务业、运输业、旅游业和房地产业；加快建设兴义会展中心，大型农产品批发市场、工业品综合市场、小商品批发市场、矿产品交易市场等各类专业交易市场，以此拉动现代物流业的形成和发展，不断提高第三产业发展的质量和效益，尽快将州府所在的兴义市建成黔、滇、桂三省（区）结合部的商贸物流中心，依靠商贸繁荣来激活黔西南经济。

（5）环境立州战略。就是要认真贯彻落实党的十七大精神，扎实推进"生态文明"建设，牢固树立环境也是生产力的理念。一是继续着力打造投资硬环境，继续加强以交通和水利为重点的基础设施建设，加快推进城镇化建设步伐，进一步完善以兴义市为龙头的城市群的相关功能，努力提高城市品位；优化调整全州的工业布局，创新工业发展的体制机制，积极创办新型工业经济长廊，不断做大工业经济蛋糕，切实为客商创造优美舒适的投资硬环境。二是持续抓好投资软环境建设，进一步转变工作作风和政府职能，严格依法行政，用诚信塑造形象，靠服务引进和留住客商。三是切实保护生态环境，在实践中坚持以人为本，做到"五个统筹"，努力实现协调发展、和谐发展和可持续发展，依靠优化环境来鼎立黔西南经济。

### 4. 实现"一个目标"

即到2021年建党100周年时，全州人均GDP（生产总值）突破5000美元，达到全面小康水平，接近全国平均发展速度。

为了实现上述目标，全州在2016年以前的各项经济指标年均增幅须保持在18%左右，从2017年至2021年的各项经济指标年均增幅须保持在16%左右。

要实现上述目标，必须坚持以毛泽东军事思想为指导，研究实施"以弱制强"战略；必须坚持从黔西南的州情实际出发，研究实施"跨越式发展"战略；必须坚持以科学发展观为指导，高举发展、团结、奋斗的旗帜，在实践中进一步解放思想，与时俱进，开拓创新，上下齐心，众志成城，实干巧干，不断增强又好又快，更好更快发展的危机感、责任感和紧迫感。

# 第三章　深入贯彻落实科学发展观

深刻理解、深入贯彻落实科学发展观，是加快推进金州经济社会历史性跨越，全面建设小康社会的根本保证。

列宁同志曾经说过："一个政党，要站在时代的前列，一刻也不能没有理论思维。"中国共产党是一个既有鲜明风格又善于进行理论创新的政党，这是我们的优势。党的十六大报告以来，以胡锦涛同志为总书记的党中央领导集体，在新的实践基础上，大力推进理论创新，提出了以科学发展观为核心的一系列的重大战略思想。科学发展观作为继承和发展马克思列宁主义、毛泽东思想、邓小平理论和"三个代表"重要思想的科学理论，是中国特色社会主义理论体系的重要组成部分。这一科学理论敏锐而又准确地把握中国社会前进的命脉，对党和国家面临的重大理论和现实问题做出了创造性的回答。使我们对共产党的执政规律、社会主义的建设规律、人类社会的发展规律的认识达到了新的高度，谱写了马克思主义中国化的崭新篇章，实现了马克思主义发展理论发展史上的又一次新的理论创新。

回顾我们党的理论创新的历程，有两次历史性飞跃：一是马克思列宁主义与中国革命实践相结合，创立了毛泽东思想，指导了中国革命取得了胜利；二是马克思列宁主义、毛泽东思想与中国特色社会主义建设实践相结合，创立了邓小平理论，指导了改革开放30年以来中国特色社会主义建设取得辉煌成就。这一次科学发展观的提出，理论界有人称之为又一次历史性飞跃或创新。按照我的理解，科学发展观实际上是对马克思列宁主义、毛泽东思想、邓小平理论和"三个代表"重要思想的继承和发展，目的在于指导我们怎样发展、如何发展、如何实现又好又快地发展。也可以理解为第三次理论创新。

在当代中国，要真正坚持马克思列宁主义，就必须坚持中国特色社会主义理论体系，牢固树立和落实科学发展观。也正因为此，在新的发展阶段，继续全面建设小康社会，开创中国特色社会主义事业新局面，必须深入贯彻落实科学发展观。党的十七大报告把邓小平理论、"三个代表"重要思想以及科学发展观归纳为中国特色社会主义理论体系，这一归纳也就说明了以后再产生的理论创新成果都是这个理论体系的范畴，就不再罗列邓小平理论、"三个代表"、科学发展观或者将要提出的重大理论、将要创新的理论成果。笔者认为，这是十七大报告对这个理论所作的科学归纳。这样一来，我们党理论成果的叫法或者名词就有这样几个概念：马克思列宁主义、毛泽东思想、邓小平理论、"三个代表"重要思想、科学发展观。主义、理论、思想和观念，按我的理解，是同义词，都是理论概括，同属于意识形态，是对实践认识的文字总结，能用以指导实践。

## 第一节 科学发展观的深刻内涵、精神实质和根本要求

要深刻理解，准确把握科学发展观的深刻内涵、精神实质和根本要求，应该从以下方面加以回顾、认识和分析。

### 一、科学发展观的形成过程

科学发展观的形成源于对非典疫情应对措施整个过程的经验教训的总结，由此发现了我们的发展还不够全面。2003年的春天，我

国发生了突如其来的非典疫情，在党中央的坚强领导下，我们夺取了抗击非典的胜利，在非典疫情迅速蔓延期间，胡锦涛同志到广东考察，第一次提出坚持全面的发展观，努力促进社会主义文明、政治文明和精神文明协调发展。当年的7月，他在全国防治非典工作会议上总结了抗击非典的重要启示，指出通过抗击非典斗争，我们比过去更加深刻地认识到我国的经济发展、社会发展、协调发展、可持续发展的发展观。

在党的十六大三中全会上，胡锦涛同志发表重要讲话，强调指出：要树立和落实全面发展、协调发展、可持续发展的发展观，科学发展观对于我们更好地坚持发展才是硬道理具有重大意义。树立和落实科学发展观，这是改革开放20多年来改革开放实践的经验总结，也是推进全面建设小康社会的迫切要求。因此，这次全会通过了《中共中央关于完善社会主义市场经济体制若干问题的决定》，更加完整地表述了科学发展观，把"以人为本"作为基本点涵盖进去，指出坚持以人为本，树立全面协调可持续的发展观，促进经济社会和人的全面发展。这是我们党首次以中央决定的形式，阐明科学发展观的概念及其内涵。

科学发展观的概念及其内涵提出后，胡锦涛同志又多次深刻阐明了科学发展观。2004年2月，党中央举办了省部级主要领导干部树立和落实科学发展观专题研讨班，深入学习和研究科学发展观的理论基础、精神实质、指导意义和实践要求。会议强调各级领导干部一定要自觉地用科学发展观来指导我们的各项工作，推动社会主义各项事业的全面发展。因此，科学发展观是在不断总结、提炼和完善的。这个理论成果是在实践的基础上，中央党校举办了几次省部级研讨班，将这些研讨成果进行归纳概括提出来的。

（1）第一次省部级研讨班是2004年2月在中央党校举办。2003年10月，胡锦涛同志在中央人口与资源环境座谈会上发表讲话时，就坚持科学发展观的重要意义、深刻内涵和基本要求以及如何深入贯彻科学发展观进行了深刻的论述。党的十六届四中全会又做出了

《关于加强党的执政能力建设的决定》,进一步要求全党坚持把"发展"作为党执政兴国的第一要务,不断提高驾驭社会主义持续发展的能力。这一次会议专门强调了"发展"是党执政兴国的第一要务,目的是要不断提高我们党驾驭社会主义市场经济的能力,具体表述为:必须坚持以人为本、全面协调、可持续的科学发展观,更好地推进经济社会全面发展。胡锦涛同志在会上指出,要提高党的执政能力,首先要提高领导发展的能力。树立和落实科学发展观的过程,就是根据党和人民的事业发展的新要求,大力提高党领导发展能力的过程,要切实把科学发展观贯穿于发展的整个过程和各个方面。

(2)第二次省部级班是2005年年初,在中央举办的省部级主要领导干部提高构建社会主义和谐社会能力专题研讨班上,胡锦涛同志又深刻阐述了构建社会主义和谐社会的历史背景、重大意义、科学内涵、重要原则和主要任务。指出我们党提出构建社会主义和谐社会,是在新的国内形势下,提高党的执政能力、贯彻落实发展是第一要务的发展观,是更好地推进我国经济社会发展的战略举措。

(3)2005年4月15日,在中共中央政治局第21次集体学习时,胡锦涛同志强调,要把科学发展观贯穿于发展的全过程,切实提高发展质量,增强发展后劲。只有坚持以科学发展观统领经济社会发展全局,从新世纪、新阶段我国经济社会发展的历史特征出发,理清发展思路,创新发展模式,提高发展质量,夯实发展基础,增强发展后劲,才能更好地推动社会主义的经济建设、政治建设、文化建设和谐社会建设的全面发展。在党的十六届五中全会上,胡锦涛同志进一步科学地分析了"十一五"时期我国发展面临的国内外环境和阶段性特征,更加明确地指出,科学发展观是指导发展的世界观和方法论的集中体现,是我们推动经济社会发展、加快推进社会主义现代化必须长期坚持的指导思想;强调要加强落实科学发展观的自觉性和坚定性,切实把科学发展观贯彻于经济社会发展的全过程,落实到经济社会发展的各个环节,切实把经济社会发展转入以人为本、全面协调、可持续发展的轨道。

（4）2005年12月15日，胡锦涛同志在青海考察结束发表讲话时，明确指出："科学发展观是我们党坚持以邓小平理论和'三个代表'重要思想为指导，在准确把握世界发展趋势、认真总结我国发展经验、深入分析我国发展阶段性特征的基础上提出的重大战略思想，是对经济社会发展一般规律认识的深化，是对指导发展的世界观和方法论的集中体现，是推进社会主义经济建设、政治建设、文化建设、社会建设全面发展必须坚持的指导方针"。此次讲话，对科学发展观做出了明确的战略定位，这个战略定位体现在三个方面：一是科学发展观是指导发展的重大战略思想；二是科学发展观是指导发展的世界观和方法论的集中体现；三是科学发展观是推进四大建设（经济建设、政治建设、文化建设和社会建设）必须长期坚持的指导思想。这一战略定位的核心点，就是确立起科学发展观为改革开放和现代化建设的指导地位。这一战略定位的基本依据就是科学发展观与邓小平理论和"三个代表"重要思想既一脉相承又与时俱进的关系，就是这一发展观反映了当今世界和当代中国的发展变化对党和国家工作的新要求，是对经济社会发展一般规律认识的深化。

（5）2006年"两会"期间，胡锦涛同志又强调，要坚持用科学发展观武装头脑、指导工作、研究问题，把思想统一到科学发展观上来。努力把科学发展观的要求转化为谋划发展的正确思路，转化为促进发展的政策措施，转变为领导发展的实际能力。真正做到符合科学发展的事情就全力以赴去做，不符合科学发展的事情就毫不动摇地去改，确保实现科学发展。

经过党中央和胡锦涛同志的不断阐释，科学发展观已经成为一个完整的理论体系，而且已经在党和国家的各项政策中发挥出强大的理论指导作用。新世纪、新阶段，中国特色社会主义发展的成功历程证明，科学发展观是完全正确的理论。在党的十七大报告中，胡锦涛同志又集中阐述科学发展观的实践基础、历史地位、科学内涵、精神实质和根本要求，提出了一系列新思想、新观点、新论断、巩固和完善了科学发展观这一重大战略思想。党的十七大将科学发展观写入党章，作为发展中国特色社会主义必须坚持和贯彻的重大战略思想，是历史进步和社会发展的客观要求。在包括科学发展观在内的中国特色社会主义理论体系的指导下，坚持中国共产党的领导，我们在发展中国特色社会主义过程中，必将取得更加辉煌的成就。

## 二、科学发展观的演进过程

科学发展观有一个演进过程，分了几个阶段。发展是人类永恒的话题，然而，人类对发展的认识经历了漫长而又艰辛的探索过程。冷静地反思当代的发展理论走过的道路，从总体上把握它的演进过程，有助于我们更深刻地理解科学发展观的深刻内涵。科学发展观的演进过程可分为四个阶段。

### 1. 经济增长的发展观

最早，发展问题就是保增长，速度增长了、数量增多了，就是发展，这是资本主义国家的一种理论指导，或者说是资本主义国家当时的一种发展理论。它盛行于第二次世界大战结束至20世纪60年代中期，这种发展观是以GDP总量和人均GDP增长为核心，把经济总量的增长作为发展的目标、准则，认为增长就等于发展。其基本观点是工业化是一个国家或地区经济活动的中心内容，经济增长是一个国家或地区发展的标志，GDP增长是衡量一个国家或地区经济发展的首要标志。不可否认，以GDP为核心的发展观曾经起过积极作用，很多发展中国家因此实现了国民经济快速增长和国民生产总值的快速增加，积累了丰富的物质财富。在新的科学发展观没有提出来之前，改革开放的前20多年，我国实际上也是在这一理论指导下的发展。

### 2. 以人为中心的综合发展观

以人为中心的综合发展观产生于20世纪70年代。随着全球人口剧增、食物匮乏、资源短缺、环境污染、大量失业、社会出现两极分化等一系列全球性难题涌现，传统的以经济增长为核心的发展观受到了严重的挑战，使人们逐步从更宽的视野去审视发展，逐步认识到忽视人类社会发展的多样性和复杂性的经济增长不可能带给人们所期望的普遍福利。基于这样的背景，美国学者率先发动了一场社会指标运动，提出了建立包括经济、社会、环境、生活、文化等各项指标在内的新的发展的评价体系。1983年，法国学者费朗素瓦·佩鲁出版了《新的发展观》一书，把发展观视为一切人的发展和为了人的全面发展，提出了整体的、综合的、内生的新的发展理论。这种发展观比单纯追求增长的发展观更全面，更成熟，表明了人们对发展的认识已由单一性、片面性向多元性拓展。

**3. 可持续发展观**

可持续发展观的提出，最早是在1972年世界环境大会上，但其概念的形成和真正成为国际社会的共识，是在挪威前首相布伦特兰夫人主持完成的一个报告《我们共同的未来》和1992年联合国环境与发展大会上，大会通过的《里约热内卢环境和发展的宣言》（以下简称《宣言》）和《20世纪议程》两个文件，第一次把可持续发展由理论概论推向了实践认可。《宣言》提出了27条原则，极大地丰富了可持续发展的思想。1994年9月召开的国际人口与发展大会，通过了《国际人口与发展大会行动纲领》（以下简称《行动纲领》），进一步发展了可持续发展的思想。《行动纲领》提出了15条原则，充分阐明了可持续发展问题的中心是人这一重要命题，把可持续发展定位于人本主义的发展观。我国认可这一观点是在1994年3月通过的《中国21世纪议程》中提出了要珍惜资源、保护环境的问题，为可持续发展在中国的实施奠定了基础。

**4. 科学发展观的提出**

改革开放以来，伴随着社会主义现代化的进程，我国的发展观也逐渐完善和科学。邓小平同志首先从我国的国情出发，总结20多年的经验教训，提出了"发展才是硬道理""科学技术是第一生产力"等论断,有力地推动了中国特色社会主义的迅速发展。江泽民同志提出"三个代表"重要思想,强调发展是执行兴国的第一要务,指出在新世纪头20年,集中力量建设惠及十几亿人口的更高水平的小康社会,使我国经济更加发展、民主更加健全、科教更加进步、文化更加繁荣、社会更加和谐、人民生活更加殷实。胡锦涛同志总结了国内外发展问题上的经验和教训,深入地把握社会发展规律,在十六届三中全会上提出了"以人为本、全面协调、可持续的开展发展观"。回顾这一演进过程,科学发展观反映了我们党和国家新一代领导人的思想。这是以胡锦涛为总书记的党中央领导集体对中国的改革开放进程进行长期观察并进行深思熟虑的结果,其含义是非常深刻的,是新时期我们党各项工作的重要指导思想。可以这样认为:全面建设小康社会是科学发展观形成的直接动因,辩证唯物主义和历史唯物主义是科学发展观形成的理论基础。经济增长发展观、以人为中心的综合发展观、可持续发展观是科学发展观演变的渐进过程。

### 三、科学发展观形成的理论渊源

#### 1. 马克思、恩格斯首创的新唯物主义

关于新唯物主义其中一篇重要的文章是《关于费尔巴哈的提纲》。新唯物主义强调的是环境发展、人的活动发展、人本身的自我发展要一致,并把革命实践作为这三者统一的物质活动基础。

#### 2. 列宁提出的四个闪光的思想

一是列宁提出的辩证法思想,强调辩证法就是发展观;二是十月革命后列宁提出的新型矛盾论,探索如何解决新型矛盾的问题;三是1902年至1919年期间列宁主持制定的苏维埃共产党两个党纲,都把以人为本作为党的最高指导思想;四是新经济政策,提出了经济、政治、文化全面协调和改革计划,也就是可持续和协调发展的问题。

#### 3. 毛泽东思想、邓小平理论和"三个代表"重要思想

从毛泽东的《论十大关系》《新民主主义论》《正确处理人民内

部矛盾》等文章中就闪现出关于科学发展观的思想火花。邓小平理论在强调发展、摸着石头过河的同时，对如何协调、如何发展，如何拿出一个计划，在什么时候该发展什么，发展到什么阶段达到什么程等都有了一些重要的论述。"三个代表"重要思想强调的是发展是党执政兴国的第一要务，也提出了一些协调发展、处理好人口与环境、增长与资源的关系，处理好精神文明建设和物质文明建设的关系等理念。

总之，在马克思列宁主义及其中国化的两次飞跃以及科学发展观等重大理论成果中，科学发展观是贯彻始终的重要思想线索之一。从科学发展观的渊源以及演进过程中，我们更了解了科学发展的深刻内涵。

### 四、科学发展观的精神实质

#### 1. 第一要义是发展

离开了发展就不科学，在发展的基础上来讲求协调、可持续、全面的问题，就是要始终坚持把发展作为党执政兴国的第一要务。建设有中国特色社会主义，首先是要发展，发展对于全面建设小康社会，加快推进社会主义现代化建设具有决定性作用。抓住发展，就抓住了社会主义现代化建设的根本任务和主要内容，抓住了中国特色社会主义事业的关键。改革开放以来，我们所取得的一切成果，都是建立在发展基础之上的，不发展就没有中国特色的社会主义，不发展就不可能解决我们面临的各种问题。发展始终是我们党执政兴国的第一要务，但我们在新的历史起点上所追求的发展，不应该是孤立的、片面的、或者是不计代价的竭泽而渔等不能持续的发展，而是在科学发展的道路上不断前进的发展。就是要以人为本、全面协调、可持续的发展；是各方面事业统一、社会成员团结和睦的和谐发展；是既通过维护世界和平发展自己，又通过自身发展维护发展世界和平的和平发展。紧紧抓住发展这一要务，就要时刻牢记发展才是硬道理这一战略思想，牢牢抓住经济建设这个中心,坚持聚精会神搞建设、一心一意谋发展,不断解放和发展生产力。为此,我们必须更好地实施科教兴国战略、人才强国战略、可持续发展战略。着力于把握科学发展规律、创新发展理念,转变发展方式,破解发展难题,提高发展质量和效益,实现又好又快发展,为中国特色社会主义事业的科学发展、和谐发展、和平发展打下坚实的基础。

### 2. 核心是以人为本

人是社会发展的主体,人的解放和自由以及全面发展是社会进步的最高目标。以人为本是马克思主义历史唯物论的基本原理,是我们党全心全意为人民服务根本宗旨的集中体现。中国特色社会主义事业是全国各族人民实现自己利益、创造美好生活的共同事业。是亿万人民群众广泛参与的创造性事业,党的一切奋斗和工作都是为了造福人民。坚持以人为本,就要坚持人民在社会主义事业中的主体地位,尊重劳动、尊重知识、尊重人才、尊重创造,发挥人的首创精神,充分发挥和调动人民群众的积极性,主动性和创造性。就要按照立党为公、执政为民的要求,坚持权为民所用、情为民所系、利为民所谋,始终把坚持好、维护好、发展好最广大人民群众的根本利益作为党和国家一切工作的出发点和落脚点,把解决民生问题放在首要位置,切实解决广大人民群众最关心、最直接、最现实的利益问题,保障人民的经济、政治、文化、社会权益、走共同富裕的道路。促进人的全面发展,集中起来,就是要做到发展为了人民、发展依靠人民、发展成果由人民共享。

### 3. 基本要求是全面协调可持续发展

毛泽东在《论十大关系》强调了协调的问题,阐述了如何处理好十个方面的关系;邓小平同志强调分三步走,实际上也是科学发展的理论观点,哪一步的速度该怎么走、质量应该到什么度,都进行了阐述。按照科学发展观推进科学发展,就必须总揽中国特色社会主义事业全局,推进全面协调可持续的发展。全面就是要坚持以经济为中心,全面推进经济、政治、文化和社会建设,实现经济发展和社会发展的全面进步；协调就是要坚持五个统筹，促进现代化建设各个环节、各个方面的协调，促进生产关系与生产力、上层建筑与经济基础相协调；可持续就是坚持走生产发展、生活富裕、生态良好的文明发展道路，建设资源节约型、环境友好型社会，促进人与自然的和谐，使人民在良好生态环境中生产生活，实现经济社会的有序发展、全面协调可持续发展。全面协调可持续发展是经济、政治、文化和社会各个方面的发展与人的全面发展的辩证统一，是发展的速度、结构、质量、效益的统一，是经济发展与人口资源环境相协调的统一。

### 4. 根本方法是统筹兼顾

统筹兼顾是我们党长期执政的一条行之有效的重要经验，也是在新的历史条件下保证全面协调可持续发展的根本方法。统筹兼顾是从我国发展全局和最广大人民的根本利益出发，正确反映和兼顾不同方面的群众利益，调动各方面积极因素，调节并处理好各种具体的利益关系，促进整个社会协调发展，使全体人民朝着共同富裕的方向稳步前进。坚持统筹兼顾，关键是坚持科学的思想路线和思想方法，用发展的而不是静止的、联系的而不是孤立的、全面的而不是片面的观点看问题、抓发展。坚持统筹兼顾，就是正确认识和妥善处理中国特色社会主义事业中的重大关系，统筹城乡发展、区域发展、经济社会发展、人与自然和谐发展、国内发展和对外开放，统筹中央和地方的关系，统筹个人利益和集体利益、局部利益和整体利益、当前利益和长远利益，充分调动各方面的积极性；就是要统筹国内和国际两个大局，树立世界眼光、加强战略思维、善于从国际形势发展变化中把握发展机遇、应对挑战风险，营造良好的国际环境；就是要处理好政府与市场的关系，既要积极发挥政府作用，适当应用行政手段，又要尊重和遵循市场规律，更大程度地发挥市场在资源配置中的基础性作用，增强发展的活力和效率；在工作的部署安排上，要始终站在战略的高度，处理好各种复杂矛盾和热点问题，既要总揽全局、统筹规划，又要抓住牵动全局的主要工作、事关群众利益的突出问题，着力推进、重点突破。

## 第二节 结合实际贯彻落实科学发展观

科学发展观的第一要义是发展，核心是以人为本，基本要求是全面协调可持续发展，根本方法是统筹兼顾。这四个方面的辩证关系是有机统一的，构成了一个完整、严谨的理论体系。准确把握了我国经济社会发展进入新世纪新阶段的新要求，充分反映了我们党在发展问题上的新认识，是对中国特色社会主义理论体系的丰富和发展，是马克思列宁主义在中国的最新理论成果。我们一定要认真学习和深刻领会这些思想，自觉地用科学发展观统领经济社会发展全局，用发展着的马克思列宁主义全面指导新的实践，继续全面建设小康社会，开创中国特色社会主义事业新局面。

学习贯彻落实科学发展观，特别是开展学习实践科学发展观活动，我认为一个根本的目的，就要解放思想、与时俱进、开拓创新，就是要在实践的基础上，在现阶段历史特征的特定环境下促进科学发展。不但要提升数量，更重要的是要提高质量，实现又好又快地发展。

为此，我们必须认真分析我州在落实科学发展观中存在的问题及所面临的机遇、优势和挑战。

回顾2008年金州的主要的几项经济指标，在此基础上进行分析。2008年金州的几项主要经济指标在全省的比例：一是GDP实现200.3亿元，和全省的份额比较，2007年占全省份额的6.1%，2008年降了1.2个百分点，只占全省份额的4.9%；二是财政总收入是36.2亿元，净增长了10亿元，占全省的份额由2007年的4.68%增长到5.36%，这个增长创造了黔西南的历史最高，超过了黔南，排到了全省第五位；三是固定资产投资完成101.61亿元，超过了州委2008年初提出的100亿元的目标，但是占全省的份额比例是下降的，2007年占5.9%，2008年占5.6%，降了3个百分点，说明其他地方靠投资拉动的效果比我们好;四是城镇化率比较,全省是28%,我们是25%,全国是44%,我们与全省相比差3个百分点,与全国相比差19个百分点,反映了我们城乡发展不协调;五是农民人均纯收入,全州2008年是2 449元,全省是2 663元,我们是全省最低,也是全国最低;六是城镇居民人均纯收入,我们是13 501元,与2007年比较增长较快,主要原因是2008年增长工资,而金州的城镇人口又主要是公职人员,但是城镇居民人均收入与农民人均收入的比差也最大,为5.5∶1左右,全国是2.38∶1,全省是4.6∶1,金州比差最高,贫富悬殊最大;七是三大产业结构的比差,一产我们达到了23%,二产达到了43%,三产达到34%,从这个数据看,结构不尽合理。从以上分析看,贯彻落实科学发展很有必要,在我们这样一个经济结构极不合理、在全国都处于倒数位置的地区显得更加重要,需要按照科学发展观的要求全面协调推进我们的各项工作。

## 一、目前金州存在的与科学发展观不相适应的方面

一是有的领导干部对发展这一党执行兴国的第一要务缺乏足够的认识,抢抓机遇、提高发展的责任感、使命感不强,贯彻党的解放思想、实事求是、与时俱进的思想路线的自觉性不高,推动科学发展的思路不清、措施和办法不多。

二是有的领导班子工作机制不健全、决策还不够科学民主、保障科学发展的体制机制不够完善。

三是全州经济总量很小,产业层次低,工业化、城镇化水平低,农业农村水利交通等基础设施还很薄弱,农民增收难度很大,改善民生的任务艰巨,全面协调发展需要解决的问题还很多。

四是资源消耗比、人口增长与经济增长的比差、环境保护、安全生产与上级的指标要求都还有差距,特别是和谐社会建设任务很重。

以上这些不适宜,就给我们提出了要认真通过学习实践活动,

探讨如何实现全州区域内的科学发展、协调发展、可持续发展的问题。

回顾新中国成立以来黔西南地区的发展历程,有一些历史阶段发展得很好,比较科学,也有一些历史阶段由于各种原因影响了发展,主要有两个方面:即客观上本身的地理区位条件差,处于交通闭塞的少边穷地区;二是行政区划的变更,使一些重大项目和一些基础设施项目的布局没有向这边倾斜,失去了发展的历史性机遇。

## 二、金州所面临的"六大机遇""五大优势"和"一大挑战"

但我们也要看到,在推动全州科学发展上,我们也面临一些好的机遇、优势和挑战。概括起来,就是六大机遇、五大优势和一大挑战。

### 1. 六大机遇

一是国家推进西部大开发的机遇,一些政策、资金会向这边倾斜。

二是东部地区产业转移的机遇,加上金州的地理位置处于三省区结合部,有利于接纳东部地区的产业转移。

三是中央大力推进生态文明建设的机遇,提出了人与自然、环境的一些具体要求,对于金州这些发展空间比较大的地区,特别是对接中央关于生态文明建设的一些项目资金是一次好机遇。

四是国家加快建设"东盟自由贸易区"的机遇,南宁离金州很近,加上金州是资源型地区,资源开发型的结构,对于金州产品产业链的延伸和增加附加值是一个好机会,可以作为加工基地,同时又有东南亚这个市场和北部湾经济的带动。

五是这次次贷危机的机遇,笔者认为对于金州这样的地区总体来说危机是一次机遇。因为危机是对产业布局比较密集、外贸型产品较多的地区,而对于我们这些靠固定资产投资和投资拉动的地区,工业基地十分薄弱,商品市场还不发达,没有大的影响。有一点就是农民工返乡的问题,这个问题处理好了也可以利用农民工的特点和优势,推动金州的经济社会发展,还有一点影响就是一些污染较大的中小型企业,如果不是这次危机,金州的很多项目还很难拿到准入证,因此,这次次贷危机对于金州来说是一次大机遇。

六是本届州委政府领导班子是一个开门务实、实事求是、敢于开拓创新的领导班子,这更是一个加快发展的大好机遇。

### 2. 五大优势

一是独特的区位优势,地处三省区结合部。二是便捷的交通优势,机场、铁路以及汕昆高速等在建和即将开工建设的高速公路,形成了水、陆、空立体交通网。三是丰富的资源优势,旅游资源、煤炭资源、黄金矿产、农业特色资源、劳动力资源等较为丰富。四是良好的生态优势,森林覆盖率达42%。五是民族自治州可以民族自治、地方立法的优势,可以充分利用好政策和民族资源促进发展。

### 3. 一大挑战

目前的区位优势,两年以后就会变成挑战,横跨我省的高速公路和高速铁路开通后,我们的区位优势就不存在了,就变成了挑战。

## 第三节 加快推进金州经济社会发展的历史性跨越

所谓"历史性跨越",平常在经济发展中经常讲到这样3个概念:超常规发展、跳跃式发展、跨越式发展。从经济学的角度看,超常规发展衡量的标准是指当年某个地区或区域内的各项经济增长指标与上年相比较,增长在6%左右;跳跃式发展的标准是指当年某个地区各项经济发展指标与上年相比较,增长在12%左右;跨越式发展是在上年的基础上增长在18%以上。黔西南州去年的财政实现了跨越式发展,但是其他各项指标都处于跳跃式发展的水平。所以,这里的历史性跨越就是要在不断的跨越式发展的基础上,由量变到质变并且产生飞跃的前提下实现跨越，它是一个历史阶段向另一个历史阶段的跨越。也就是说，我们要从粗放型、增值型的阶段向可持续型、现代化或者科技型阶段的跨越，这就是历史性跨越，要有量的积累、质的提升，才能实现历史性跨越。我州提出实现全州经济社会发展历史性跨越，就是要实现质的飞跃，经济总量和质量要大幅提升，要符合科学发展观的要求，才称得上历史性跨越。

根据历史性跨越的标准和要求，金州如何实现历史性跨越？笔者认为要实现我州经济社会发展历史性跨越，应该从以下四个方面去努力。

## 一、解放思想

要实现历史性跨越，特别是通过学习实践科学发展观活动，进行解放思想大讨论，我们要有一次新的思想再解放，观念再更新，就是要意识到我们所处的发展阶段与全国的差距很大，我们现在的发展阶段、发展水平、发展速度即发展总量只相当于沿海地区20年前的水平。我们处在这样一个发展阶段，所以要解放思想，通过解放思想大讨论来更新观念，认识到我们发展滞后的根本原因所在，特别是要进一步认识到我们的州情实际。贫困地区落后，实际上就是思想不够解放，出现一个怪圈"越穷越生，越生越穷"。所以要解放思想，一方面，要树立敢冒敢闯的观念；另一方面，要保护改革者、包容失误者、查处违纪者、奖励创新者。中央对我们西部地区的看法是思想不够解放，胡锦涛同志视察贵州时讲到："像贵州这样的省份，只要符合科学发展观，有条件，能发展，就要努力加快发展。"同时，笔者认为我州就是有条件，资源可以想办法开采出来，但如果思想不解放，认识不统一，比如像晴隆金矿事件，一味地去总结而不去开发，就会坐在金山上受穷。如果我们意识到这个问题，总结了，就要退一步进三步，加快发展。树立这种理念，目的就是要缩短与发达地区的差距。我们现在的主要矛盾是人民群众希望快速发展与我们发展滞后的矛盾，我们要抓住主要矛盾。加快发展就是科学发展，不加快发展、老是倒数、老是下降就不是科学发展,这是衡量的标准。科学发展观的根本目标在于创新、在于与时俱进,最终目的是要促进发展。

金州有两次思想解放都促进了快速发展。一次是富民升位大讨论后,全州的经济实力从全省第八位跃到第六位。最近两年,总体思想没有讲解放思想大讨论,但我们的思想认识是一致的,因为我们有一个开明、务实的党委和政府领导班子。这样,我们去年排到了全省第五位。那么,通过这次学习实践科学发展观活动中的解放思想大讨论,如果我们再把跨越式发展这个目标具体化,思想统一到快速发展、加快发展这个观念上来,我们就有了实现跨越式发展的思想基础。

## 二、创新思维

创新思维就是要结合我们的实际,不照搬照套。举个例子,如何让猫吃辣椒?解放初期,针对如何处理民族资本家的财产问题,一天毛泽东同志以猫吃辣椒为例阐述了"两害相权取其轻,两利相权取其重"。这就是说,强迫和欺骗的方法是不可取的,要通过创新思维方式,引导人们自觉自愿地接受。这就提示我们要用创新的思维方式去解读中央和省委的重大决策的主要精神,力求在实践中做到"顺向理解、转向解读,逆向思维、转向行动"。就像仇和同志所说的那样:"天黑赶路,天亮扎营;高人一等、快人一步,永远抢在时间的前面。"

## 三、完善体制机制

通过体制机制的建立和完善来促进我们的发展,充分利用我们自治州有立法权的优势,派一些专家学者进行研究,对我们地方有促进发展的尽量去争取。作为省这一级,内蒙古发展较快,就是他们善于打民族牌,充分利用资源优势。作为地区一级的区域,原江苏宿迁市委书记仇和,善于用制度管人管事,值得我们学习借鉴。为此,我们应尽快派出党政代表团到昆明,到曲靖考察学习,吸取经验,以进一步完善我们体制机制,从而为促进发展提供制度保障。

### 四、敢于担当

要真正让想干事的人有平台、能干事的人有机会、干成事的人有地位,领导者就一定要鼓励改革者、包容失误者、查处违纪者、奖励创新者;一定要敢于担当,敢于负责,敢闯敢试。

本着以上四点,按照"三化两着力"的具体布局,来规划我们黔西南州的经济社会发展,就一定能够实现历史性跨越。"三化"即工业化、城镇化和市场化,这是科学发展、协调发展和可持续发展必须紧紧抓住的。因为工业化是快速创造财富的重要途径,城镇化是有效聚集财富的载体,市场化是有效配置资源的手段(农业上"五个培养"就是方向)。"两着力",一是着力抓好以交通和水利为重点的基础设施建设;二是着力研究和加快发展我州的旅游产业,特别是要加大招商引资力度。总之,只要我们全州上下众志成城,心往一处想,劲往一处使,金州经济社会发展历史性跨越的目标就一定能够实现。

# 第四章 金州重点实施工业强州战略

金州州委五届十五次全会提出建议，金州第六届人民代表大会第六次全会审议通过了《黔西南州国民经济和社会发展第十二个五年规划纲要》。该《纲要》明确提出了"十二五"时期要重点实施工业强州战略。于是，金州重点实施工业强州战略的意义、路径和对策等便成为全州上下集中讨论的热点问题。

## 第一节 金州重点实施工业强州战略的理论依据

### 一、金州重点实施工业强州战略是区域经济发展阶段论的必然

工业化是实现现代化的必由之路，是壮大经济总量，实现三次产业加快提速、协调发展的关键。一个地区如果没有工业快速创造财富、做大经济蛋糕、完成资本积累，就不可能实现现代化。按照区域经济学的理论，一个地区的人均生产总值达800美元以上，城镇化率达25%左右时，必须进行经济转型，即由以农业为主转向以工业化和城镇化带动为主的经济发展方式的转型。为此，中共黔西南州委、黔西南州人民政府审时度势，于2008年在学习实践科学发展观活动中就提出了符合州情实际的"一二三四"科学发展思路，顺利实现了金州经济发展方式的转型，适时推进了全州工业经济的

快速发展。

## 二、金州重点实施工业强州战略，是区域经济优势本质论的要求

区域经济学理论认为，区域产业结构的调整，本质是发挥区域优势。区域优势包括三大要素，即区位优势、资源优势和发展阶段优势。关于区位优势，黔西南虽然不沿边、不沿海，但地处黔、滇、桂三省区结合部，素有"三省通衢"之称，加之铁路和高速公路贯通，飞机场和南盘江航道投用，"立体"交通网络形成，区位优势凸现；关于资源优势，黔西南资源丰富，以煤、金、锑为代表的有色金属矿达40余种，加之水能资源、生物资源、农业特色资源、旅游资源和劳动资源丰富，资源优势得天独厚；发展阶段优势，指的是地方经济对区域经济、宏观经济的专门化贡献，贡献越大，关联性越强，发展阶段的优势就越明显。发展阶段的优势明显，区域经济就快速发展。由此可见，发展阶段的优势是人为的。为此全州必须避免"木桶效应"（即短板效应），尽快补齐短板，使木桶的水位上升，容量增大，从而才能快速做大经济蛋糕。

## 三、金州重点实施工业强州战略，是区域经济主导产业核心论的需要

区域经济学理论认为，区域产业结构调整的核心是主导产业的培育和更替。因为主导产业的功能是推动发展，一般产业的功能是保持稳定。金州"十二五"时期的主基调是"加速发展、加快转型、推动跨越"，为此，必须充分发挥资源优势，尽快做大做强全州的工业产业。应努力在转型中大力培育自己的主导产业，使主导产业迅速更替并尽快产生带动作用，最大限度地产生关联作用，最大限度地产生推动发展的功能效用。只有这样，才能迅速做大经济

蛋糕，民生等稳定问题也才能随之解决。从金州的优势出发，在主导产业的培育上，就是要充分发挥能源和各种资源优势，努力做大做强电力、煤炭、化工、冶金、建材、制药、食品加工等支柱产业，通过主导产业的培育和更替，尽快实现"加速发展、加快转型、推动跨越"的目标。

## 第二节 金州重点实施工业强州战略的路径选择

### 一、走新型工业化道路

所谓新型工业化道路，就是党的十六大、十七大提出的"走科技含量高、经济效益好、资源消耗低、环境污染少、人力资源优势得到充分发挥的新型工业化道路"。当前，在全州上下仍然存在对新型工业化认识不尽一致的方面：一些同志把新型工业化等同于发展高新技术产业、信息技术产业等，认为像金州这样的"欠发达、欠开发"地区没有发展基础，难于实现新型工业化；另一些同志则认为就是打压现有的资源型原材料工业体系，呼吁大搞新材料，发展高新技术产业和装备制造业等。其实按照唯物辩证法的观点，新型工业化只是对生产条件简陋、浪费资源、污染环境、忽视人类健康和安全的传统工业化模式的否定，绝不是对现有工业自身的否定。

新型工业化的基本特征是"提高科技含量、增加经济效益、降低资源消耗、减少环境污染、发挥人的主观能动性"。其"新"是相对于发达国家、发达地区已经走过的传统工业化道路和黔西南州过去的工业化程度而言的，并非是排斥自身现有的传统工业产业，"新"在如何按新型工业化的要求改造和提升传统工业产业，努力创造条件发展装备制造业和高新技术产业。这才是金州应走的新型工业化道路。

## 二、发展循环经济

循环经济是新型工业化的灵魂。循环经济是推动社会可持续发展的一种实践模式，其本质上是一种生态经济。它应用生态学原理指导经济活动，以资源的最大利用和循环利用为核心，以"减量化、再利用、资源化"为原则，以"低消耗、低排放、少污染、高效率"为基本特征。它是一个完整的从资源——产品——废弃物——资源化——再利用的循环过程。它要求在产品设计、生产、消费、回收、再利用等环节，通过技术进步，实现资源的最大化利用，污染物的最小化排放甚至零排放。

循环经济有其规律性，离开循环谈经济，走不出粗放的发展模式；离开经济搞循环，循环之路也难于长远。为此，无论是从提高资源利用率，降低成本或是提升经济效益的需要出发，还是对减少污染，降低能耗，完成节能减排的硬任务看，越是能耗高、污染重的企业，越是要搞循环；越是资源型、规模大的行业，越需要搞循环；越是工业大发展，越需要搞循环，这就是像金州这样的资源型经济区域实现新型工业化的有效路径。它较好地兼顾了生态效益、经济效益和社会效益，既能有效的缓解资源约束和环境污染的矛盾，又能加快调整经济结构和转变经济发展方式，是像黔西南州这样的"欠发达、欠开发"地区开启新型工业化道路之门的钥匙和检验工业化水平的试金石。

## 三、依托资源延长产业链

金州的矿产资源、水能资源、生物资源、农业特色资源、旅游资源和劳动力资源相对富集，是一个基础性资源十分丰富的经济区域。按照资源组合的经济学理论，需要引进人才、资金、技术等发展性资源来与之联姻，这是做大做强黔西南州工业产业的重要途径。为此，金州必须立足于依托全州的资源优势，进一步扩大开放,大力招商引资、招商引智,就近就地办园区、办工厂、搞加工,以不断延长工业产业链为目标,千方百计地将"西电西用"和"西煤西用",将各种矿产资源的开发与加工,农业特色资源的开发与加工,旅游业的发展与旅游产品的加工等有机结合起来,最大限度的延长资源开发的产业链,努力走出一条符合黔西南州情实际的资源型工业化道路。

### 四、创造条件引进高新技术产业

高新基础产业是新型工业化的根本出路和终极目标,没有高新技术产业迅速发展的工业化是一种发育不良的残缺工业化,更无由谈及新型工业。但高新技术产业的引进和发展是需要具备条件的,并非想引就引,说发展就能发展的。所谓高新技术产业,应包括信息技术产业,新兴战略性产业、新型材料产业、生物技术产业、装备制造业等,而这些产业均具有"知识密集型、技术密集型、资本密集型、产品精致型"等特征。为此,作为像黔西南州这样的知识匮乏、技术落后、资本不足、环境欠佳的工业基础薄弱地区,要想大力发展高新技术产业,必须先从"创造条件、夯实基础、打造环境、培养人才"等基础性工作做起,必须着力发展循环经济,在延伸资源型工业产业链上下功夫。只有在循环经济和资源型工业大力发展的前提下,在工业园区建设规模化、规范化的基础上,才能有条件引进和发展高新技术产业。

## 第三节 金州重点实施工业强州战略的对策措施

### 一、搞好规划

搞好规划是推动新型工业化的根本因素。对金州而言,要搞好规划，首要的是要不断地解放思想、更新观念，用全新的思路和理念谋划全州的新型工业化。要从保守、畏难、无所作为的思想桎梏中解放出来，切实树立"想别人想不到的事，干别人不敢干的事、担别人不愿担的责"和"宁愿实干巧干、不愿苦熬苦盼"的创新思维。敢于用资源换资本，敢于用四两拨千斤，敢于用机制换发展，敢于用全新的理念切合实际地搞好全州的工业发展总体规划。要切实做好"十二五"时期全州具有比较优势的"六大工业产业"和十四个工业园区（产业聚集区）的总体规划；切实将具体园区、重点产业、具体项目、资金来源、用地指标、优惠政策、管理机制等要素进行细化分解。在具体规划中要坚持多措并举、扩大总量，坚持依托资源办工业，坚持培育市场主体、壮大企业实力，坚持产业总体布局、注重区域协调，坚持市场配置资源、政府宏观调控的原则，做好规划，以确保规划的科学性、适用性和可操作性。

## 二、打造平台

平台是项目和企业能够落地的载体，平台可以分为硬性平台和软性平台。所谓硬性平台是指畅达的交通条件、完善的基础设施、健全的工业园区、舒适的居住环境。所谓软性平台是指健康的信用环境、务实的机关作风、公正的执法环境、开明的政策环境和优质的服务环境。只有将软硬平台都真正打造好了，才能形成投资洼地，才能引进更多的资金、技术、企业和客商。

打造金州的硬性平台，第一，要继续加大对以交通和水利为重点的基础设施的投入力度，加快对外通道建设，进一步完善全州的"立体"交通网络体系；第二，要抓紧规划建设和提升通往各工业园区（产业聚集区）、煤炭矿山和各类矿产资源点的运输通道；第三，要着力抓工业用水、城镇用水和重点工程用水的水源工程建设，完成病险水库治理、灌区改造、饮水安全、洼地排涝等工程；第四，要在加快全州城镇化建设的同时，加强骨干电网建设和电网延伸工程，要结合实际，通盘考虑用电计划，完善相应的输变电设施，建成布局合理的输变电中心。

打造金州的软性平台，一要进一步建立健全社会信用体系，定期不定期地组织有针对性的信用评估活动；二要切实转变机关作风，增强服务意识，规范审批程序，提高办事效率；三要本着"维护健康有序的市场环境和客商投资权益"的原则，加强对重点部门和行业执法人员、公职人员的监督检查，严厉打击"吃、拿、卡、要"等欺商诈商行为，以确保依法行政、廉洁从政；四要认真研究符合黔西南州情实际的具有可操作性的招商引资优惠政策，放低企业、项目和客商的进入门槛，切实用长远的眼光，创新的思维去出台政策、理解政策和执行政策，以确保投资者的安全感；五要坚持全程服务，高效服务，优质服务，特别是要加强对在建项目的中期和后期服务，克服重引进、轻服务的倾向，建立健全全方位、全过程为客商服务的体系。

## 三、重视人才

毛泽东同志说："政治路线确定之后，干部就是决定因素。"邓小平同志说："科学技术是第一生产力。"胡锦涛同志说："人才是经济社会发展的第一资源。"为此，黔西南州要重点实施工业强州战略，重视人才、使用人才、引进人才、培养人才至关重要。

一要大胆使用人才。要在全州上下分层级使用一批学经济、懂经济、会管理、善经营的经济类人才，特别是要注重选拔使用一批学工业、懂工业、善于管理工业和在实践中涌现出来的工业管理人才和工业企业家。注重结合黔西南州工业发展的现状，高度重视并大胆使用学工业、学经济方面的专业人才。

二要大量引进人才。引进工业方面的人才是实施工业强州战略的重要保证，只有大量引进工业方面的经营、管理和专业技术人才，才能满足全州工业快速发展的需要。在具体引进中可采取：一是"既求所有、又求所用"的方法，选择调入和聘用一批工业人才；二是"不求所有、但求所用"的方法，通过企业和项目进行招商引智，大量引进和借用工业人才。

三要大力培养人才。培养人才是彻底解决黔西南州工业人才稀缺的根本途径。要在大胆使用和大量引进专业技术人才的同时，有计划、按需求地大力培养一大批适应黔西南州工业经济持续发展的专业人才。要敢于通过党校、行政学院和专业院校培训以及在工业实践中锻炼成才等途径，积极培养一大批工业管理、技术研发极其熟练的工人，以确保全州工业经济快速发展、持续发展和科学发展的需要。

## 四、要着力招商

金州实施工业强州战略，重在大力招商引资。世界上任何国家和地区的工业发展都是依靠招商引资发展起来的。美国、加拿大、日本、韩国、澳大利亚、新西兰等国家的工业是靠招商引资发展起来的，我国香港、台湾地区和深圳、宁波、青岛、大连等地的工业也是靠招商引资发展起来的。外来工业文明的渗透，外来人才的挑战竞争，外来生产要素与本地生产要素的结合，都需要通过招商引资才能实现。

综观金州招商引资工作的基本特征，目前还正处于政府招商阶段，就是说整个招商引资工作还处在由政府主导、各部门参与的招商引资阶段。进入这一阶段的招商引资工作，就是要在各级政府的主导和统筹下，各级各部门积极参与并明确责任，下达任务，责任到单位、责任到人，方能奏效。

当前，金州在具体的招商引资工作中，要大胆探索和积极倡导"抢抓机遇招商，利用优势招商，打造平台招商，改善环境招商，组建公司招商，施行奖励招商"等行之有效的招商方法，着力推进全州的招商引资工作。力求通过招商引资，全面推进黔西南工业强州战略的顺利实施。

总之，金州重点实施工业强州战略，是努力实现全州"十二五"时期"加速发展，加快转型，推动跨越"的主基调的根本保证，是推动区域经济又好又快、更好更快发展，努力实现历史性跨越的根本途径。全州上下只有在实践中充分认识重点实施工业强州战略的理论依据，大胆探索工业强州战略的有效途径，认真研究工业强州战略的对策措施，并注重结合实际抓好落实，从而才能全面推进黔西南州工业经济的快速发展、持续发展和科学发展。

# 第五章 金州重点实施城镇化带动战略

城镇化是指遵循经济发展规律,有序地将农村人口转化为城镇人口的过程。衡量城镇化水平高低的一个重要指标为城镇化率,即一个地区常住于城镇的人口占地区总人口的比例。

金州第六届人民代表大会第六次会议通过了《黔西南州国民经济和社会发展第十二个五年规划纲要》(简称《纲要》),明确提出了"十二五"时期要重点实施工业强州和城镇带动战略,大力推进农业产业化,努力实现"三化同步",积极促成全州城乡经济社会的协调发展。为此,充分认识和把握金州城镇化建设的意义、路径和对策至关重要。

## 第一节 金州重点实施城镇化带动战略的意义

### 一、是区域经济发展阶段论的客观要求

按照区域经济学的理论,一个地区的人均生产总值达 800 美元以上,城镇化率达 25% 左右时,必须进行经济发展方式的转型,即由以农业为主转向以工业化和城镇化带动为主的经济发展方式的转型。金州 2011 年的人均生产总值为 1 400 余美元、城镇化率为 30%,为此,黔西南州委、州政府审时度势,已于 2008 年在学习实践科学发展观活动中就提出了"一二三四"的科学发展思路,适时推进了全州经济发展方式的转型,加快了全州工业化和城镇化建设的步伐,为全州经济社会"又好又快、更好更快"的发展插上了腾

飞的翅膀。

## 二、是城市经济发展规律的必然要求

市场的发育度、城镇化的起步往往都是从资源丰富地区到资源比较稀缺的地区去交易，所以，交易的地方变成了市场，市场变成了城镇，城镇变成了城市。城市经济学理论称之为经济加强论，即人口经济产生需求，需求经济产生城镇，城镇经济产生城市，城市建起了产生城市群，这就是城市建设和发展的过程。为此，当一个地区进入从农业经济时代向工业经济时代过渡及转型的时期，必然大步加快城镇化的进程，这是城市经济学的一般规律。贵州省委、省政府在制定"十二五"规划《纲要》时，提出了"加速发展、加快转型、推动跨越"的主基调和实施工业强州和城镇化带动两大重点战略，其目的就是遵循经济规律，把握经济规律，按照经济规律推动全州经济社会努力实现跨越式发展。其原因有两点：一是工业化是快速创造财富的有效途径，黔西南州经济总量小，人均收入低，要快速做大经济蛋糕、完成资本积累，必须率先发展工业；二是城镇化是高效聚集财富的最佳途径，只有加快推动城镇化建设步伐，才能快速聚集人气和财气，从而刺激消费和拉动发展。

## 三、是区域经济主导产业核心论的迫切要求

区域经济学认为，区域产业结构调整的核心是主导产业的培育和更替。因为主导产业的功能是推动发展，一般产业的功能是保持稳定。为此，金州"十二五"期间提出要重点实施工业强州和城镇化带动两大战略，就是为了充分发挥资源优势，在尽快做大做强工业支柱产业的同时，努力做大做强全州的民族民间文化产业、商贸业、物流业、旅游业和服务业等城市经济产业。只有快速做大做强全州的工业经济、城市经济方面的支柱产业，民生等稳定问题才能随之解决。从金州的优势出发，当前在主导产业的培育上，工业经

济方面要充分发挥能源和各种资源优势，着力做大做强电力、煤炭、化工、冶金、建材、制药、食品等支柱产业；城市经济方面要注重挖掘和培育民族民间文化产业、商贸业、物流业、旅游业、服务业等支柱产业。通过主导产业的培育和更替，尽快实现"加速发展、加快转型、推动跨越"的"十二五"发展目标。

## 第二节 金州重点实施城镇化带动战略的路径

### 一、整体注重"大中小"协调推进

所谓"大"，指100万人口以上的大城市；所谓"中"指20至50万人口的中等城市；所谓"小"，指10至20万人口的小城市和10万人口以下的小城镇。按近20年的总体规划，预计到2030年时，黔西南州的中心城市兴义市（含顶效开发区）的人口要达到100万左右；安龙、兴仁、贞丰这三座县城的总人口都要达到30万左右；普安、晴隆、望谟、册亨这四座县城的总人口都要达到10万以上；乡、镇所在地及重点村的城镇人口也会适度增加。

所谓"大中小"协调推进，就是要坚持"金州推进城镇化的重头戏是州市共建兴义市，是以兴义市为龙头的城镇化。按照100万人口规划、经营兴义市，充分发挥其辐射带动作用，引领全州城镇化建设。支持有条件的县撤县建市，支持有条件的乡撤乡建镇，将有条件的村建为集镇，以县城所在地为核心，以乡镇所在集镇和交通节点为重点，着力推进城镇化建设。新城区建设以开发为主，旧城改造还环境于民，促进城镇化上规模上档次，提高全州城镇化率"的总体工作思路，协调推进全州的城镇化建设。

### 二、重点加快中心城市和县城建设

重点加快中心城市和县城建设要充分认识到："推进城镇化必须立足产业发展，没有产业支撑的城镇化是孤立的、贫困的，生活在城镇无事可做饿肚子，不如回家种地；推进城镇化，还必须考虑特色，要将自身的历史渊源、文化底蕴、风土人情等个体特征融入城镇，千城一面是资源的浪费"。

按照城市经济学的理论，一座城市的建设和发展可分为三个阶段：一是投入阶段，一般需要6年时间，这是政府行为，凡是这座城市所需的规划以及相关城镇基础设施建设的配套费用，都应由政府买单，政府必须率先作为；二是集聚阶段，一般也需要6年时间，这主要是市场行为，政府重在协调服务，在城市基础设施相对完善后，由市场机制发挥作用，迅速集聚人气、财气和产业等；三是辐射阶段，一般需要6年以上时间才能发挥最大的辐射带动作用，带动周边直线距离50~100公里内人群进城居住和发展产业。为此，我们必须遵循这一城市经济发展规律，在实践中重点加快中心城市（兴义市）和各县城的建设步伐，走中心城市和各县城率先发展，带动全州小城镇和小集镇建设的城镇化发展之路。

### 三、放开和扶持小城镇及重点村

对小城镇的建设和发展，应本着因地制宜、放开搞活、稳步推进的原则进行总体规划布局。采取市场行为大量吸纳社会资金和民间资金投入基础设施建设；充分利用和发挥当地的资源优势，大力发展乡镇企业的思路来创办和发展相关产业，为小城镇的健康发展夯实基础。同时，还可考虑出台优惠政策和奖惩办法来激励社会各方面积极参与小城镇建设。

对有条件的村，可采取各种激励措施进行重点扶持。要将国家关于实施第二轮西部大开发的优惠政策，社会主义新农村建设的优惠政策、农村扶贫开发的优惠政策，生态移民搬迁工程的优惠政策，国发〔2012〕2号文件的优惠政策以及相关资金、项目等整合运用，集中使用，推而广之，以此推动全州重点村的小集镇建设。

## 第三节　金州重点实施城镇化带动战略的对策

### 一、找准定位，规划先行

所谓"找准定位"，一般应找准四个方面的定位。一是城市（镇）功能定位，即要建一个什么样的城市（镇），如兴义这座中心城市的功能定位就应为"建成一座具有多民族文化特色的旅游城市"。二是城市（镇）建设方法定位，即应怎样建设城市（镇）。就金州的城市（镇）建设方法而言，可概括为四句话：壮大产业建城市（镇），围绕市场建城市（镇），夯实基础建城市（镇），依托资源建城市（镇）。三是城市（镇）规划定位，即一座城市（镇）的人口发展目标。如兴义这座中心城市将通过20年时间建成100万人口的大城市，30年时间建成以兴义为龙头的含兴仁、安龙在内的160万~200万人口的城市群。四是城市（镇）品牌定位，即一座城市（镇）的对外名片（亮点）。如兴义市的对外名片（亮点）应是"城中大峡谷、城东贵州龙、城郊万峰林、城内多民族风情"，城外万峰湖和城市群中的安龙十里荷花，这些都是兴义灵魂。我们应在实践中针对每一座城市（镇）的优势和特点，切实找准定位。

所谓"规划先行"，指在找准定位的前提下，高起点规划，高标准建设，高质量管理，高效益经营。特别是对产业发展、工业布局、区域划分，功能分布等一定要站在未来20~30年的起点上来高度统筹，通盘考虑，登高望远，精心谋划，率先规划，在切实做到规划先行的前提下，方才分步实施，以尽量减少重复建设。

### 二、资本置换，加快建设

所谓"资本置换"，指将实物形式的资产或物质等财富转化为货币形式的资本的行为过程。什么是资本？资者，财物也；本者，根源也。顾名思义，资本一词有了财物的根源之意。马克思给资本下了一个定义，即"给资本家带来剩余价值的价值"，"资本的最初形式是货币形式，作为货币财产，作为商人资本和高利贷资本，与地产相对立。"因此，马克思最后揭示"资本就是能榨取剩余价值的价值"。由此可见，资本最初是剥削制度的产物，是剥削和压迫的代名词。

辩证唯物主义和历史唯物主义认为，资本具有二重性，即社会属性和自然属性。资本的社会属性指资本归谁所有，资本的自然属性则指资本的使用价值。事实上，资本无论归谁所有，它都必须在精心安排、组织和运作下才能发挥作用。因此，对资本的再认识，就是要认识资本的二重性，尤其要高度重视资本的自然属性。资本的自然属性存在于资本的使用价值之中，"资本的生命在于运动"。为此，在社会主义经济建设中，资本不但不能取消，而且始终存在，其根源就在于它的自然属性。没有资本，经济无法运转；资本不足，经济难于有效运转；只有在资本充足的条件下，经济才能高效的运转。因此，黔西南州在重点实施城镇化带动战略中，面临的最大困难就是资本不足，要克服这一现实的困难，资本置换是一条可供选择的快捷通道。

所谓"加快建设"，指备足了充分的货币资本后，全面推进黔西南州的城镇化建设。为此，应着重研究和实施资本置换战略，将全州的相关的实物形式的资本尽快变成货币形式的资本，投入城市（镇）的基础设施建设，以解决当前资本不足的燃眉之急，从而加快推进全州的城镇化建设步伐。

### 三、行政搬迁，拉动发展

所谓"行政搬迁"，指实施行政办公中心的搬迁工程，从而拉动全州城镇化建设的快速发展。

首先，应在兴义市实施党政机关办公区搬迁工程，搬迁后实行

"一个院子，一栋大楼"集中办公。金州州级行政机关及其相关部门，可考虑搬迁到顶效开发区内实行集中办公；兴义市级行政机关及相关部门，可考虑搬迁到桔山新区（原州级机关决议搬迁处）实行集中办公。

据分析测算，州级行政机关搬迁至顶效开发区集中办公后，具有以下有利因素：一是可以大大节约全州的行政办公成本和时间，因为全州七个县到州直机关办事都必经顶效，到兴义比到顶效多出10多公里的行程和近半小时的时间；二是可以快速拉动顶效新城区的健康发展和辐射带动兴义、兴仁、安龙城市群和半小时经济圈的尽快形成；三是可以将州委、州政府原址及州直相关部门的原址置换出来统筹开发，这样既可完善老城区的相关配套设施，又可提升老城区的城市档次；四是搬迁至新区整个机关集中办公后，既可改善办公条件，提高办事效率，又能方便机关管理，还可树立良好的对外形象，等等。同样，兴义市级行政机关搬迁到桔山新区集中办公后，也可列出上述诸如此类的优势和有利因素。

其次，应在全州七个县因地制宜地实施行政机关搬迁工程。县级行政机关搬迁到新城区（其中普安县城可考虑搬迁到青山镇）集中办公后，将原址置换出来进行商业开发，同样可以一举多利！我们不妨运用经济学的理论，进行一些利弊得失的论证和对比，从而得出科学的决策依据后，尽快研究决策并付诸实施，以此推动全州城镇化建设的快速发展。

总之，金州重点实施城镇化带动战略，就是要充分认识实施城镇化带动战略的意义所在，认真研究和把握实施城镇化带动战略的路径选择，切实采取具有针对性和有效性的对策措施，迅速加快全州城镇化建设的步伐，实现"加速发展，加快转型，推动跨越"的总体目标。

# 第六章 金州努力构建城乡一体化战略

金州是黔西南州的美誉，因黔西南州黄金蓄量位居全国30个少数民族自治州之首而得名。金州实属"欠发达、欠开发、欠开放"的三欠地区。为此，在"三欠"地区加快形成城乡经济社会发展一体化新格局，是破解农业、农村、农民工作这一难题的根本出路；是推动城乡生产要素优化组合、促进城乡共同繁荣的根本举措；是缩小城乡差别，实现城乡协调发展的根本途径。当前，作为金州这样的"三欠"地区，应如何深刻领会和准确把握城乡经济社会发展一体化新格局的本质要求，谋划和构建区域一体化发展的措施和路径，是全州各级党委、政府贯彻落实州委提出的"一二三四"科学发展思路的重大课题。

## 第一节 金州努力构建城乡一体化战略的重要性和紧迫性

### 一、是从根本上消除金州城乡二元结构的必由之路

改革开放30年来，我国农村经济蓬勃发展，但由于历史条件和地理环境的制约，金州这样的"两欠"地区长期形成的城乡分割二元体制没有根本消除，工农关系不协调、城乡关系失衡，农村经济体制残缺，农村生产经营组织化程度低，农产品市场体系、农业社会化服务体系和农业支持保护体系尚不健全等问题，仍然是制约经济社会跨越式发展的重大难题。党的十七大报告特别是十七届三中

全会以来，党中央在深刻总结新中国成立以来特别是改革开放后我们党处理工农、城乡关系问题的经验基础上，提出了"统筹城乡经济社会发展"的重大战略，作出了我国总体上已达到以工促农、以城乡带乡发展阶段的重要判断，明确了构建新型工农、城乡关系的方向和目标，制定了工业反哺农业、城市支持农村和多予少取放活的基本方针，规划了建设社会主义新农村的总体框架，出台了一系列强农惠农政策，使工农、城乡关系出现了良性发展态势。党的十七届三中全会将加快形成城乡经济社会发展一体化新格局写进了《中共中央关于推进农村改革发展若干重大问题的决定》，这是贯彻落实科学发展观的重大举措和具体部署。这一战略决策、对于推进改革创新、打破城乡二元结构、加强农村法制建设、推动农村发展、促进农民富裕、实现全面建设小康社会奋斗目标具有重大意义。当前，金州要推进农村改革发展，只有从体制改革、制度创新上着手，建立统筹城乡发展，构筑支持"三农"工作的保障体系，才能从大局上、根本上突破城乡分割的体制和架构。只有在统筹城乡改革和发展上取得重大突破，才能给广大农村发展注入新的动力和活力，促进城乡共同繁荣和协调发展。

## 二、是金州深入贯彻落实科学发展观的必然要求

科学发展观，是党中央立足于社会主义初级阶段基本国情，总结我国发展实践经验，适应新的发展要求提出的发展理论。充分体现了我们党在中国特色的社会主义道路探索和建设上一脉相承又与时俱进的理论品质和实践精神，是马克思主义中国化、时代化、大众化的最新理论成果，是指导我们各项工作的指导思想。面对现实，金州"三农"工作基础薄弱、发展滞后的现状难以改变，缩小城乡、区域发展差距和促进经济社会协调发展的任务十分艰巨。因此，构建城乡经济社会发展一体化新格局，必须坚持以科学发展观为统领，认真贯彻落实州委结合州情实际提出的"一二三四"的科学发展思路。只有始终坚持发展是第一要务，把发展农村生产力放

在重要位置，才能确保实现农业农村经济又好又快发展；只有始终坚持以人为本，加快农业投入，增加农民收入，维护农民利益，充分发挥广大农民的主体作用，才能确保他们充分享有改革开放和经济建设的胜利成果；只有始终坚持全面协调可持续发展，努力提高农业农村经济的整体素质，增强农业农村经济在产业、区域、环境等方面的协调性，才能实现农业生产、经济发展和生态治理的有机结合；只有始终坚持统筹兼顾，妥善处理工业与农业、城镇与农村的关系，有效推进农业产业化与工业化、城镇化的协调发展，才能从根本上改变长期以来形成的工农失调、城乡失衡的状况，从而实现工农并进、城乡并举、协调发展、可持续发展的目标。

## 三、是金州加快构建社会主义和谐社会的根本目标

促进社会和谐，是"三欠"地区全面推进城乡经济建设、政治建设、文化建设、社会建设、生态建设和党的建设，实现跨越式发展的内在要求和重大任务；促进跨越，努力建设"天蓝、地绿、水清、人和、业兴"的和谐黔西南是金州科学发展的根本目标。因此，必须在发展的基础上统筹兼顾各方利益关系，正确处理好各种社会矛盾，保障社会公平正义。当前，由于计划经济体制下户籍制度形成的城乡壁垒，"三欠"地区城乡居民被分割开来，造成了二元格局，使众多农村劳动力资源不能按照市场经济的要求进行合理流动，难以实现优化组合。加之配套供给制度方面的严重失衡，导致了城乡在教育制度、就业制度、医疗制度、养老保险制度、劳动保障制度、人才培训制度等方面存在不公平、不公正，严重影响和制约着城乡经济社会发展一体化新格局的形成。为此，"三欠"地区要加快构建社会主义和谐社会，就必须从法律、制度、政策上努力营造社会公平正义的环境，从收入分配、劳动就业、社会保障、公民权利、公共服务等方面采取措施，着力解决农民最关心、最直接、最现实的利益问题，切实保障农民的经济、政治、文化、社会权益，使广大农民安居乐业、生活宽裕，使广大农村安定有序、充

满活力。只有这样，才能调动各方面的积极性，激发全社会的创造活力，形成全体人民各尽所能、各得其所而又和谐相处的局面。

### 四、是金州实现跨越式发展和全面建设小康社会的重要途径

跨越式发展从本质上说是解决一个地区在一个特定的历史时期如何在相对较短的时间内实现从一个发展阶段向另一个发展阶段的跨越。其最终目的是通过经济社会的发展来实现人民群众经济的、政治的、文化的利益，提高人民群众的物质文化生活水平，提高人的综合素质，促进人的全面、协调和自由发展。作为金州这样的"两欠"地区，要从根本上解决城乡发展不平衡、农业基础薄弱、生产力水平较低，农民增收困难、农村公共事业发展滞后、公共服务水平较低、城乡面貌反差较大等深层次问题，只有在全面推进跨越式发展过程中，从体制、机制和制度上构建经济社会发展一体化新格局，不断强化农业基础，加快农村经济发展，保持农民持续增收，促进农村全面进步，从而确保到2021年（建党100周年）基本与全国同步实现全面建设小康社会的奋斗目标。

## 第二节 金州努力构建城乡一体化战略的要求和重点

构建实施金州城乡经济发展社会发展一体化新格局战略，是一个复杂的系统工程，需要认真研究和解决一系列矛盾和问题，既要立足现实，又要着眼长远。构建城乡一体化战略，必须按照党的十七届三中全会所确定的"尽快在城乡规划、产业布局、基础设施建设、公共服务一体化等方面取得突破，促进公共资源在城乡之间均衡配置，生产要素在城乡之间自由流动，推进城乡经济社会发展的融合，良性互动"的基本要求，大力推进改革创新，打破城乡分治

体制，努力形成城乡统筹协调发展的良好环境。

## 一、统筹城乡土地利用和建设规划是实现资源合理配置、促进城乡经济社会发展一体化的重要前提

目前，我们的当务之急是要认真做好全州的城镇建设、农田保护、产业聚集、村落分布、生态涵养等方面的总体规划，努力达到统筹考虑、合理安排、科学有序、综合开发的总体要求。在统筹土地利用方面，要严格遵循产权明晰、用途管制、节约集约、严格管理的原则，坚持最严格的耕地保护制度，防止靠经营土地、靠出卖农村土地、牺牲农民利益换取城乡建设规模的行为发生。在统筹城乡建设规划方面，要切实改变城乡分割的行政管理体制，认真理顺规划体系；在统筹城乡发展的规划中，要按照自然规律，经济规律和社会发展规律，明确分区功能定位，合理安排区域范围内城镇建设、农田保护、产业聚集、村落分布、生态涵养等空间布局。这样既可集约利用土地等资源，又可确保城乡发展紧密衔接、相互促进。

## 二、统筹城乡产业发展是促进城乡经济社会发展一体化的重要环节

"两欠"地区要从体制、规划、政策上解决城乡产业分割问题，就必须顺应城乡经济社会发展不断融合的趋势，统筹规划、通盘考虑和整体推进城乡产业发展，引导城镇资金，技术、人才和管理等生产要素向农村合理流动。一是优化农村产业结构，按"一二三"产业互动，以城乡经济相融为原则，以市场需求为导向，以科技创新为手段，以质量效益为目标，努力构建现代农业体系，促进城乡各产业相互联系、协调发展。二是发展农村服务业和农业产业化经营，通过积极推进农业专业化生产、集约化经营和区域化布局，引导农业加工项目向城镇集聚，支持和鼓励乡镇企业的启动和发展，加快发展农村服务业，引导劳动密集型产业从城市向农村辐射，着

力形成城乡分工合理、区域特色鲜明、生产要素和资源优势得到充分发挥的产业发展格局。三是放宽和出台农村金融准入政策,尽快建立和引进资本充足、功能健全、服务完善、运行安全的农村金融体系。四是加大农村实用技术人才的开发培训,大规模开展农业适用人才、适用技术、职业技能等创业培训,加大选派机关干部、专业技术人员和大学生到村挂职或任职的力度,积极推动城市人才、技术、管理等生产要素向农村流动。

三、统筹城乡基础设施建设和公共服务是改变农村面貌、促进城乡经济社会发展一体化的着力点

当前,我们应着力抓好两方面的工作:一是不断提高财政保障农村公共事业水平,大幅度增加对农村基础设施建设和社会事业发展的投入,多方争取和大幅度增加对农村公益性建设项目的投入;继续大力发展农村教育事业,进一步完善义务教育免费政策和经费保障机制,巩固和提升新型农村合作医疗水平,逐步提高筹资标准和补助水平。二是坚持围绕建立城乡统一的公共服务制度,通过建设覆盖全程、综合配套、便捷高效的社会化服务和农村社会保障体系,逐步实现城乡公共服务均等化,让农民在教育、医疗、文化等方面与城镇居民基本一样享有改革发展的成果。

四、统筹城乡劳动就业是改善农民生活、促进城乡经济社会发展一体化的重要条件

"三欠"地区在推进经济社会发展一体化的过程中必须把扩大城乡就业放在突出的位置,坚持实施积极的就业政策,坚持劳动者自由择业、市场调节就业、政府促进就业的方针,多渠道扩大城乡就业门路。一是深化改革,加快建立健全城乡统一的人力资源市场,引导农民有序流动就业和自行筹资创业,鼓励农民就地就近转移就业,引导和支持城镇资金、技术和人才下村创业。二是强化措

施,尽快健全覆盖城乡的就业服务体系,增强就业服务机构为劳动者提供免费就业服务的责任,做好农村劳动力就业培训,增强其外出适应能力、就业能力和创业能力。三是进一步健全完善农民工利益保护制度,逐步实现劳动报酬、子女入学、公共卫生、医疗保障、养老保险、住房购房等与城镇居民享有同等待遇。

**五、统筹城乡社会管理和服务是保持社会和谐稳定,促进城乡经济社会发展一体化的重要基础**

金州作为"三欠"地区,只有大力加强社会管理和服务创新,尽快改变城乡分割、条块分割的管理方式,才能形成城市工作与农村工作对接与良性互动的新格局。当前急需做好两方面的工作:一是结合实际,积极稳妥地推进户籍制度改革,在统筹考虑农民工权益,城镇化进程和城市承载能力等诸多因素的基础上,放宽城镇户口的落户条件,使在城镇居住相对稳定,有一定就业条件的农民有序转为城镇居民。二是推动流动人口管理和服务体制创新,积极探索在流动人口日益增多情况下加强管理和服务的必然性。通过在实践中推进流动人口管理和服务的逐步法制化、规范化、信息化建设,将流动人口纳入整个社会管理和服务体系,努力为之创造良好的就业与生活环境。

## 第三节 金州努力构建城乡一体化战略应着力解决的重大问题

**一、大力推进体制机制创新,加快形成城乡一体化新格局的制度体系**

金州作为"三欠"地区,构建城乡一体化新格局的关键是立足于调整农村生产关系、解放和发展生产力,紧紧围绕体制机制创新这个重点，加强城乡统筹的制度建设，形成加强农业支持保护、激发农村劳动力活力、强化农民主体地位的制度保障体系。

（1）继续稳定和完善农村基本经营制度。按照依法、自愿、有偿原则，鼓励农民以转包、出租、互换、转让、股份合作等形式流转土地承包经营权，建立农户土地承包经营权流转信息平台，研究制定支持流转的具体政策。

（2）健全严格规范的农村土地管理制度。通过制定农村集体建设用地使用权划拨、出让、转让、出租、抵押等具体管理办法，逐步建立城乡统一的建设用地市场，切实保障符合规划的农村集体建设用地与国有土地享有同等权益。

（3）完善农业支持保护制度。通过健全农业投入保障制度，大力发展村级经济，放开激活乡镇经济，改革完善市县级财政体制，着力加大财政转移支付力度，逐步增强政府对农村民生工程的投入。

（4）尽快建立农村金融制度。通过放宽农村金融准入政策，加快建立起资本充足、功能健全、服务完善、运行安全的农村金融体系，通过金融手段，加大对低收入农户的资金帮助和项目投入帮扶。

（5）强化村民自治制度。坚持以村规民约为依据，不断扩大村民的有序参与、推进信息公开、健全议事规则，强化权力监督，切实保障农民享有更多更实的民主权利，以不断增强自我管理能力。

（6）健全完善农村法制教育制度。农业的根本问题是教育农民，农民的根本问题在于法制观念淡薄，农村的根本出路在于加强组织纪律性。为此，要切合农村实际，定期进行相关法律法规和党的方针政策的宣传教育，做到定期培训，人人皆知。此举在兴仁县"和谐矿区"建设中已有成功做法，应在全州予以总结推广。

二、积极构建现代城镇体系，加快实施城镇化与新农村建设"双轮驱动"

实施城镇化与新农村建设"双轮驱动"，是中国特色社会主义道路的重要特点，是推进社会主义和谐社会建设的有效途径，必须从战略的高度认真协调两者的关系。城镇化是构建城乡经济社会发展一体化新格局的重要载体和桥梁纽带，城乡经济社会发展一体化新格局，就是要把城市、县城和乡镇作为城乡共同发展、一体发展的纽带，加强基础设施，加快产业发展，增强辐射带动。为此，"金州"在推进城镇化的过程中，一定要把农村规划好、建设好，积极打造农村良好的人居环境。当前，在以乡镇为单位整体推进城乡经济社会发展一体化新格局中，顶效开发区作出了探索，走在了前列，取得了初步成效。他们率先以镇为单位进行了村（居）整合，将原全镇的15个村（居）委会整合为4个居委会4个村；又将整合后的8个村（居）委会的经济社会发展纳入了开发区的整体发展规划，并进行了具体细化；对农村的基础设施和产业发展加大投入，实现了村村道路硬化和产业发展规模化，展现了城乡经济社会发展一体化的雏形。我们应在全州加以总结和推广，一如既往地把推进农业产业化，实行工业反哺农业、城镇支持农村，繁荣农村经济作为社会主义新农村建设的首要任务，持续加强农业基础设施和公共服务体系建设，健全农村市场和农业服务体系，注重保持乡土特色，民族特色和地域特征，保护秀美的田园风光和优秀的乡土文化，积极把现代文明引向农村，加快推进农村现代化建设步伐。

### 三、抓好城乡规划，着力打造农业产业化的投资硬环境

城乡要发展，规划要先行；农业要发展，硬件是关键。当前，应在认真作好整合后的村级规划的同时，注重将村级规划与乡镇规划、县城规划相衔接，要以县市为单位进行通盘考虑，对村寨布局、产业发展等作好整体规划。在统一规划，科学论证的基础上，要着力抓好农村水、电、路等基础设施建设，积极打造农业产业化的投资硬环境，力争通过3~5年的共同努力，基本实现全州上下村村通油路，村村通水源，村村通建设用电、村村通信息系统和村村实现"村落棋布""产业形成"的"四通""一棋布""一产业"的社会主义新农村

建设的新格局。特别是在村落规划布局上，一定要结合实际，因地制宜，实行集中完善村级公共设施，对零星住户进行易地搬迁，做到统一规划，集中建设。在产业规划上，一定要打破组际、户际土地责任承包界限，实施全村统一规划布局产业，努力做到一村一产业，一村一特色。只有这样，才能尽快实现推进农业产业化的目标。

## 四、完善社会保障，推进城乡公共服务基本均等化

要实现城乡分配上的公平正义，社会保障是重点。为此，我们应紧紧围绕建设统一的城乡社会保障制度这一重点工作，加大对农村教育、医疗、社会救助等方面的投入。

一是促进城乡教育均衡发展，大力发展农村教育，促进教育公平，提高农民科技文化素质，培育有文化、懂技术、会经营的新型农民。

二是推进城乡医疗卫生事业的发展，深化城乡医疗卫生服务和保障制度改革，建立城乡一体化的公共卫生、基本医疗和药品供应保障体系。

三是加快社会保障体系的城乡衔接，整合城乡社会保险，建立城乡一体化的社会保障体系。

四是大力繁荣和发展农村文化，建立城乡统筹的文化事业发展体制，使城镇丰富的文化资源向农村延伸，以满足农民文化生活需求。

五是进一步完善社会管理，统筹城乡社会管理和服务，加快推进乡镇机构改革和农村新型社区建设，大胆探索并建立健全适应新型农村社区、村镇和谐发展要求的新型社会管理和服务体系。

总之，金州构建城乡经济社会发展一体化新格局的前景美好，任务艰巨。只要我们结合实际，认清形势，明确任务，强化措施，抓好落实，全州提出的"一二三四"的科学思路就会在金州大地上生根、开花、结果，建设"天蓝、地绿、水清、人和、业兴"的和谐黔西南的美好目标就一定能实现。

# 第七章　金州应实施跨越式发展战略

所谓"跨越式发展",指在一定历史条件下,落后地区对先行地区走过的某个发展阶段的跳跃式的赶超行为。既然是"跳跃式",它就不是通过单纯地加快速度来实现的。今天,当对国际发展趋势有了正确的分析,对过去所走过的道路进行深刻的反思,以及对我国的现实发展状况有了较明确的认识后,我们所提出的跨越式发展战略与传统工业发展过程中任何一个时期的"赶超型"战略有所不同。它必然要突破传统工业化道路中单纯追求"速度型"增长,避免经济发展中的短期行为以及"单项突击"的发展模式,而是追求一种速度与效率并重,当前发展与长远发展兼顾,经济和社会、生态环境协调发展的模式。

跨越式发展是一种加快速度的发展,要在遵循发展规律的前提下,用尽可能短的时间达到目标;跨越式发展是一种高水平的发展,要在科技进步的前提下,缩小与发达地区的差距,甚至赶上和超过发达地区;跨越式发展不仅是一种跳跃式的发展,而且是一种非均衡的发展,即它不是全面、平衡地推进,而是可以在不同的领域有先有后、有所侧重;跨越式发展是一种可持续发展,要在经济社会发展和人口、资源、环境相协调的情况下,提高可持续发展能力,使经济社会发展始终充满生机与活力。为此,金州应实施跨越式发展战略。

## 第一节　树立跨越式发展理念

进入 21 世纪,世界经济较快增长、经济全球化深入发展、科技进步日新月异、生产要素流动和产业转移步伐加快。我国东部地区率先发展、中部地区迅速崛起、西部地区奋力追赶竞相发展。改革开放三十多年来，金州的发展取得了巨大成就。但横向对比，仍处于社会主义初级阶段的较低层次，处于一个攻坚克难、爬坡追赶的发展阶段。金州最大的州情是"欠发达、欠开放、欠开发"，最基本的特征是经济社会发展落后，最大的问题是发展不足。主要矛盾是发展滞后，加快发展是首要任务。只有靠发展才能解决问题，不高速发展只能永远落后。要加快发展特别是高速发展必须实现跨越。只有抢占先机实现跨越，才能赢得主动，获得区域崛起之后发优势，才有可能缩小差距进而后来居上，迎头赶上全国发展水平。激烈的竞争迫使金州必须跨越式发展，宝贵的机遇激励金州必须跨越式发展，已有的基础支撑金州必须跨越式发展。势在必行，跨越式发展战略已成为金州的必然选择和唯一出路。

　　跨越式发展是指跨越了一定时间、跨越了一些阶段的发展，是跳跃式、大跨度的发展，是一种量变到质变的过程。这就如同一个人无论走得多快，只要他双脚没有离地，没有跳跃，就不能说是跨越。只有落后者跨过先行者的某个发展阶段才属跨越。跨越式发展，实际上是与渐进式发展相比较而存在的一种特殊发展方式。它是生产力发展不平衡规律起作用的结果，是开发人力资源的结果，是发挥后发优势的体现。跨越式发展，绝不是按部就班，而是要敢于自加压力，以"人一之我十之、人十之我百之"的精神，艰苦奋斗，开拓创新，百倍努力，才能够实现跨越。体现在思想上，就是要有跨越式发展的胆略。绝不能受传统思想束缚，必须树立有大作为的雄心壮志，敢想大事，敢干大事，敢担大责；把中央的精神和金州实际紧密结合起来，创造性地开展工作，以大战略、大手笔、大气魄推动发展。跨越式发展的雄心应当体现在跨越式发展的目标和信心上。

　　为此，金州必须以科学发展观为统领，突出发展主题，牢牢树立跨越式发展的理念，理清跨越式发展的思路，明确跨越式发展的目标，制定跨越式发展的规划，找准跨越式发展的突破口，采取跨越式发展的举措,破解跨越式发展的难题,奋起跨越,缩小差距,迎头赶上,后来居上。要把跨越式发展的理念和要求贯穿到经济社会发展全过程,达成好字优先、能快则快、快中求好、又快又好、好上加快、奋力跨越、跳跃发展的科学发展共识,不断增强推动科学发展、实现历史性跨越的自觉性和坚定性。要实现跨越式发展,必须统一思想认识,把全州干部群众的思想和行动统一到跨越式发展上来,统一到一心一意抓发展、群策群力谋跨越上来。把跨越式发展的理念和思路变成全州党员、干部和群众的思想、意志和行动,调动各方面的积极性,进而形成跨越式发展的合力,奋力拼搏,不懈努力,直到实现目标为境界。

要实现跨越式发展,金州既面临严峻的挑战,又面临难得的机遇。从全国的发展趋势看,一方面,我国仍处于工业化、城市化加速发展阶段,发展仍是当前和今后一段时期的主旋律。东部提速发展、率先振兴;中部奋力崛起、谋求中兴;西部实施开发、全力追赶。你追我赶,竞相发展,竞争激烈,商机无限。另一方面,为应对国际金融危机的影响和我国经济的转型升级,国家做出了实行稳健的财政政策和从紧的货币政策,强调宏观上要稳、微观上要活的决定和保增长、保民生、保稳定的具体布置。这就为金州实现跨越式发展带来了重大历史性机遇。从金州的发展趋势看,一方面,金州正处于加快发展的关键时期,进入人均 GDP 1 000~3 000 美元的战略机遇期(黄金发展期和矛盾凸显期),发展机遇好但存在问题也不少。总体来看,机遇大于挑战。另一方面,金州处于南贵昆经济圈的中心、毕水兴经济带中心和西江上游经济区内,加之处于西南出海大通道上等。由于有了优越的区位、发达的通讯、便捷的交通、富集的能源和资源、低廉的土地和劳动力、丰富的原材料资源,巨大的优势和潜力为金州实现跨越式发展提供了前提条件和重要保障。为此,金州上下要进一步振奋精神,坚定信心,迎难而上,排难而进,主动应对各种挑战,化挑战为机遇,千方百计解决问题、化解矛盾,努力保持跨越式发展的宏大气势、强劲态势和良好趋势,抢抓机遇,发挥优势,挖掘潜力,加快发展,努力实现金州经济社会发展的历史性跨越。

思想是行动的先导,思想指引方向。思路决定出路,思路主宰发展。什么样的思路决定什么样的发展。要实现跨越式发展,必须有跨越式发展的思路。近期金州的战略思路应该是时任州委书记陈敏同志提出的"一二三四"科学发展思路;现任州委书记张政同志提出的"扩总量、调结构、拼速度"的主战略和把金州建成滇黔桂三省区结合部的商贸物流中心,世界知名、国内一流的旅游目的地的发展目标。这样的战略思路、战略定位和战略目标较为全面,更为科学,更符合金州现阶段经济社会发展的客观实际。

所谓金州"一二三四"科学发展思路:"一"即一个目标,走科学发展之路,强力推进跨越,把金州建设成为天蓝、地绿、水清、人和、业兴的和谐金州;"二"即二个优先,优先发展基础设施、优先发展科技教育;"三"即三个优化,优化发展环境、优化生态环境、优化勤政廉政环境;"四"即四个推进,推进工业化、推进城镇化、推进市场化、推进农业产业化。

## 第二节 明确跨越式发展目标

金州这样一个经济社会发展相对滞后的西部落后地区,实现经济社会发展的历史性跨越,主要指在经济社会发展进程中具有里程碑意义的飞跃,就是由稳定解决温饱向总体小康,进而向全面小康社会迈进,并跟上全国发展的步伐。

2005年初,胡锦涛总书记视察金州时,金州人均GDP只有3 320元人民币。经过这些年的努力,2010年人均GDP达到6 638元人民币,超过1 000美元,进入总体小康社会阶段,实现了由稳定解决温饱向总体小康的历史性跨越。又经过两年的努力,2012年人均GDP达到了1 300多美元,进入黄金发展期和矛盾凸显期。只要金州思路正确,抢抓机遇,迎难而上,就能顺利实现由总体小康向全面小康社会的历史性跨越。

金州第六届州委、州政府期间如果保持18%的年均增长速度，那么到届满时（2016年）人均GDP将超过3 000美元；如果在2020年前保持13%的年均增长速度，那么到2020年即建党100周年时人均GDP将突破5 000美元，金州可步入全面小康社会；如果在2020年至2050年间保持10%的年均增长速度，那么到2049年即新中国成立100周年的时候，金州可赶上全国平均水平，与全省、全国同步实现现代化。

为此，金州跨越式发展的战略目标拟订为：第一步，到2016年人均GDP突破3000美元，进入人均GDP 1 000～3 000美元的战略机遇期（黄金发展期和矛盾凸显期）；第二步，到建党100周年时人均GDP达到5 000美元，实现全面小康；第三步，到新中国成立100周年时赶上全国平均水平，与全省、全国同步实现现代化。

我们要根据这个任务目标，科学制定金州的跨越式发展规划，并抓好规划的实施。

## 第三节　把握跨越式发展关键

从经济学角度看，单就跨越式发展而论，金州最关键的问题是交通建设滞后、城市化率较低、产业发展不足、生态环境脆弱和农村贫穷落后。其战略重点拟订为：超前建设立体交通，率先发展宜居城市，重点突破特色产业，着力培育生态文明，因地制宜建设新农村。

### 一、超前建设立体交通

交通引领跨越发展。经济要发展，交通要先行。交通既是国民经济的重要基础，又是国民经济的先导性产业，经济随交通的通达而发展。随着经济社会的发展，交通基础设施对经济发展的促进作用将会更加突出。

金州要实现跨越式发展，必须超前建设立体交通，重点推进以区域交通网络化为主的新一轮交通基础设施建设，打破制约金州经济社会发展的交通"瓶颈"，引领经济社会跨越式发展。

（1）要大规模实施公路交通建设。一是加快高速公路建设。在镇胜高速、汕昆高速和晴兴高速建成通车的基础上，要加快推进县县通高速公路工程进度，加大前期工作力度，积极争取紫云—贞丰—兴仁高速、安龙—册亨—望谟—罗甸高速、毕水兴高速、望谟至紫云高速、兴义至富源高速和兴义至河口高速公路立项建设，尽快实现县县通高速和高速公路网络化。二是加快高等级公路建设。加快推进贞丰至安龙、普安至楼下等二级公路建设步伐，早日竣工投用，争取开工建设贞丰至望谟、贞丰至册亨等二级公路。三是加快通乡油路和通村公路建设。切实加快通乡油路和通村公路建设步伐，不断满足群众日益增长的生产、生活需要。

（2）要不断提升铁路的运输能力。在提高南昆铁路运力的基础上，重点推进长沙至昆明、毕节经六盘水至兴义、黄桶经望谟至百色、兴义经安龙、册亨、望谟至凯里等快速铁路的立项建设。

（3）要加快水上交通建设步伐。抓好西南水运出海中通道扩建项目的建设，努力建成四级航道470公里，白层港第一作业区、白层港第二作业区、板坝港、岩架港、蔗香港、八渡港500吨级港口6座、龙滩库区千吨级滚装运输码头1座，实现年吞吐量1 000万吨目标。加快万峰湖航运建设，争取建设四级航道110公里以上。加大投入，推进新型船舶的研发建造，努力提升水上生产力。

（4）要积极抓好航空运输。不断完善兴义飞机场的配套设施，加大培育航空市场的力度，加密兴义至贵阳航线，稳定新开通的兴义至北京、兴义至上海、兴义至广州、兴义至昆明等航线。加快实施兴义机场的就地扩建或另选址搬迁兴建工程。

（5）要努力发展管道运输。在利用好过境国家重大输油管道的同时，积极争取建设为金州大型重化工企业服务的专用管道工程，发挥管道运输的优势及效用。

## 二、率先发展宜居城镇

城镇化是经济发展导致社会结构变化最主要的特征，是现代化的重要标志。城镇化推动工业发展，使人口和生产要素向城镇聚集，依据城镇形成区域性经济中心，在城镇相对先进的科学技术和文明，特别是市场、交通、金融、通讯等优势的作用和辐射下，使农村经济全面发展，使农村工业逐步向现代化迈进，使农民的生活方式趋于现代化，进而带动城镇增长极的发展，加速整个区域的现代化进程。这是世界文明发展的普遍规律。

改革开放以来，金州经济社会发展的主动力是农村生产力的解放和农村的全面发展，今后金州经济社会发展的主动力是城镇生产力的解放和城市经济的全面发展，其主要拉力在于城镇化。就是要通过城镇的率先发展，运用其综合功能优势，充分发挥城镇对农村经济的牵引作用，由城镇化推动城市增长极的发展，以增强城镇增长极推动全州经济社会跨越发展。因此，城镇是金州实现历史性跨越的龙头，金州必须舞好这个龙头，以城镇牵引发展，进而实现跨越式发展。

从金州的客观现实来看，城镇数量少、城镇密度较低、城镇体系不健全，2012年城市化率只有30%，低于全国20个百分点，城市化严重滞后，严重阻碍了金州经济社会发展和城乡协调发展。因此，必须采取一种"网路化、据点式"的城镇化战略，走一条"以兴义市发展成现代化大城市为中心，以各县县城发展成小城市为重点，以小城镇建设为基础，大城市和小城市、卫星城镇、建制镇、集镇取得协调发展的多元城市化"道路。围绕兴义市构筑"大城市→小城市→卫星城镇→乡镇→村集镇→新农村"的城镇化网络，谋求共同发展，相互补充。以加速全州城镇化进程，实现城镇经济的跳跃式发展，进而牵引全州经济的跨越式发展。"网络化"的城镇化主要是在城镇与城镇之间通过加强交通和通讯等网络的建设来形成全州的城镇化体系，重点是在城镇密集地区通过加强交通和通讯等网络的建设来形成城镇带或城市圈。"据点式"的城镇化主要是通过据点的新建或据点的扩充来推进城镇化。"网络化"的城镇化以便捷的交通和发达的通讯设施的建设为重点,而"据点式"的城镇化则以城镇据点的城市基础设施建设为重点。实施"网络化、据点式"的城镇化战略要以"据点式"的城镇化为前提,在初具规模的城镇据点的基础上,按照一定的"网络"联网,形成全州的城镇网络体系。

在城镇化战略的实施中,必须紧紧抓住三个重点:

(1) 必须紧紧抓住发挥导向作用的龙头——兴义市和各县县城。兴义市是州府所在地,是金州的政治、经济、文化、科技、教育和信息中心,是滇桂黔三省区结合部具有较强凝聚力和辐射力的大城市。其发展目标应是:以顶效开发区为轴心,加快打造"兴、安、兴"城市经济圈,力争到2030年把兴义市建成100万人口的大城市以及加上安龙、兴仁达到200万人口的现代化城市群。其余各县县城是各县的政治、经济、文化、科技、教育和信息中心,首先要发展成10万人以上的小城市,有条件的要尽快发展成20万人以上的中等城市。它们在金州实施城镇化战略中具有突出地位,是城镇的核心和龙头,是建设的重中之重。

(2) 必须紧紧抓住迈向城镇化的基础——小城镇。小城镇是金州城市体系中的基础和重要组成部分,是连接城市和乡村的纽带和桥梁,是城乡经济的结合点。小城镇是农村发展的推动器,作为农村的政治、经济和文化中心,它具有促进城乡商品交换的市场功能、国家指导和贯彻农村政策的管理功能、城市文明向农村扩散的传播功能、农村经济和乡村工业向小城镇集中的集聚功能以及城乡经济信息的接收和反馈功能。小城镇在金州实施城镇化战略中具有基础地位,是城镇化的启动点,是建设的重点。

(3) 必须紧紧抓住发挥联结作用的纽带——交通和通讯网络。便捷的交通和发达的通讯设施所形成的网络,不仅能把城镇与城市和乡镇之间连为一体,促进城市和乡镇的快速发展,而且能改变城镇化格局。农村居民可以经常利用城市优越的公共设施和社会服务,不进城便可享受到城市文明,而且可以在更为舒适安静的生存空间里享受到类似于城市的生活水平;城镇的人口和非农产业可以向外围乃至乡镇扩展,形成城乡交融和城乡一体化。交通和通讯网络在金州实施城镇化战略中具有联结作用,是城乡结合的纽带,也是建设的重点。

加快推进城镇化进程,迅速提升城镇化水平,必须"高起点规划、高品位设计、高标准建设、高水平管理、高效能经营",即要抓好四项重点工作:

(1) 要抓好城镇规划。在规划中要把握好地方特色民族化、人居环境生态化和配套设施现代化三个要点,依据和参考地理地质环境、区位交通条件、历史文化背景等因素,最大限度地体现以人为本、人与自然、人与社会的和谐,单体与局部、局部与整体的和谐,增强规划的科学性。规划时眼界要宽、视野要广,兼顾眼前,着眼长远,至少要管 30~50 年,增强规划的前瞻性。在科学编制城乡总体规划的基础上,逐步编制控制性规划、建设详细规划。特别是要提前做好路网规划,坚持以路网建设引领城镇发展。同时,要不断完善城市绿化规划、物流规划和街景、供水、供电、通讯、排污等专业规划,以规划指导城镇建设,引导城镇发展。

(2) 要加强城镇建设。在城镇建设中必须严格执行规划,维护规划的严肃性、权威性和强制力。要完善城镇功能,重点是抓好基础设施建设、配套功能设施建设和生态系统建设,营造良好的人居环境。挖掘、整理、提炼金州地域性和以布依族、苗族文化为代表的文化精髓,在城镇建设中用符号、图案等形式表现出来,使城镇建设具有地域特色、民族特色,避免千城一面的同质性,努力建成让本地人引以为自豪、外地人过目不忘的城镇。

(3) 要强化城市管理。以争创文明城市和卫生城镇为目标,加快城镇"净化、亮化、绿化、美化、硬化、序化"步伐,提高城镇人居环境质量。理清城镇管理体制,强化城镇管理执法,抓好城镇精神文明建设,提高市民素质,规范社区服务和物业管理,建立与现代城镇相适应的城市管理和公共服务体系。

(4) 要精心经营城镇。加大宣传推介,打造城市品牌,提升城市资产价值。合理开发、整合利用和优化配置可经营性资源,加快城镇资产向资本的转化,构建政府主导推动、多元主体投入、社会积极参与的城镇经营格局。完善土地交易中心和土地收购储备库,合理配置城镇土地资源。剥离经营性市政公用设施所有权和经营权,盘活经营性市政设施。推进城镇无形资产有偿出让进程,激活城镇无形资产。加快建立政府的城镇建设融资平台,将机关、企事业单位优良国有资产和城市的有形无形资产作价评估后作为向银行贷款的抵押资金和担保资金,通过这个平台向银行贷款融资,再通过城镇建设后的土地开发升值收益偿还银行贷款,实现良性循环,做强做大。

### 三、重点突破特色产业

经济社会的发展核心是产业的发展。贫困地区的落后主要是产业发展的落后,要实现经济社会跨越式发展,必须坚持走区域经济特色化、特色经济产业化、产业发展规模化的道路,突出抓好产业建设,并以此主导区域经济发展。金州作为"欠开放、欠发达、欠开发"地区,应把加快产业发展、壮大产业规模、提升产业核心竞争力作为经济工作的重中之重,加快构筑特色鲜明、优势突出、竞争力强的现代产业体系,不断提高产业对全州经济社会发展的主导作用,使之真正成为跨越式发展的脊梁。

产业包括第一、二、三产业,对于金州来说主要是工业,以工业的突破来加速实现跨越式发展是明智之举。

工业是国民经济的脊梁,工业化是现代化的基础和前提,是一个国家或地区走向强盛的必经之路。要实现现代化,增强综合实力,提高人民生活水平,离不开发达的工业经济,世界发达国家和发达地区无一不在走这条路或已走过这条路。纵观近、现代历史上强国的中兴过程,从英、美、德、法率先崛起到日本、韩国后起赶超,无一不是通过走工业化道路所成就的辉煌;再看国内长三角、珠三角等先进地区的快速发展,同样是工业化促进经济突飞猛进的结果。

从金州所处的发展阶段看,金州第二产业占 GDP 的比重刚跨过 40%,仍处于由农业社会向工业社会转化的时期,工业经济仍处于工业化起步阶段。金州作为一个以农业为基础、尚处于工业化起步阶段的欠发达地区,加快工业发展,尽快实现由农业经济向工业经济的转变,既是客观经济规律使然,更是金州发展的迫切需要和必然选择。金州一定要牢固树立战略眼光和全局思维,切实把工业强州战略作为跨越发展的主导战略,以工业经济的快速发展带动全州经济不断突破、进步。

工业化是社会经济发展中由农业经济为主过渡到以工业经济为主的一个特定历史阶段和发展过程,也是任何一个国家或地区发展都必须经历并不可逾越的历史进程。对发展中国家和地区来说,经济发展过程的本质就是工业化的过程。工业化的本意是产业化,本质是专业化。工业化不仅包括工业本身的发展,还包括农业的产业化或现代化以及服务业的配套发展,单纯的工业发展在现实中是不可能独立进行的。

回顾人类工业文明发展的历程,不难发现发达资本主义国家的工业化大多以大量消耗能源和原材料、严重破坏环境为代价而得以实现的。在当前以信息技术为代表的新科技革命迅猛发展的条件下,金州不能再走传统工业化的老路,必须走新型工业化之路。

要根据现代产业发展的要求,按照"传统产业生态化,新型产业规模化"的发展思路,充分发挥金州及周边地区的资源、能源优势,从金州的发展现状和现实可能出发,找准并大力培育一批特色支柱产业,加快资源优势向经济优势的转化,迅速壮大经济实力。

(1) 重点突破工业。一方面,要进一步发展壮大电力、煤炭、化工、建材、冶金、食品、制药、烟草等支柱产业;另一方面,要积极调整优化工业经济结构,将传统产业改造升级与新兴产业发展有机结合,通过引进、吸收和自主创新相结合的方式,创造条件积极发展电子、机械组装等高新技术产业。

(2) 积极发展体现现代农业的特色农业。努力发展优质粮油、烟草、草地畜牧业、茶叶、甘蔗、蔬菜、中药材、林果（水果、干果）、花卉、水产养殖以及农产品加工业，把农业产业做强做大。

（3）大力发展第三产业。首先，要积极发展旅游业。坚持文化与旅游相结合、体育与旅游相结合，以自然风光、民族风情、人文景观、红色旅游、自然遗产、度假胜地等旅游品牌为载体，努力打造以布依文化为核心的民族文化品牌；打造以"山水长卷·水墨金州"为核心的旅游宣传品牌；打造以中国万峰湖野钓大奖赛、中国"史迪威公路"贵州晴隆24道拐汽车爬坡赛为核心的激情旅游品牌；打造以万峰林和贵州龙湿地公园为主要景区的喀斯特精华之旅，全面建设旅游大州。其次，要大力发展服务业。着力发展以交通运输、金融、商贸、现代物流、宾馆酒店、休闲娱乐等为重点的服务业，特别是把兴义市建设成为黔滇桂三省区结合部重要的商品集散地和中心市场。重视发展市政公用事业、房地产、物业管理、社区服务、文化产业等与人民群众生产生活密切相关的服务业，加强社会公共服务体系建设。

加快特色产业发展，必须抓好以下五项工作：

（1）发展循环经济，培养生态产业。确立绿色GDP理念，把发展循环经济作为建设生态文明的基础，培育发展按照循环经济模式提升的资源型产业、现代服务业、绿色农业和生态旅游全面发展的生态产业，实现生产、流通和消费环节"污染排放最小化、废物资源化和无害化"，以尽可能小的资源消耗和生态环境成本，获得尽可能大的经济效益和社会效益。一是加快发展生态工业。走低消耗、低污染、高效益的新型工业化发展路子，把经济增长的着力点转到调整经济结构、转变增长方式、提高增长质量和效益上来。按照减量化、再利用、资源化的原则，推动企业实施节能、节水和新型环保技术，逐步建立循环经济模式和清洁生产的生态工业体系，把节能降耗减污、实施污染全过程控制、工业固体废物的综合利用纳入生产管理。以清洁的生产资料、清洁的生产过程和生产清洁的产品为目标，推进企业清洁生产。加强技术落后企业的生态化改造，对产生的废水、废气和固体废物进行减量化处理与资源化利用，实现循环利用与再生。以生态工业为重点，开展循环经济示范试点工作，实现企业之间的废料、副产品的相互利用。二是大力发展生态农业。以"五个培育"为抓手，调整农业结构，推进种植业、养殖业、加工业的科学结合，建设现代生态农业园区，培育农业龙头企业，提高农业产业化水平。大力发展特色农业，发展无公害农产品、绿色食品，打造生态农业品牌。加大绿色、有机农业的科技投入，把有机农业纳入重点科研和推广项目，培养一批具有先进科学素养的新型农民。推广农业循环经济，将农、林、牧、副、渔有机结合起来，形成共享资源、互换副产品的产业共生组合，达到整个系统污染物质的"零排放"。健全农产品监测体系，包括农业环境监测体系、农产品质量标准体系和农业执法体系，实现由田头到餐桌的全过程质量控制和跟踪审核体系。三是积极发展生态旅游业。合理开发利用生态旅游资源，加快旅游基础设施建设，加强景区生态建设和保护，进一步挖掘和整合旅游资源要素，注重体制和机制创新，推进旅游产品结构调整和空间布局优化，不断提高旅游产品的规模、档次和水平，促进生态旅游业由第三产业的先导产业向经济支柱产业转变。加大旅游产业与文化产业和体育事业的结合力度，抓好对外开放和宣传促销，着力打造生态旅游和民族文化品牌，培育和建设一批民族文化旅游基地、野外山地运动基地、特色生态旅游景区和村（镇），推动旅游产业跨越式发展。

（2）加快建设生态产业园区。生态产业园区是产业可持续发展的基础平台，建设生态产业园区是实现资源共享，降低项目建设成本和企业生产经营成本，实现产业发展规模化、集群化的必然选择。金州要加快建设生态产业园区，按产业发展重点定位园区功能，按功能定位尽快进行规划编制和完善园区水、电、路、通信等配套基础设施，着力提高各园区的产业承载能力。在此基础上，加快园区招商步伐，注重引进产业链上下游产品相关企业，加快园区产业发展的集群化、规模化步伐，使这些支柱产业不断壮大，形成产品市场竞争力强的优势产业。努力把生态产业园区打造成体制创新的平台、对外开放的载体、产业转移的基地，为金州经济发展培

金州管理战略论

育更多、更强的新生力量和中坚力量。重点抓好以发展传统产业、特色产业为主的轻工业园区建设和以发展煤化工、盐化工为主的重工业园区建设以及现代物流园区、特色农业产业园区建设。

（3）做强做大一批民营骨干企业。要强化政府服务企业、服务市场的职能，从项目审批、财政贴息、国债资金、银行贷款、资源配制和土地利用等方面加大对企业扶持的力度，鼓励民营企业引进先进技术、管理方式和人才，开展科技攻关，增强研发实力，实施技术改造升级，扩大生产规模，支持企业上市融资，拓展市场，参与国际国内市场竞争，培育一批具有较强竞争实力的民营优强企业。一是深化国有企业改革。要积极推行股份制，大力发展混合所有制经济，把国有资本和其他形式的资本结合起来，推动企业股权多元化，努力形成国资流得动、政府调得动、与社会资本联动的资本运行机制和国资、民资、外资等各种所有制经济互相促进、共同发展的良性格局。要着力推进国有企业的改革改制工作，解决好国有资产处置、债务处理、人员安置等方面的问题。要解放思想，更新观念，采取切实可行的措施，切实抓好上市公司工作，在更高层次上运作企业，发展经济。二是抓好技术创新。要坚持走以信息化带动工业化，工业化促进信息化的路子，鼓励和引导企业与科研院所合作或加强自主创新能力建设，扶持企业狠抓新技术研发，不断提高产品的质量和科技水平，形成一批拥有自主知识产权的高新技术产品。要加大技术开发资金的投入，逐步形成以企业为主体，产学研、科工贸共同推进的企业技术创新体系。加强产学研结合，鼓励企业以多种方式与科研机构和大专院校开展产学研联合开发，强化应用技术的推广，促进科技成果向现实生产力的转化。要引导和鼓励企业建立企业技术中心。条件已具备的企业，要积极组织申报，力争金州大型骨干企业都拥有自主核心技术知识产权。加快企业信息化建设。要积极引导企业把信息化同整个管理过程结合起来，将组织内部、外部的资源充分的整合、利用，加大核心业务系统建设，以更加丰富翔实的信息辅助企业高层决策，提高企业的生存能力、竞争能力和发展潜力。将高新技术注入传统产业，以提高传统产业的竞争力，使高新技术的运用成为推动传统产业发展的重要力量。三是加强民营企业管理。首先，要建立完善的现代企业制度，建立健全法人治理机制，特别是要敢于打破现在金州很多民营企业的家庭式、家族式企业管理模式，勇于聘请高级企业管理经营人才进入这些企业，帮助他们把企业做大做强。其次，要依据相关法律法规，建立和完善企业内部管理的规章制度，按制度管人，按制度办事。再次，要建立和完善绩效工资制，激励企业员工勤奋工作，以企为家，以企兴为荣，以企衰为耻。最后，要注重塑造企业自身独特的文化，让企业文化成为企业对外的形象代表，成为员工的精神支撑，成为企业员工精神风貌的充分展现。四是抓好技改扩能。要扶持企业按照国家产业政策的要求逐步实施技改扩能，努力把高新技术成果转化成为现实生产力，把企业做大做强，使全州工业经济增长方式由粗放型增长向质量效益型转变。要坚持走节约发展、清洁发展、安全发展、可持续发展的路子，坚决淘汰浪费资源、污染环境的落后生产力。积极采用先进技术，通过技术改造提高工艺装备水平，推行清洁生产，从根本上改变浪费资源、高耗能、高污染的粗放型经济增长方式，走一条资源消耗低、环境污染少、经济和环境协调统一的新型工业化道路。五是抓好市场拓展。市场是企业的生命，市场是检验企业生命力的试金石，企业的生存发展关键在于能否在市场竞争中占有一席之地，能否不断拓展市场空间。多年来，金州工业产品在外销、外贸上一直是个薄弱环节，严重制约着金州工业经济的进一步发展，必须大力实施开放带动战略，加快发展外向型经济，特别是要扶持企业打入国外市场。政府有关部门要认真研究国际贸易规则，帮助和指导州内企业拓展国际市场。要邀请国际国内知名策划专家，对州内优强企业进行包装策划，强力推进企业营销，拓展市场。企业家们要加强学习和研究，掌握国际贸易的基本知识，树立现代营销理念，创新营销方式，借助国际贸易公司或跨国贸易公司，将产品及服务打入国外市场，积极参与国际、国内的市场竞争，充分利用两个市场和两种资源，不断扩大市场份额，拓展市场空间。六是塑造企业品牌。品牌是形

金州管理战略论

象,品牌也是资本。金州要充分认识品牌对企业可扶持发展的强大推动作用,无论民营企业还是国有企业都应高度重视品牌的无形资产价值,大力实施"品牌战略"。要制定鼓励、扶持争创品牌的政策和措施,加快名牌产品开发力度。要帮助和引导企业将先进技术的引进、吸收与自主研发相结合,加快研究开发成果的工程化、产业化步伐,形成一批具有自主知识产权和地方特色的知名品牌。要注重培育和发展本地区特色优势产业项目,并把它作为重点推出的招商项目,最终形成自己的特色品牌。要优化投资环境,提升对外开放水平,吸引国内外知名品牌企业到金州投资发展、合资合作,努力建设国内外知名品牌的生产加工基地。

(4)加快推进市场化进程,为产业发展提供市场保障。在市场经济条件下,要使市场机制对经济运行和资源配置起基础性作用,较为完备的市场体系是一个基本前提。加快推进市场化进程,是实现经济社会发展的迫切需要,一个地区市场化的程度决定着发展的速度。面对金州市场体系发育过程中存在的诸多问题,应着重从以下几方面进一步发展和完善。一是进一步深化市场经济体制改革,建立健全多层次、多品种的市场体系,促进各个市场主体、客体、载体以及其支持体系健康、稳定、均衡发展,全面推进统一、开放、竞争、有序的现代市场体系建设。二是充分发挥好国际、国内两个市场,利用好国际、国内两种资源,为产业发展服务。要适应经济全球化的需要,以世界的眼光和战略思维,在抢抓机遇中扩大开放。坚持"引进来"和"走出去"相结合,充分利用好国际国内两个市场、两种资源拓展区域经济的发展空间,为本地区的发展提供持久可靠的市场和资源保障。既立足于国内需求又大力开拓国际市场,既充分用好内资又有效利用外资,既依靠和开发国内人力资源又借助和引进国外智力。努力提高引进外资质量,坚持引进先进技术和消化、吸收、创新相结合,提高自主开发能力,保护知识产权,增强关键行业和领域的控制力,不断提高国际竞争力。三是大力发展商品市场和要素市场。扎实推进商品市场建设。将推进消费品市场和生产资料市场建设,作为促进产业发展和引导企业、产业集群发展进而带动餐饮、交通运输、仓储等行业发展的关键举措来抓。对已具有聚集发展基础的行业，着力引导、扶持建设综合性的商品交易市场，特别是要高度重视农贸市场和专业批发市场的建设，并通过市场实现生产与消费的顺利对接。积极发展要素市场。大力发展金融市场特别是资本市场。积极争取发展地方资本市场，加快金融体系改革，用较完善的地方资本市场，吸引更多的资金投入到产业发展中来。强化农村金融市场建设，尽最大可能把农村储蓄变为对农村的投入。针对民营经济发展的实际，将发展产权交易市场作为民营企业融资的重要渠道，以实现存量资本在本地不断流动。加快发展劳动力、房地产、技术、信息等要素市场。进一步发展劳动力市场，优化服务，适时提供就业信息，加强对外出农民的引导，发展"打工经济"，促进农村劳动力转移。建立土地市场，用法律的、市场的办法，解决土地的供给。积极鼓励农村以土地入股的形式，使农业生产要素与工商业资本、技术组合在一起，追求土地要素的升值，创造更大社会财富。四是进一步加快市场信用体系建设。完善各类市场主体与行政管理部门的信用等级分类监管和信息共享制度，逐步建设信息与信用共享平台体系，规范发展民间与公共信用机构与服务中介，实现信用服务的社会化与市场化。

（5）大力发展非公有制经济。非公有制经济是现阶段除了公有制经济形式以外的所有经济结构形式，是社会主义市场经济的重要组成部分。近年来，金州非公有制经济不断发展壮大，在市场主体中占据了相当的比重，有力地推动金州经济社会发展和社会就业，在全州财政总收入中，非公有制经济主体提供的税费均占30%以上，成为地方财政收入的重要支柱。实践证明，大力发展非公有制经济，有利于繁荣城乡经济、增加财政收入，有利于扩大社会就业、改善人民生活，有利于优化经济结构、促进经济增长，对于完善社会主义市场经济体制、建设小康社会和加快社会主义现代化进程具有重大的战略意义。金州一定要采取有力措施，大力发展非公有制经济，促进全州经济的跨越式发展。一是加快转变非公有制经济发展方式。要坚持以市场为导向，主动适应新的发展态势，切实抓好产业结构调整，推动非公有制经济产业结构优化升级，加快转变非公有制经济发展方式。按照现代企业制度改造非公有制企业。要引导非公有制企业按照现代企业制度的要求，加快企业法人治理结构改造步伐，引进先进管理理念、管理制度和管理方法，完善运行机制，提高自身素质不断增强发展后劲。引进先进技术实施技术改造，做大做强非公有制企业。按照以信息化带动工业化，以工业化促进信息化的要求，坚持走科技含量高、经济效益好、资源消耗低、环境污染少、人力资源得到充分发挥的路子，加快用高新技术和先进适用技术改造非公有制企业，促使企业提升核心竞争力。加大国有企业改革力度，调整所有制结构。继续加大国有企业改制力度，有计划、有组织地对国有企业进行股份制改造和产权置换，建立多元投资主体的规范的现代企业制度。要解放思想，大胆改革，积极鼓励非公有制企业参与国企改革，促其尽快转制，形成一批新的非公有制企业。国有企业既要实施股份制改造，也应允许非公有制企业购买。二是积极引导非公有制经济参与市场公平竞争。要积极创造条件，引导非公有制经济参与市场公平竞争，努力激发非公有制经济发展活力。拓展民间资本的市场准入领域。要打破所有制禁区，鼓励和引导非公有制企业进入政策规定的、更加广泛的行业和领域，尤其是一些过去垄断行业和领域去参与公平竞争和发展。要鼓励和引导具备资质的非公有制企业依法平等进入基础产业的开发，科学合理、健康有序地拓宽民间资本的准入领域。放宽民间资本的市场准入条件。要坚持"平等准入、公平待遇"的原则，让非公有制经济在投融资、税收、土地使用、对外贸易、项目审批、工商登记、人才使用、户籍管理等方面享受同等政策，减少限制，规范程序，严格按照规定放宽准入条件。三是加大对非公有制经济的扶持力度。金州非公有制经济尚处于成长阶段，需要"扶上马，送一程，跑起来"。拓宽融资渠道。融资渠道过窄、资金来源困难是当前制约非公有制经济发展的一个重要因素。必须采取各种措施，建立健全信用担保体系，切实加大对非公有制企业的资金扶持力度。破除制约发展的体制机制。要进一步加强制度建设，以建立健全各项规章制度为抓手,切实从体制机制上解决好非公有制经济发展中的困难和问题,推动金州非公有制经济持续、快速、健康发展。引导规模经营。积极引导中小家庭作坊式经营向社会化、规模化经营转化。鼓励个人通过资产控股、技术入股、兼并、承包、购买等多种形式创办非公有制企业,帮助和引导私营业主提高企业管理水平。引导非公有制企业集中连片汇聚,发挥其主体功能区作用,加快区域经济发展,逐步形成区域经济发展特色。培育优势企业。积极支持引导企业申请商标注册,对认定为知名、著名、驰名商标的要给予扶持,使其做大做强。要加大监督力度,继续打假扶优,严厉查处假冒金州知名商标、著名商标的侵权行为,切实保护地方品牌。

## 四、加快推进生态文明建设

生态环境是人类生存和社会发展的基础。从区域竞争力来看,谁拥有了最佳生态,谁就拥有了最好未来,因此生态秉持未来。贵州省是中国南方石漠化集中连片区的核心地带,是全国石漠化最严重的地区之一,金州又是贵州省石漠化最为严重的地区之一。全州岩溶面积 10 130km$^2$,占全州国土面积的 60%,其中无石漠化 2 985.97km$^2$,占 17.77%;潜在石漠化 2 114.12km$^2$,占 12.58%;轻度石漠化 2 111.54km$^2$,占 12.57%;中度石漠化 1 757.17km$^2$,占 10.46%;强度石漠化 870.56km$^2$,占 5.18%;极强度石漠化 290.15km$^2$,占 1.73%。石漠化面积 5 030km$^2$,占全州国土面积的 30%,占全州岩溶面积的 50%。

金州的生态非常脆弱,一旦破坏就难以恢复,生态问题是金州经济社会发展的一大难题。这就需要金州牢固树立绿色 GDP 的发展理念和执政理念,按照"保护生态环境就是保护生产力,改善生态环境就是发展生产力"的要求,坚持生态建设产业化、产业建设生态化,保护与发展并重,质量与效益并举,正确处理好加快发展、科学发展与和谐发展的相互关系,资源开发、经济发展与群众利益的相互关系,加快资源优势向经济优势转化,实现经济效益、社会效益和生态效益的有机统一。

### 1. 做好功能区划,明确发展方向

根据资源分布、环境容量、生态状况、人口数量以及国家发展规划和产业政策,及时编制"金州生态功能区划"。根据自然生态要素状况和各区域的生态环境特点及存在的问题,确定各生态功能区的经济发展方向和产业结构调整规划。指出区域发展的限制因子和限制方向,以及资源开发产业发展的优势条件与制约因素,提出各生态功能区的主导生态功能、生态环境建设重点任务、产业主导发展方向、主要生态保护措施、限制和禁止发展的产业,形成各具特色的发展格局。

### 2. 节约自然资源,合理开发利用

坚持开发建设与保护环境并重的原则,把经济效益、生态效益与社会效益有机统一起来,注重在保护中开发、在开发中保护。一是不断完善矿产资源开发利用规划体系,节约使用煤炭、黄金等不可再生资源,坚持综合勘探、综合开采、综合加工、综合经营、综合管理,走集约型资源发展的路子,提高矿产资源综合利用水平;二是大力开发利用太阳能、水、气候等恒定资源,节约和替代不可再生资源,提高清洁能源比重;三是对生物、土壤、森林等可再生资源应通过用养结合增殖资源,实现永续利用;四是大力发展资源节约型、环境友好型企业,积极开发和推广节能新技术、新工艺、新产品,加大高耗能行业和企业的技术改造力度。严格控制新开工高耗能项目,遏制高耗能行业过快增长;五是大力倡导节约风尚和使用环境友好型产品,提高全民资源节约意识,逐步形成节约资源、保护环境的生活方式和消费模式。

### 3. 抓好生态建设,恢复生态平衡

一是实施生态修复。在主要河流源区、水源地和高山远山等适宜地区,对覆盖度在 5% ~50% 的草地、郁闭度小于 40% 的灌木林地和 10% ~30% 的稀疏林地实行生态修复。巩固退耕还林、

还草成果，继续推进封山育林、珠江流域防护林体系、水土保持、石漠化治理、坡地过度开垦治理等重点生态工程建设。加快沿路、沿河、沿湖的防护林带和生态廊道构建，不断提高森林覆盖率。严禁放火烧山，毁林开荒，乱砍滥伐，有效保护森林资源。二是实行生态治理。围绕沿路、沿河、沿湖、城镇村庄居住区及旅游景区景点，开展生态恢复重建的工程建设。重点推进重要生态功能区、重点资源开发区、旅游景区、"两江一河"流域的生态治理。做到治理一片，见效一片，以点带面，建设珠江上游生态屏障。坚持把生态治理与产业发展和农民增收致富结合起来，大力推广"晴隆模式""顶坛模式""坪上模式"和"者楼模式"。抓好草地生态畜牧业项目实施，搞好速生丰产林、生物能源、中药材、经济林、风景林基地建设，促进生态环境改善和产业发展良性互动。三是积极实施生态移民工程。加快农村富余劳动力输出，发展农村沼气，推广生态饲料和舍饲养畜，抓实小水电代燃料工程，减少林木砍伐，减轻生态压力。四是进一步加强地质环境保护。切实加强做好滑坡、崩塌、泥石流、地面塌陷等地质环境灾害的防治，减轻危害和损失。

### 4. 加强污染防治，保护生态环境

一是牢固树立"保住青山绿水也是政绩"的发展理念，实行严格的环境市场准入和环保前置审批制度。设立有利于保护生态环境的"门槛"，并在项目建设中严格执行"三同时"（同时规划、同时设计、同时建设），有效控制新污染源的产生。二是严格治理污染。以污染物总量控制、工业污染源达标排放和城市环境质量达标为基本目标，以治理水、大气、噪声、固体废物以及农业和农村污染为重点，大力实施环境综合整治，不断净化、美化生态环境。三是进一步加大环境保护执法力度，严厉打击制造污染、破坏生态环境、造成水土流失的行为。四是建立水土保持生态补偿与治理机制，明确资源开发单位和法人的生态保护责任，建立生态破坏限期恢复治理制度。

**5. 控制人口增长，减轻生态压力**

人口增长过快，资源、环境失衡是生态环境恶化的重要原因。资源的承载力是有限的，人口规模控制得越好，资源的可持续性就越强。如果人口的增加速度太快，超过了资源的可利用量，必然导致对资源的过度开发利用超出环境承载力，破坏生态环境，经济的可持续发展就会失去保障。因此，必须继续实行计划生育政策，科学控制人口增长速度，提高人口素质，优化人口布局，实现人口、资源、环境与经济社会协调发展。一是控制人口数量。严格执行计划生育政策，创新计生工作思路，建立健全以少生快富和奖励扶助为主要内容的计生利益导向长效机制。着力解决计生家庭的民生问题，积极开展计划生育优质服务，引导群众自愿少生优生，降低人口增长率，稳定低生育水平，控制人口规模。二是提高人口素质。金州人口文化素质偏低，与生态文明建设要求不相适应。要采取经济、法律、行政等综合措施，通过普及义务教育、扩大职业技术教育、发展高等教育和科技文化卫生事业等手段，不断提高人口整体素质。广泛开展出生人口健康促进活动，积极推进农村出生缺陷预防干预工作，促进优生优育优教与生态文明建设有机结合。三是优化人口布局。这是引导实现经济社会与生态环境和谐发展的重要环节。金州人口城乡分布不均、产业分布不合理，要加大劳动力转移和城市化力度，使更多的人口集中于气候条件、基础设施条件较好的城市（镇），改善生活条件，提高生活水平，控制人类活动干预自然的力度，努力实现人口再生产和资源环境再生产的平衡。

## 五、因地制宜建设新农村

建设社会主义新农村，是在我国具备"工业反哺农业、城市带动农村"能力的基本条件下党中央提出的重大战略决策和战略部署，是各级党委、政府当前和今后相当长的一个时期内重大且紧迫的历史任务。金州是欠发达、欠开发的地区，刚进入工业化初期，城市化发展刚刚起步，工业反哺农业、城市带动农村的能力较弱。

必须以科学发展观为指导,因地制宜、突出重点地推进新农村建设。建设社会主义新农村,概括起来就是强基、固本、塑形、铸魂。

1. **强基——基础设施强新农村之基**

基础设施是建设社会主义新农村的基础,只有夯实了这个基础,新农村建设才能建立在稳固的发展平台上,更好地发展农业农村的社会生产力,改善农村生产生活条件。一是抓交通设施建设,解决农村"交通"问题;二是抓能源设施建设,解决农村"供能"问题;三是抓水利设施建设,解决农村"用水"问题;四是抓基本农田建设,解决"耕地"问题;五是抓信息设施建设,加快农村信息化进程。

2. **固本——产业发展固新农村之本**

发展农村经济,增加农民收入,提高农民的生活水平,是新农村建设的根本,是增强农村发展实力的后劲所在,也是检验新农村建设成败的标准。没有产业发展支撑的新农村是没有生命力的,是不能长久发展的。抓新农村建设最重要的就是抓产业发展,就是在抓好农业产业的同时,特别要抓好非农产业的发展。一是抓好农业产业,稳定农民增收。二是抓好非农产业,促进农民增收。

3. **塑形——村寨整治塑新农村之形**

村寨和民居是农村生产力发展水平的集中体现,是农村生活状况的直接反映,是农民生活水平和农民精神状态最直观的表现,是新农村的形象所在。因此,建设社会主义新农村,必须抓好以村寨建设、民居改造、村容治理为重点的村寨整治,塑新农村之形。塑形重点要抓好三项工作:一是抓规划,指导村寨建设;二是抓建设,实施民居改造;三是抓治理,营造良好环境。

4. **铸魂——文化建设铸新农村之魂**

文化建设是新农村建设的灵魂。新农村建设必须抓好文化建设,满足广大人民群众文化精神生活需要。用先进的文化占领农村阵地,增强农民的凝聚力和向心力,提高农民的科学文化素质,引导农民树立文明意识、养成科学健康的生活方式。同时，造就有文化、懂科学、讲民主、遵法制的新型农民，形成民风纯朴、民俗高尚、乡风文明的农村风貌，创造农村和谐发展环境。铸魂必须办好五件实事：一是建设一个活动中心；二是修建一所村级学校；三是修筑一个文化广场；四是建造一条文化长廊；五是组建一支文艺队伍。

## 第四节 找准跨越式发展抓手

### 一、要抓改革

改革是发展的动力，是促进生产力发展的重要手段和途径，改革激活发展，没有改革就不可能加快发展。跨越式发展，必须依靠改革。金州一定要进一步深化改革，着力构建充满活力、富有效率、更加开放、有利于科学发展的体制机制，向改革要活力、要发展。要坚持不懈地把改革创新精神贯穿到各个环节，继续推进经济体制、政治体制、文化体制、社会体制改革创新，加快重要领域和关键环节改革步伐，坚决破除一切妨碍科学发展的思想观念和体制机制弊端，促进现代化建设各个环节、各个方面相协调，积极探索适合金州州情的发展模式，走出一条具有金州特色的发展道路，不断完善社会主义市场经济体制。

**1. 进一步深化国有企业改革**

要积极推行股份制，大力发展混合所有制经济，把国有资本和其他形式的资本结合起来，推动企业股权多元化，努力形成国资流得动、政府调得动、与社会资本联动的资本运行机制和国资、民资、外资等各种所有制经济互相促进、共同发展的良好格局。要着力推进国有企业的改革改制工作，解决好国有资产处置、债务处理、人员安置等方面的问题。要解放思想，更新观念，采取切实可行的措施，切实抓好上市公司工作，在更高层次上运作企业，发展经济。

### 2. 进一步深化农村综合配套改革

继续深化农村乡镇机构、农村义务教育、县乡财政体制等"三项改革"。要积极探索户籍制度试点改革，不断推进城乡一体化，逐步缩小城乡差距。建立健全土地承包经营权流转市场制度，引导村级创办经济实体，集中农户土地归村统筹，以逐步夯实村级经济基础。实行最严格的耕地保护制度和最严格的节约用地制度。进一步落实农民减负政策，形成促进农民增收的长效机制。进一步建立和完善培训输转农村劳动力的长效机制，拓展农民增收空间。稳定并完善以家庭承包经营为基础、统分结合的双层经营制度。严格按照中央、省的要求，完整、准确、及时地推进土地流转、公路养护等农村各项改革，进一步完善集体林权制度改革，切实解决好影响农村发展的体制机制问题。进一步完善农村土地征占用制度，健全对被征地农民的补偿机制。建立稳定的农村文化投入保障机制，尽快形成完备的农村公共文化服务体系。加快农村金融服务体系和农业保险体系建设，统筹推进农村其他改革。

### 3. 进一步推进行政管理体制和其他方面的改革

加快转变政府职能，进一步强化公共服务和社会管理职能。继续深化教育、文化、卫生等社会事业体制改革，不断加大公共服务体系建设力度，继续深化行政审批制度改革，全面推进依法行政。继续完善行政管理决策的科学化、民主化机制，推进政务公开，努力创新政府管理方式，加快推进电子政务建设。深化投资体制改革，完善项目审批、核准、备案制度，实行政府投资项目"代建制"。深化财政体制改革，大力培植财源，建立财政收入稳定增长机制，深化部门预算、国库集中收付、政府采购等多项改革。进一步完善价格形成机制，建立并完善以管理、监督、服务为职能的政府价格管理体系。抓好事业单位改革试点，有重点有步骤地推进事业单位分类改革，逐步建立应急管理体制机制，建立突发公共事件预警预报信息系统、应急平台和专业化、社会化相结合，覆盖全州的应急预案管理保障体系。

## 二、要抓招商

因为招商引资工作是加强对外经济合作与交流，促进区域经济发展，提高对外开放水平，推动经济社会加快发展的重要途径。进入新的发展阶段，经济全球化和各国开放进程进一步加快，在更大范围占有、配置和运用信息、知识、智力、资源成为经济发展的重要特征。在以生产要素横向流动为主的今天，区域竞争实质上已演变成为招商引资的竞争，区域经济社会发展的速度和质量，也取决于扩大开放的力度特别是招商引资的成效。开放的空间决定着发展的空间，开放的水平决定着发展的水平，招商的程度决定着发展的速度、质量和后劲。金州如果在对外开放特别是招商引资上没有一个大的突破，跨越发展的目标就难以实现，与发达地区的差距就会进一步拉大。

招商引资是扩大开放的主要内容，是加快发展的生命线。许多发展较快的地区无不证明：大招商，大发展；小招商，小发展；无招商，难发展。抓招商，就是抓发展。利用外来投资是改革开放基本国策和建设有中国特色社会主义伟大实践的重要组成部分，是加快经济社会发展的基本战略。发展是执政兴国的第一要务，经济建设是发展的中心任务，招商引资是经济建设的重中之重。招商引资是经济后发展地区在新世纪、新一轮竞争中推进改革开放的战略选择，是加快发展最快捷、最现实的有效途径，是实现跨越式发展的重要抓手。按照经济学理论，经济自然年增长率一般在2%～3%，发展经济主要靠投资、消费和出口"三驾马车"拉动，而主要动力源自投资拉动。投资内力不足的条件下，最现实的选择是招商引资。充分有效地利用外来投资，将从根本上弥补金州经济发展的资金缺口，提升企业的技术水平、管理水平，提高经济增长的质量和效益，优化产业结构，增加财政收入，扩大社会就业，改善人民生活，拓展外部市场，从而促进金州经济社会的历史性跨越。金州必须深刻理解和充分认识利用外来投资的重要性和必要性，把招商引资工作作为扩大对内对外开放的关键,摆到优先位置,牢固树立"大招商,大发展"的理念,积极构建"政府主导,部门联动;企业主动,市场运作;社会支持,全民参与"的招商引资新体制和新机制,大力营造"人人知商、人人招商、人人亲商、人人安商"的浓厚氛围。进一步解放思想,切实把招商引资作为抢抓机遇的第一重点,推进跨越式发展的第一抓手,干部抓发展的第一责任,求真务实,真抓实干,千方百计开创金州招商引资工作的新局面,以大招商,实现大跨越。

### 1. 发挥优势,突出重点抓招商

当前和今后一段时期,全州上下要把招商引资作为压倒一切的战略任务,以长远的眼光、超常的勇气、全新的措施,凝心聚力,克难攻坚,开拓创新,勇于突破,争取在重点领域、重点行业、重点企业、重大项目和重要人才的引进上取得突破。特别是强攻大项目,建设一批投资规模大、技术水平高、产业链条长、资源转化能力强、符合环保要求和行业标准的大项目,努力实现金州招商引资工作的大跨越。要树立先进的招商引资理念,立足发展,立足长远。要从当前利益中跳出来,要从就事论事的得失中跳出来,提倡算好大账、总账、活账,少算小账、死账。要不求所有,但求所在;要不计小利,但求发展;要不厌其小,但求其好;要提倡"三让三得",即让市场、让利益、让股份,得到发展理念、得到发展后劲、得到发展空间。以开明促开放,以开放促开发,以开发促发展,以招商引资的大突破推动全州跨越发展。要围绕四个重点抓招商:一是围绕重点区域抓招商;二是围绕重点产业抓招商;三是围绕重点项目抓招商;四是围绕重点园区抓招商。

### 2. 营造环境,打造平台抓招商

环境就是生产力,环境就是竞争力。地区间招商引资的竞争,在很大程度上是投资环境的竞争。好的环境就是生产要素的加速聚集"洼地",不好的环境就是生产要素的通透流失"漏斗"。优化投资环境是深化挖掘发展潜力,不断拓展发展空间,增强发展后劲,打造发展平台的重要举措。要把优化投资环境作为"第一要职"、服务于加快发展的"第一要务",以软硬环境的建设为重点,营造良好投资环境,打造新的发展平台。一是狠抓硬环境建设。要着力加强以交通、供水、供电、通信等为重点的基础设施建设,优化投资硬环境,为招商引资夯实基础、创造条件。二是狠抓软环境建设。在加强投资硬环境建设的同时,要切实改善政策环境、信用环境、法制环境、服务环境等软环境。跨越式发展,需要良好的氛围,需要优良的环境保障。金州要从科学发展观的高度营造跨越式发展的环境,就是要营造一个有利于实现追赶型、跨越式、超常规发展的环境。重点营造开明的政治环境、宽松的经济环境、安定的法制环境、和谐的社会环境、纯朴的人文环境和宜居的人居环境。在全社会树立解放思想、更新观念、迎难而上、排难而进、大胆地闯、大胆地试、大胆地干的发展氛围,支持改革者、保护开拓者、鼓励创业者、帮助失误者、惩治腐败者、追究诬告者,激发广大干部群众的积极性、创造性,造就一个有利于开拓进取、干事创业的大环境。抢抓机遇,与时俱进,开拓创新,在求真务实、真抓实干上下工夫,创造性地开展工作。树立金州开放、开明、开拓的新形象,努力营造人们想干事业、支持人们干成事业、帮助人们干好事业的社会环境,推动全州经济社会跨越式发展。

### 3. 开拓创新,全力以赴抓招商

招商引资工作能否取得成效,关键在于工作机制是否有效,工作方法是否妥当和工作合力是否形成。开拓创新具体抓三项工作:一是创新招商引资的工作机制。要积极构建"政府主导,部门联动;企业主动,市场运作;社会支持,全民参与"的招商引资新体制和新机制。重点抓"四制"建设,即实行招商项目领导负责制;建立目标管理和奖惩激励机制;建立招商项目通报和督查机制;实行招商引资年度考核机制;二是创新招商引资的工作方法。招商引资不仅要走出去,还要请进来;既要定向招商,又要上门招商,还要以商招商;不仅可以通过包装项目直接招商,还可以嫁接招商,委托招商;不仅可以参加各种贸洽会、博览会、研发会招商，还可以通过报刊和互联网招商等等。对重点项目应实施高层次招商，由主管领导带队，实行高层次重点推进；对对口项目实施行业性招商，由行业主管部门带队，甚至党政一把手亲自带队，发挥行业的带头作用，实行行业配套推进；对高科技项目实施专业性招商，委托科技部门进行科学论证和考察，及时争取上级主管部门的支持，推进高科技招商。三是要形成招商引资合力。招商引资工作是全州的大事，一个项目的前期工作要涉及很多部门，一个项目的动工建设要办很多手续，如果哪一个部门或环节出现"肠梗阻"，都会影响招商引资工作的开展。因此，全州必须形成上下联动、左右互动的招商引资工作格局。上下联动，就是州级和县市要联合行动，密切配合抓好招商项目的各项工作；左右互动，就是州直部门之间、县市之间要相互协作，互相支持，共同抓好招商引资的各项工作。全州各级各部门要真正把招商引资作为工作重点，咬定目标，迅速行动，快速掀起新一轮的招商高潮，进而形成大开发、大建设、大发展、大跨越的态势。

### 三、要抓项目

项目是资本、技术、人才和管理等生产要素的集聚，是支撑经济社会加快发展的主要载体，是发展的活力点和增长点。投资、消费、出口是拉动经济发展的"三驾马车"。对金州来说，消费、出口拉动不大，加快发展当前主要靠投资拉动。项目是投资的载体，抓项目建设，就抓住了经济工作的"牛鼻子"。金州必须以项目建设为工作重点，着力实施一批拉动力强、经济规模大、科技含量高、市场前景好、产业关联度强的重大项目支撑产业发展，强力推进经济社会跨越式发展。

1. 做好项目前期工作

要注重把金州拟建的重大项目与党中央、省委、省政府的有关要求对接起来，抓住重点，找准投资方向，选准项目突破口。采取财政和企业各筹部分资金的办法，多渠道筹措项目配套资金和资本。项目建设涉及的相关部门要按照职责范围，树立特事特办的思想，在项目选择、政策咨询、项目报批上提供优秀服务，切实为投资者兴办项目创造良好的办事环境。坚持做到项目包装的完整性、规范性、选择性、针对性和有效性，突出重点，体现特色，努力把项目前期工作做得精而又精、细而又细、实而又实。要多跑、多汇报，加强与党中央、省委省政府的工作衔接、沟通、协调，一个环节一个环节的抓好，一个细节一个细节的抓紧，一个项目一个项目的抓实，使申报项目尽快通过审批，尽早动工建设。

### 2. 做好项目建设工作

严格按照基本建设程序和有关规定，进一步加强对项目的全程管理。认真执行项目法人责任制、招标投标制、质量终身制、工程监理制、项目审计制等有关规定，严格管理，确保建设项目的工期和质量。建立激励机制、责任机制、领导机制，主要领导直接指挥抓大项目。项目建设落实到单位，落实到人，加大对在建项目的督促检查力度，使项目能够批准一个，高质量建成一个，树立金州良好的项目建设形象。

### 3. 做好项目储备工作

要站在全局的高度，充分发挥自身优势，搞好以强化基础设施建设、增强经济发展后劲、推动产业发展、构建和谐、改善民生、促进生态文明建设的项目储备，切实建好项目库。对已有项目进行收集、汇总、筛选和储备，选择一批有一定前期工作深度的项目进入项目库，并根据发展情况对项目进行修改、补充和完善，让更多高质量的项目进入项目库，以适应争取国家和省州投资和招商引资需要。按照国家基本建设程序要求，对项目库中的项目分轻重缓急，有重点地安排前期工作，逐一完成项目建议书、可行性研究报告、初步设计、扩大初步设计等资料的编制工作及其论证评审工作和报批工作。努力提高储备项目的成熟度，形成规划一批、论证一批、储备一批、申报一批、建设一批、完工一批的项目梯次推进格局，为跨越式发展提供充足的项目支撑。

## 四、要抓和谐

因为和谐社会是经济、政治、文化、社会四维一体协调发展的社会，是人与人、人与社会、人与自然整体相和谐的社会。构建和谐社会，一定要坚持用和谐的理念、和谐的思维、和谐的方式行政执法，领导工作，处理问题。着力解决人民群众最关心、最直接、最现实的切身利益问题，认真抓好事关科学发展的重点工作，把和谐社会建设建立在扎实工作的基础上，落实在解决问题的具体实践中。

### 1. 不断推进社会事业发展

坚持优先发展教育。加大教育投入，促进义务教育均衡发展，切实做好"两基"巩固提高和迎"国检"工作，抓好"农村义务教育阶段薄弱学校改造工程"项目建设，积极推进普及高中教育。多方筹集资金，加快兴义民族师范学院软硬件建设、加快州委党校（行政学院）、州职业技术学院新校区建设。加强教育管理和师资在职教育培训，不断提高各级各类学校的教育教学质量。坚持教育公益性质，规范教育收费，健全学生资助制度，保障经济困难家庭、进城务工人员子女平等接受义务教育，提高劳动者素质。坚持把发展公益性文化事业作为保障人民基本文化权益的主要途径，加快构建覆盖全社会的公共文化服务体系。抓好20户以上自然村广播电视村村通工程，大力发展文化产业。继续搞好群众性健身运动，积极开展竞技体育活动。进一步加强医疗卫生基础设施建设，启动州人民医院创建三级甲等医院工程，提升州中医院，扩建兴义市人民医院，加强县级医院和乡镇卫生院的建设，大力发展农村卫生和公共卫生事业。加大科学技术普及力度，不断推进科技工作。

### 2. 着力扩大就业

要牢固树立"就业是民生之本"的观念，千方百计扩大就业。要大力发展经济，增加就业岗位。实行积极的就业政策，进一步加强就业和再就业工作，让更多的劳动者勇于创业、能够创业、成功创业。做好"40、50"人员再就业工作，及时帮助解决好零就业家庭和困难家庭就业。加强高校毕业生、转业退伍军人、新增就业人员的就业指导，推动创业服务体系建设。健全面向全体劳动者的职业教育培训制度，帮助广大群众提高劳动技能，更快地转移到二、三产业中去。建立统一规范的城乡人力资源市场，加强劳动合同管理，进一步规范和协调劳动关系，完善和落实国家对农民工政策，依法维护劳动者权益。

### 3. 强化社会保障

逐步建立社会保险、社会救助、社会福利、慈善事业相衔接的覆盖城乡居民的社会保障体系，建立健全社会统筹兼顾和个人账户相结合的城镇职工基本养老保险制度，完善企业职工养老保险制度，加快机关事业单位养老保险制度改革。建立健全社会统筹和个人账户相结合的城镇职工基本医疗保险制度，完善城镇职工基本医疗保险，建立以大病统筹为主的城镇居民医疗保险。发展社会医疗救助，推进工伤、生育保险制度建设。健全失业保险制度，建立和健全城镇居民最低生活保障制度，加强对困难群众救助。完善特困户救助、灾民救助、城市生活无着落的流浪乞讨人员救助等制度。加快廉租住房建设，规范和加强经济适用房建设，逐步解决城镇低收入家庭住房困难。发展以扶老、助残、救孤、济困为重点的社会福利。加快建立适应农民工特点的社会保障制度，探索建立农村社会保障体系。逐步建立农村最低生活保障制度，在有条件的地方探索建立多种形式的农村养老保险，加快推进新型农村合作医疗，完善农村五保供养。大力实施农村危房改造工程，切实解决农村低收入家庭住房困难。发展慈善事业，增强全社会慈善意识。完善优抚安置政策，发展老龄事业，开展多种形式的老龄服务。发展残疾人事业，保障残疾人合法权益。完善社会捐赠免税减税政策，多渠道筹集社会保障基金，加强基金监管，保证社会保险基金保值增值。

### 4. 积极构建"和谐矿区、库区、社区"

金州属矿产资源富集区、水库移民集聚区、失地农民重点区。由于过去粗放式的开采矿采资源、水利资源的加快开发和城市的迅猛拓展，矿群矛盾、厂群矛盾和干群矛盾较为突出，矿区、库区、社区极不稳定，影响发展，危及安定，是金州构建和谐社会的主要阻碍。金州一定要以高度负责的精神，采取切实有力的措施，积极预防和妥善处理因资源开发、库区移民、征地拆迁等引发的各种矛盾纠纷，着力解决好矿区、库区、社区群众生产生活问题，严格执行国家有关资源开发、库区移民、征地拆迁的有关政策，切实解决好矿区群众、库区移民、失地农民的生存和发展问题，扎实做好相关工作，统筹好当地政府、企业与群众的利益。积极探索建立长效机制，处理好各方面的关系，使资源开发有序进行、企业效益稳步增长、群众生活水平不断提高、当地经济持续发展，构建和谐矿区、和谐库区、和谐社区。

### 5. 切实搞好扶贫开发

坚持"输血"与"造血"兼顾、以"造血"为主的原则，着力在富民产业、基础设施、劳务输出、生态建设上狠下工夫，提高扶贫开发的质量和效益。进一步完善扶贫开发目标责任制，继续帮助农村贫困群众改善基本生产生活条件、拓宽基本增收门路、提高基本素质，落实好开发式扶贫、搬迁式扶贫、救助式扶贫三类扶贫措施，抓好整村推进、劳动力转移和产业化扶贫。积极探索开展信贷扶贫工作，推广"一借双贴"等有效模式，帮助贫困农户解决贷款难问题。认真搞好"县为单位、整合资金、整村推进、连片开发"试点，统筹规划、分步实施生态移民搬迁工程，积极探索财政资金与其他涉农资金整合使用、整村推进与连片开发相结合、促进贫困地区经济发展的新路子。坚持实施领导干部扶贫联系点制度和机关定点帮扶制度，以解决移民、灾民、失地农民"三民"问题为突破口，认真谋划并统筹抓好生态移民、石漠化连片治理工程。积极开展扶贫帮困，形成党群、干群关系进一步融洽，社会和谐发展的良好局面。

### 6. 全力维护社会稳定

稳定压倒一切，没有稳定就不会有经济社会的跨越发展，所以一定要采取积极有效的措施，努力解决影响人民群众切身利益的热点难点问题,千方百计消化不稳定因素,推进社会建设,确保社会稳定。坚持实施信访联席会议制度,完善领导信访接待日制度、领导干部带案下访制度,变群众上访为领导下访,妥善处置信访问题,努力把矛盾化解在基层,化解在萌芽和未萌状态。不断提高做好群众工作的能力和保稳定促发展的工作水平。高度重视安全生产,严格责任追究制度,深入开展以煤矿和道路交通等为重点的安全专项整治,着力解决事故多发行业和领域的突出问题,坚决遏制重特大事故的发生。加强社会治安综合治理,深入开展"平安金州"创建活动,严厉打击各种违法犯罪行为,全力维护社会稳定。

## 五、要抓人才

21世纪是知识经济的时代,科技创新和管理创新已经成为推动经济社会快速发展的两大引擎。而创新所依靠的就是各类高素质人才,人才资源成为第一资源,拥有了人才就拥有了加快发展的基础。当前,金州正处于发展的关键时期,能否抓住最佳发展机遇,实现发展新跨越,人才是决定因素。金州要从战略和全局的高度,以新的观念和广阔的视野来审视、确立人才队伍建设的整体思路,不断创新工作机制,营造留住人才、使优秀人才脱颖而出和人尽其才的环境,努力实现人才资源的合理有效配置,最大限度地调动各类人才的积极性和创造性,促进金州经济社会发展的历史性跨越。

### 1. 立足实际,切实抓好现有人才的培养

以能力建设为核心,坚持统筹规划、分类指导,突出重点、整体推进,切实抓好高层次人才培养,带动整个人才队伍建设。一是加强党政人才队伍建设。要以思想政治建设和执政能力建设为核心,采取多种形式大规模培训党政干部,加强对各级干部的理论武装和实践锻炼。着力解决理想信念、政治方向、政治纪律、宗旨观念等根本问题,努力增强各级干部实践落实"三个代表"重要思想的自觉性、坚定性,提高科学判断形势、驾驭市场经济、应对复杂局面、依法执政和总揽全局的能力,更好地担负起组织领导经济社

会发展的重任。要大力培养选拔优秀年轻干部，及时把德才兼备、政绩突出、群众公认的优秀干部选拔到各级领导岗位上。尤其是对知识层次较高、特别优秀的，可破格提拔使用。要重视培养选拔妇女干部和非中共党员干部，使用好各个层次的干部，不断改善党政人才队伍结构。要切实加强后备干部队伍建设，每年选送一批干部到经济发达地区学习锻炼，选派一批干部到基层乡（镇）、社区和村挂职锻炼，抽调一批干部到重点工程项目工作，安排一批干部到环境艰苦、矛盾集中、困难突出的地方和单位任职。二是加快培养职业化、现代化的经营管理人才队伍。要围绕发展具有较强竞争力的大企业，依托各类高等院校和科研院所，有计划地组织企业经营管理人员进行学习培训，不断提高其战略开拓能力、市场竞争能力和现代经营管理水平。要热情关心和大力扶持民营企业家成长，帮助其提高自身素质，迅速发展壮大民营企业家群体。要积极实施"走出去"战略，鼓励企业家在更大范围、更广领域和更高层次上参与国际经济技术合作和竞争。三是建设高素质的专业技术人才队伍。要围绕推进工业现代化、农业产业化，以提高创新能力为核心，抓紧培养既能创新又能创业的专业技术人才队伍。当前，要立足金州实际，重点培养生物医药、重化工、电力开发等关键领域的高级专业人才，高度重视培养各类高技能人才、农村实用人才和青年人才，努力形成各具特色的人才群体。

### 2. 不拘一格，切实抓好急需人才的引进

引进人才是人才队伍建设最快捷、最经济的途径。要进一步解放思想、更新观念，完善政策措施，优化创业环境，大规模引进人才，为加快发展服务。一是坚持高起点引才。根据金州经济社会发展的实际需要，重点引进能够带动产业发展、科技进步的高层次人才，特别是煤及煤化工、水利电力、草地畜牧业、特色农产品生产加工、旅游业、城市建设等方面的高级人才，引进和培养一大批能够支撑金州优势产业和基础设施建设加快发展的应用开发型人才。二是坚持引才与引智并举。本着不求所有、但求所用的原则，采取

灵活多样的形式，大力引进人才和智力。要鼓励和支持企事业单位发挥用人主体作用，采取业余兼职、短期聘用、技术合作等方式，引进国内外智力，借脑借力发展。研究制定更优惠的政策，吸引国内外高层次人才，来金州进行技术转让、技术承包、技术入股，自办或合办民营科技企业、股份制企业。三是坚持引才与引资相结合。引进一个人才，往往能够引来项目，带来技术和资金。从这一意义上讲，招才引智也是招商引资，并且是高层次的招商引资。所以，一定要把两者有机结合起来，在招商引资中，既注重引进资金和项目，又要花大气力引进人才和智力，努力实现人、财双丰收。

### 3. 优化环境，为人才干事创业营造良好氛围

一是优化政策环境。建立健全以人才培养、评价、使用、流动、激励、保障为主要内容的政策体系，要敢于打破常规，在遵从国家政策的前提下，尽量放宽人才政策。同时，要加强对所有执纪执法部门及其工作人员的教育和管理，下决心治理不作为、惩治乱作为、整顿慢作为，从而使人才创业摆脱一切的阻力和障碍。二是优化法制环境。健全人才资源开发、保护和管理的规章制度，特别是把有关科技开发、利益分配、成果保护等为人们所关心的具体问题纳入制度化管理，做到依法保障人才的权利。三是优化人文环境。加强宣传思想工作，进一步形成"尊重劳动、尊重知识、尊重人才、尊重创造"的良好风尚；通过政府的各种服务工作，努力营造鼓励人才干事业、支持人才干成事业、帮助人才干好事业的社会环境，充分开发人才资源，为金州经济跨越式发展提供强有力的人才保证和智力支持。

综上所述，金州要如期实现"十二五"规划提出的"五高于""七倍增"的经济社会发展目标，就应积极实施跨越式发展战略；金州要与全国、全省同步建成全面小康社会，也必须实施跨越式发展战略。金州要实施跨越式发展战略，就必须大力弘扬"不怕困难、艰苦奋斗、攻坚克难、永不退缩"的贵州精神和"团结奋进、开放创新"的金州时代精神。只有这样，金州跨越式发展的目标才能如期实现。

# 第八章 《孙子兵法》与企业竞争战略对金州的启示

正确的企业竞争战略是企业稳定持续发展的重要保证。企业竞争战略由明确的企业目标、超群的战略方针和强大的企业实力作为支撑。企业目标、行动方案和企业实力任何一个因素出现偏差均会成为企业竞争的阻碍，甚至破坏企业的稳定和发展。由于受资源等条件的限制，既定的企业总目标须分阶段来实现，即要实现大目标须先实现各个小目标。也正是逐步实现小目标才使得企业长期竞争战略的实施具有可操作性。就企业目标确定而言，企业实力不可能在短时间内迅速提高的情况下，要正确估计竞争对手干预、阻挠的负面因素，确定合理的、灵活的行动方案，充分发挥企业的竞争优势，才能获得竞争的胜利。管理学家彼特·德鲁克说过："竞争战略规划并不是一种消除风险的企图，也不是使风险最小化的企图，成功的竞争战略的结果必须是承担更大风险的能力，因为这是提高企业成绩的唯一途径。"为此，本章拟借鉴《孙子兵法》谋略指导企业竞争和企业竞争战略的控制与实施展开论证，并归纳出其对金州管理战略的启示。

## 第一节 企业竞争战略的理论依据

孙子（孙武）博大精深的谋略思想在《孙子兵法》中用短短的6 000余字进行表述，许多谋略思想以成语的形式流传和记载。其中一些谋略正是现代企业竞争战略的理论依据。

### 一、"以迂为直"的谋略

《孙子兵法·军争篇》中说:"军争之难者,以迂为直,以患为利。故迂其途,而诱之以利,后人发,先人至,此知迂直之计者也。"同样,在企业竞争中,为了达到一定的目标或尽早地实现目标,就必须付出一定代价采用间接的做法来实现另一个目标,在另一个目标的基础上实现最终目标就容易了。

### 二、"以治待乱"的谋略

《孙子兵法·军争篇》中说:"以治待乱,以静待哗,此治心者也。"说的是企业内部管理要通过严格的规章制度,深入人心的企业文化来提高企业的整体实力,拥有良好的企业整体素质对于击败竞争对手是非常重要的。

### 三、"非利不动"的谋略

《孙子兵法·谋攻篇》中说:"故明主虑之,良将修之。非利不动,非得不用,非危不战。"说的是利润的大小是企业管理成功与否的重要标志,企业所采取的一切行动的方式和手段都必须围绕"利益"这个中心来展开。

### 四、"修道保法"的谋略

《孙子兵法·形篇》中说:"善用兵者,修道而保法,故能为胜败之政。"孙子所谓"修道保法"是指在各方面修活先胜之道,以保证实现"自保而全胜"的法度。在企业管理中,要求企业采取有效的措施创造不被对手战胜的基础,也就是从人、财、物、产、供、销等方面确保自己处于不败之地后再谋求全胜对手。

## 五、"悬权而动"的谋略

《孙子兵法·军争篇》中说:"乡分众,廓地分利,悬权而动。先知迂直之计者胜,此军争之法也。""悬权"为悬挂秤砣的意思,说的是称量物体重量时,要等到秤砣平衡下来才能确定。也就是说,在任何行动前,一定要权衡利弊。不可轻率。企业在进行战略决策时,要小心谨慎地分析利弊,既要考虑到成功的利益,也要考虑到失败的成本,更要考虑到各种可变因素对结果的影响,选择更有利自己的方案而行之。

## 六、"破釜沉舟"的谋略

《孙子兵法·九地篇》中说,"帅与之深入诸侯之地,而发其机。沉舟破釜,若驱群羊,驱而往,驱而来,莫之所之。"企业也可以采取这种手段激励员工,通过外界条件的剧烈变化,使员工产生强烈的认知感,进而产生巨大动力,齐心协力战胜困难。这就是企业在必要时进行"危机管理"的理论依据。

## 七、"上屋抽梯"的谋略

《孙子兵法·九地篇》中说:"帅兴之期,如登高而去其梯。"就是以小利进行诱惑,待上钩后,抽去梯子,使对手进退无路,只得就犯,从而实现更大利益。为此,企业在制定竞争方案时,切记勿以"利"小而为之,因为可能存在陷阱。

## 八、"亲而离之"的谋略

《孙子兵法·计篇》中运用这一谋略就是要离间对方联盟,分化瓦解对方优势,积极争取我方优势。企业在市场竞争中,面对的竞争对手如果联合起来在实力或影响上超过自己时,就必须采用这一谋略离间对手联盟,削弱对方联盟的实力,确保自己处于优势地位。

## 九、"攻心为上"的谋略

《孙子兵法·攻谋篇》中的这一"上兵伐谋"思想的发展,就是通过斗智斗谋,达到"不战而屈人之兵"的目标。企业竞争中,采用攻心的谋略,综合利用各种资源,以强大的资金、技术优势为后盾,使自己强大的实力给对手产生巨大的威慑力量,并结合具体的行动表现出来,迫使对手在决策时让步,实现"兵不顿而利可全"的目的。

## 十、"兵以诈立"的谋略

《孙子兵法·军争篇》中说:"兵以诈立,以利动,以分合为变者也。"不论军事斗争还是企业竞争,用"诈"来掩盖真实行动和目的是适用谋略取胜的本质特征。

## 十一、"攻其必救"的谋略

《孙子兵法·虚实篇》中说:"我欲战,敌虽高垒深沟,不得不与我战者,攻其所必救也。"其目的在于,在企业生产中防止对手利用大量订单调动大量生产,防止对手在原料供应或价格等易于攻击的方面进行攻击,造成成本上升或交货期拖延,形成被动局面。因此,企业在各种渠道上要保持一定的警觉性,防止被对方调动。

## 十二、"顾详敌意"的谋略

《孙子兵法·九地篇》中说:"为兵之事,在于顺详情敌之意,并敌一向,千里杀将,此为巧能成事者也。"意为假装顺从对方的意图,因势利导,欲擒故纵,把对方的行动引向极端,使之出现错误,再集中力量乘机攻击。这一谋略在企业兼并中可以适用,如在股票市场购买对方的股票,达到控制对方的目的时,要警惕被兼并方的表面现象和其实质举动的差异,要防止被对方迷惑,使收购被引向错误方向,要警惕被对方抓住弱点,乘机反击。

### 十三、"荣辱与共"的谋略

《孙子兵法·计篇》中说:"道者,令民与上同意者也,故可与之死,可以之生,民弗诡也。"企业竞争犹如军事斗争,领导与员工只有荣辱与共,同舟共济,才能无往而不胜。企业领导在企业效益好时,要大力改善员工的福利待遇,解决困难;在企业困难,要为员工着想,使员工与企业共渡难关。

## 第二节 企业竞争战略的基本原则

俗话说:商场就是战场,兵法就是商法。众所周知,"知己知彼"是《孙子兵法》中包含的军事理论依据赖以生存的基础,是一切决策的出发点。在这个基础上形成的军事作战原则,均是企业经营决策的最好借鉴。只有在"知己知彼"的基础上,才能"百战百胜"。为此,企业竞争战略主要应遵循以下原则:

### 一、有备而战的原则

《孙子兵法·军争篇》中说:"胜兵先胜而后求战,败兵先战而后求胜。"《孙子兵法·九变篇》中说:"故用兵之法,无恃其不来,恃吾有以待也。无恃其不攻,恃吾所不可攻也。"意为对于任何作战都应该事先慎重计算、策划、论证,先创造胜利的条件,然后才同对手交战。不要指望对手不来进攻,而要做好让对手攻不破的充分准备,使自己在交战之前就立于不败之地。同样,在企业经营竞争中,在作出任何一项决策前,都必须综合分析考虑各种因素,做好充分准备。

始终使企业处于有利的市场地位，以确保企业在竞争中始终保持优势。

## 二、速战速胜的原则

《孙子兵法·作战篇》中说："兵贵胜，不贵久。"又说"故兵闻拙速，未睹巧之久也，夫兵久而国利者，未之有也，故不尽知用兵之害者，则不能尽知用兵之利也。"孙子认为，长期战争会造成大量人力、物力浪费，如果久战不胜不仅影响士气，而且劳民伤财。所以主张速战速胜，反对持久的战争。同样，在企业经营竞争中，能够快速占领市场的产品，就应该以最快的速度进入市场，给顾客造成先入为主的视觉，最大限度地压缩竞争对手能够利用的空间。国外有研究表明，相同的新产品同时投入市场的时间若滞后八个月，经营效益就会减少二分之一。因此，若企业的决策者具有速战速胜的经营理念，不但可以节约资源，提高效益，而且可以提高整个企业员工的士气。

## 三、避实就虚的原则

《孙子兵法·虚实篇》中说："水之行避高而趋下，兵之形避实而击虚。"《孙子兵法·势篇》中说："兵之所加，如以投卵者，虚实是也。"《孙子兵法·军争篇》中说："故善用兵者，避其锐气，击其惰归。"与对手交战，应避开对手强处，而攻击对手弱处，这样使其无法抵御。同样，企业竞争的过程，也就是如何发挥自身的强项与对手竞争，而保护弱处不被对手攻击的过程。选择对手的薄弱环节，集中优势力量进行攻击，进而击败对手。

## 四、争取主动的原则

《孙子兵法·虚实篇》中说："凡先处战地而待敌者佚，后处战地而趋战者劳，故善战者，致人而不致于人。"《孙子兵法·形篇》中说："先为不可胜，以待敌之可胜。不可胜在己，可胜在敌。"时时把握作战的主动权，能够用"示形"诱骗的方法调动对手，而不被对手所调动，使自己处于主动地位，使对手陷入被动地位。同样，企业竞争中不论是降低成本战略，还是创新竞争战略，都必须时时保持自己的主动地位，采取行之有效的谋略调动对方，否则不但达不到预期效果，反而使自己卷入对方设置的陷阱之中，处于被动地位，显露自己的弱点，遭到对方的攻击。

## 五、灵活善变的原则

《孙子兵法·虚实篇》中说："战胜不复，而应形于无穷。""水因地而制流，兵因敌而制胜。故兵无常势，水无常形。能因敌变化而取胜者，谓之神。"这个神就是灵活性，就是创造性。打仗要根据不断变化的形势来改变自己的战略战术，善于出奇兵以取胜，决不可死搬硬套，教条不变。同样，企业竞争也必须因地制宜，灵活善变，不断创新。要不断地根据经营竞争条件的变化，适时采取不同的策略，针对竞争对手运用不同的方法手段来实现企业的竞争目标，这一权变理念完全符合辩证法的运动和变化规律。

## 六、选拔将帅的原则

《孙子兵法·谋攻篇》中说："夫将者，国之辅也，辅国则国必强，辅隙则国必弱。"孙子十分强调将帅的地位和作用，主张慎重地选贤任能。《孙子兵法·计篇》中说："将者，智、信、仁、勇、严也。"应选择具有智谋才能，赏罚有信，爱护士兵，勇敢果断，军纪严明的人担任将帅。《孙子兵法·地形篇》中说："故进不求名，退不避罪，唯民是保，而利合于主，国之宝也。"这体现了将帅的重要地位和作用。同样，企业领导对于企业竞争和发展的作用至关重要。许多成功和失败的例子告诉我们，企业领导者的决策给企业带来的结果差异非常之大，因此企业领导者的素质要求远比古代军营将帅的要求高，这是由现代企业所面临的复杂环境和竞争目标所决定的。

## 第三节　企业竞争战略的控制与实施

《孙子兵法·九变篇》中说："是故智者之虑，必杂于利害。杂于利而务可信也，杂于害而患可解也。"为此，经过权衡利弊而形成的企业竞争战略，必须认真把握好控制和实施的全过程。在具体实践中，战略实施过程重在反馈调节机制上。反馈是指控制系统把信息等资源输入执行系统，并对输出的结果进行控制，优化选择，再输入执行系统，从而影响输出结果的过程。战略的反馈是把战略在执行过程中不断变化的宏观的、微观的各种情况搜集起来，进行分析研究，根据新的情况和条件，对原有战略进行修改、调整或更换新战略的过程。为此，应着重把握以下战略的实施和控制：

### 一、"创新领先"战略的控制与实施

创新领先，指企业不论在产品还是服务上均有超过竞争对手的独到之处，拉开与竞争对手的差距，使自己处于领导潮流的地位。企业实施"创新领先"战略体现了《孙子兵法》中"出奇制胜"的思想，即"攻击不备，出其不意，出其所不趋，趋其所不意"。

采用"创新领先"战略，一般要求在研究经费和科技力量等方面，实行超前风险投资，投资成功将会带来丰厚的经济效益，而投资失败将造成巨大的成本浪费，这一战略是企业发展战略中风险最大的战略，是某一行业中实力最强，力图成为行业领先者的大型企业才能采用的战略。对于实施这一战略的控制应体现在：

（1）创新与风险的把握。这是因为"创新领先"战略是与高风险紧密联系在一起的。为了使产品在某一项技术上达到创新的目的，而把企业的整体风险提高到企业没有调整余地的地步，是得不偿失的，也是缺乏战略眼光的表现。因此，"创新领先"战略在实施时，要密切关注竞争对手的动态，把握自己所处的地位。在高新技术变化日新月异的市场经济条件下，哪怕只有一个小小的失误被对手抓住，便会失去实施"创新领先"战略的意义，便会在较短的时间内从领先地位变成落后，甚至面临被淘汰的局面。

（2）创新与降低成本的把握。一般来说，成功地开发一项新产品，领先竞争对手，所花去的代价是相当大的，虽然有非常可观的经济回报，但也要时刻防止采用"滞后型"战略的企业虎视眈眈，更要防止实行"低成本"战略的企业带来的巨大压力。因此，在创新过程中一定要时刻注意市场和原材料的变化带来的影响，以便及时调整策略，降低开发成本，最大限度地减少风险。

（3）创新的果断把握。在分析创新能为企业实现既定目标时，要果断行动，否则会贻误战机或给对手留有采取对策的时间；在指导实施"创新领先"战略时，要把握好超前研制符合市场发展规律的，满足顾客即将到来需求的产品，防止不切实际的，一时冲动的急功近利的思维方式主导创新。

## 二、"低成本"战略的控制与实施

"低成本"战略是指企业在竞争中始终以低于竞争对手的成本而占据行业领先地位，实现利益最大化。实施这一战略实质上体现了孙子的"不战而屈人之兵"的全胜作战思想，即在攻击和消灭对手的同时又尽可能保护自己不受损害，并进一步发展自己。对于实施这一战略的控制应体现在：

（1）降低成本决不能降低产品质量。实施低成本战略的前提条件就是不降低产品质量。我们都知道，不论是家用电器还是汽车、机器、设备，日本的产品就比较便宜。但日本企业在开发新产品时，在实施"低成本"战略过程中大多走以下程序：研制开发新产品——新产品达到各项技术要求——新产品质量稳定但成本较高——采取各种途径千方百计降低新产品成本但不降低质量——实现低成本高质量的战略目标。事实证明，如果企业为了竞争单纯注重追求低成本而损害了已经在消费者心目中树立产品良好的品质时，要想重新恢复原先的状态，必将付出更多更大的人力、物力、财力和精力来弥补，有时甚至连弥补的可能性都没有。

（2）降低成本决不能改变产品的特色定位。低成本固然是新产品占领市场的重要手段，但如果忽略产品本身的特色定位，而一味追求低成本，就可能会在定位上让消费者产生错觉，进而损害产品形象，导致市场份额下降。由于产品的特色定位滞后，而市场的发展变化大，再加之错误地运用低成本战略，其结果必将导致高成本的付出。

## 三、"避实就虚"战略的控制与实施

如果"创新领先"战略的特点是主动进攻，"低成本"战略的特点是攻守兼备，那么"避实就虚"战略的特点就是在稳固的防守条件下的进攻。"避实就虚"战略符合孙子"强而避之"的战略思想，在主动回避自己薄弱之处，并做好必要准备使自己立于不败之地的前提下，另谋其他胜敌之策。这一战略适用于在行业中处于挑战者地位的企业。在具体实施这一战略的控制具体表现在：

（1）企业的发展壮大，要求企业行为以攻为主，先保护自己弱处，再另辟蹊径寻找合适的进攻对手的方法。先避开对手锋芒，保护好自己的弱处，然而把重点放在进攻上。

（2）实施这一战略要密切注视对手的市场效果与技术缺陷，抓住时机，改进自己的产品，在较短的时间内推出弥补对手缺陷的产品并占领市场。

（3）对竞争对手的攻击，在时机的把握上不能等到其已形成规模效应，或已在顾客中产生深刻影响后攻击对手，因为竞争对手的优势增大会给产品竞争带来更大的困难和更高的成本。

## 第四节 企业竞争战略对金州的启示

企业竞争战略的关键是要注重坚持六大原则，即有备而战的原则、速战速胜的原则、避实就虚的原则、争取主动的原则、灵活善变的原则和选拔将帅的原则。而金州在经济社会发展中重在加强管理、科学管理，通过管理来提高效益、加快发展。要实现管理的最大效益，首先应制订和实施好金州管理战略。为此，金州制订和实施管理战略中就是要在谋划发展、制订战略上下工夫，注重"有备而战"；就是要在拼速度上下工夫，突出一个"快"字，做到"速战速胜"；就是要在发挥优势、因势利导上下工夫，注重"避实就虚"；就是要在积极进取、开拓创新上下工夫，努力"争取主动"；就是要在灵活机动、突出特色上下工夫，在市场竞争中坚持"灵活善变"的原则；就是要在选人用人、培养使用人才上下工夫，始终遵循"选拔将帅"的原则，努力做到选贤任能。

总之，在企业竞争战略管理中，《孙子兵法》为之提供了诸多良好借鉴，充分体现出商场如战场、竞争似战争的氛围。因此，金州应在经济社会管理的实践中学习好、感悟好、借鉴好《孙子兵法》的谋略精华，借鉴好企业竞争战略的重大原则，并用以指导金州的战略管理，推动管理战略的有效控制和实施，从而促成金州在经济社会发展竞争和后发赶超中大获全胜。

# 第九章 发达国家提出"再工业化"与金州发展战略

有经济学家说过:"如果说'去工业化'去掉的是低附加值的加工制造环节,那么'再工业化'实际上是制造业产业链的重构,重点打造高附加值环节。"国际金融危机爆发以后,为了重振本土工业,美欧等发达国家(特别是奥巴马当选美国总统后)将"再工业化"作为重塑竞争优势的重要战略,推出了大力发展新兴产业、鼓励科技创新、支持大中小企业协调发展等政策和措施。为此,为了应对发达国家(特别是美国)"再工业化"战略带来的挑战,党的十八大提出了"我国应提高工业企业的国际化水平,加大科技投入,大力推进技术改造和自主创新,积极主动地投入到战略性新兴产业中去"的总体要求。

按照党的十八大报告的总体要求,围绕"再工业化"的问题,笔者想与大家共同交流和探讨以下问题,即关于"再工业化"提出的背景;关于"再工业化"的内涵;关于发达国家"再工业化"的举措;关于"再工业化"对我国制造业发展的挑战与启示;关于"再工业化"与金州发展战略。

## 第一节 "再工业化"提出的背景

要想知道什么是"再工业化",应先了解"工业化"和"去工业化"的概念。"工业化"是指一个国家的工业特别是制造业在国民生产总值的比重不断上升,以及工业人口在总就业人口中比重不断上升的过程。"去工业化"则可理解为与"工业化"相反的过程(即不要工业化、放弃工业化、不搞工业化)。

20世纪80年代至今,世界制造业格局发生了较大变化。变化的一个主要特点是发达国家经历了一个"去工业化"过程,劳动力迅速从第一、二产业向第三产业转移,制造业占本国GDP的比重和占世界制造业的比重持续降低,制造业向新兴工业化国家转移,发展中国家尤其是中国制造业快速崛起,发达国家汽车、钢铁、消费类电子等以往具有优势的制造业面临严峻挑战。

这种变化在各国的表现各异,世界制造业增加值从1980年的27 900亿美元增加到2010年的102 000亿美元。期间,美国制造业增加值从5 840亿美元增加到18 560亿美元,占世界制造业增加值的比重从20.93%降低到18.20%。德国制造业增加值从2490亿美元增加到6 140亿美元,占世界制造业增加值的比重从8.91%降低到6.02%。法国制造业增加值从1 400亿美元增加到2 680亿美元,占世界制造业增加值的比重从5.02%降低到2.63%。英国制造业增加值从1 260亿美元增加到2 310亿美元,占世界制造业增加值的比重从4.52%降低到2.26%。形成鲜明对比的是,中国制造业增加值从1 330亿美元增加到19 230亿美元,占世界制造业增加值的比重从4.78%增加到18.85%。中国制造业经历了一个在规模上赶超主要发达经济体的过程。1980年中国制造业增加值远远低于美国和德国,与法国、英国相当。但1990年以来,中国制造业增长较快,制造业增加值先后超过德国、美国等世界制造业强国,2010年成为世界制造业第一大国。

"去工业化"不仅削弱了一国制造业的国际竞争力,也对该国就业产生了很大的消极影响。1980~2010年,美国制造业增加值占GDP的比重从21.1%降低到11.7%,制造业就业人数占总就业人数比重从21.6%降低到11.7%,制造业就业人数占总就业人数比重从21.6%降低到8.9%。最近几年,虽然制造业占GDP的比重大体稳定在11%以上,但制造业就业人数的比重仍然呈现下降趋势。截至

2010年,美国总就业人数为12 982万人,制造业就业人数仅为1 152万人。由于欧盟大部分成员国或多或少存在"去工业化"现象,主要涉及纺织与服装业、汽车等行业,欧盟统计局的数据表明,从1996年到2007年工业占欧盟GDP的比重从21%降至18%,工业部门吸收的就业人数从20.9%降至17.9%,这意味着欧洲因为"去工业化"失去了280万个就业岗位。

过度依赖以金融业、房地产为代表的虚拟经济,使欧美等发达国家在此次国际金融危机中遭受重创,市场大幅萎缩。2009年我从网上了解到英国诺丁汉大学某新校区的情况,这个新校区以前是一个自行车厂房,现在这个自行车厂家品牌还是英国的,但是生产环节全部在中国了。英国"去工业化"后剩下的支柱产业是什么呢?是金融、教育、文化产业。金融危机一爆发,国家财富就缩水了。现在他们重新提出"再工业化",说明他们确实感受到了危机,觉得在这特殊时期,没有实体经济还是很危险的,容易受到很大的冲击。美国的情况也类似,所有同样也提出要"再工业化"。2008年金融危机全面爆发后,"去工业化"致使发达国家抗危机能力不足这一弱点充分暴露,因而重归实体经济,推进"再工业化"战略被发达国家提到产业结构调整的重要议事日程。

2013年年初美国总统奥巴马发表国情咨文,强调为了让美国经济"基业长青",美国需要重振制造业,并表示将调整税收政策,鼓励企业家把制造业工作岗位重新带回美国。日本财务省发布的统计数据显示,2011年日本出现自1980年以来的首次贸易逆差。虽然出现逆差的部分原因是地震海啸等临时性因素,但从长远来看,产业转移造成的制造业空心化是日本出现贸易赤字的趋势性因素。因此,日本政府将出台措施,着力扭转制造业流失局面。虽然欧债危机让整个欧洲陷入经济不景气,但是德国、英国、法国等国家依然积极投入调整产业结构,重振制造业。

发达国家的这些计划与行动传递了一个重要信息,即20世纪七八十年代至今是发达国家"去工业化"、产业转移的时期,包括我国在内的发展中国家抓住了机遇,通过改革开放承接了制造业的转移,制造业得到大规模发展,至今带动经济的高速增长。但这一进程可能会逆转,未来十年可能是欧美等发达国家"再工业化"、在新一轮技术进步与工业革命中夺回制造业的十年。发达国家的"再工业化"战略必然会对全球产业,尤其是制造业活动的空间分布以及各国产业结构的调整产生影响。

## 第二节 "再工业化"的内涵

从概念来说,韦伯大词典对"再工业化"的解释是:一种刺激经济增长的政策,特别是通过政府的帮助来实现旧工业部门的复兴和现代化,并鼓励新兴工业部门增长。从历史文献上看,"再工业化"概念最早源于20世纪80年代美国是社会学家艾米·泰克。他提出这个概念,主要是针对美国在上世纪六七十年代所遭遇的一些经济问题——过度消费和投资不足——损害了美国的生产能力。他认为解决当时美国的这些经济问题应该通过"再工业化"以吸引大量投资,将新技术引入制造业,提高生产效率,恢复美国经济增长。

对于全球经济今天正向第三次产业革命推进的背景下,网络经济与实体经济的相互融合程度日趋加深,生产能力的复苏与增长必是奠基于新的生产方式之上的,即以互联网为支持的智能化大规模定制的生产方式。这是理解当前"再工业化"的关键,从"工业化"到"去工业化"再到"再工业化"这样一个循环的过程,表面上反映了从实体经济到服务经济再到实体经济的回归,实际上体现了服务经济真正服务实体经济的发展战略,符合经济形态螺旋式上升的发展规律。但是,后面的实体经济与前面的实体经济是不一样的,这是一个更加强壮、稳定,能够抗击经济衰退的实体经济,着重发展高端制造业,谋求产业结构的高级化。如果说"去工业化"去掉的是低附加值的加工制造环节,那么"再工业化"实际上是对制造业产业结构链的重构,重点打造高附加值环节。

美国制造业协会对美国"再工业化"提出了四大雄心勃勃的目标。一是从现在到未来要使美国成为世界上最优越的制造中心和吸引国外直接投资的地方。二是拓展全球市场，要使美国制造商的市场扩大到95%的国外顾客。三是要使美国制造商拥有符合21世纪经济需求的劳动力。世界级的制造业需要世界级的人才，美国制造业如果想保持其在世界中的主导地位，必须拥有国内外最优秀的高技能人才。这些人才必须精通科学、技术、工程、自然、数学等领域的知识，掌握制造业所需要的技能。四是要使美国制造商成为制造业的创新主导者，美国必须保持研发活动，保护制造商知识产权。从上述美国制造协会的四大目标以及美国已经出台的一系列法规政策来看，美国这次再提"再工业化"可能要解决四个问题。

## 一、继续保持在制造业价值链上的高端位置和全球控制者的地位

这是今天美国"再工业化"的本质。在制造业技术领先的位置上虚化，尤其是德国、日本、中国在制造业上的不断崛起，这是美国不愿看到的。德国在高端制造业上的进步对美国是一个刺激。美国提出要继续发展在制造业中技术领先的行业，继续推进技术创新、商业模式创新、管理创新、保持制造业技术领先和制造业价值链的控制力，特别是利用新技术、信息互联网的优势，给现有的制造产业重新定义，形成新的智能化的制造业。

## 二、推动美国经济结构和产业结构的合理化

过度的虚拟化和金融化与实体经济发展的脱节，是导致美国金融危机的导火线。所有美国人希望通过"再工业化"在制造业和金融服务业之间形成一种新的融合和配置，提高产业的投资水平来推动美国经济的复苏。美国的金融和现代生产性服务业比较先进和发达，美国完全可以利用这个优势进行"再工业化"。我们都知道，

制造业和生产服务业是密切相关的、互为融合的，所以美国可以利用金融和现代生产性服务业上的优势，推动制造业领先技术的重新恢复，形成良好的互动，使美国产业结构合理化和高级化。

### 三、用新的信息技术对传统的劳动密集型制造业重新整合发展

通过技术创新提高传统制造业劳动效率，降低单位劳动成本，提高其在国际上的竞争力。同时使提高了技术含量的劳动密集型制造业重返美国，进而增加美国人的就业机会。如果没有制造业，那么蓝领工人的就业问题就很大，想要通过消费刺激美国经济的增长也会有问题。

### 四、积极推动科技创新，创造新的产业

美国等发达国家技术力量和创新能力强大，很多新兴产业源于美国。美国不仅善于创造新的产业，而且善于创新商业模式，这可能成为"再工业化"的中坚力量。美国长期存在比较严重的贸易赤字，贸易的不平衡对美国经济影响很大，而贸易不平衡问题的解决，需要通过制造业特别是高技术制造业与高端服务产品的出口来缓解。

## 第三节 发达国家"再工业化"的举措

### 一、美国"再工业化"举措

近年来美国为了确保"再工业化"战略的顺利实施，已推出了一些相互配合的政策和措施，如大力发展新兴产业、鼓励科技创新、支持中小企业发展等，力图加快传统产业的更新换代和科技进步，以推动美国经济复苏。

1. **对未来技术创新与先进制造业等有外部效应的基础性产业领域投资**

2009年2月17日,美国签署《2009年美国复兴与再投资法》,推出了总额为7 870亿美元的经济刺激方案,其中基础设施建设和科研、教育、可再生能源及节能项目、医疗信息化、环境保护等成为投资的重点。2010年,美国在清洁能源技术和产业、医疗卫生领域出台了一系列新的计划与政策措施。仔细分析这些投资方向可以发现,美国政府的做法是在一些基础产业如信息、通信、材料、清洁能源、环境、气候与医疗上加大投入,而这些产业不光是制造业的基础,也是整个经济社会发展的基础。

2. **通过立法振兴制造业,推动实体经济与虚拟经济的融合**

美国曾经是全球制造业产值最大的国家,但近些年制造业在美国GDP总量中的比重却在逐年下降。近年来美国对等虚拟经济进行大制造业的优势地位逐渐转向实体经济,加强制造业的有关立法工作,鼓励制造业研发创新及产业化,大力培育新兴先进制造业,为制造业提供积极的金融支持等。

3. **政府追加投入,广泛组织社会资本,鼓励民间科技创新**

金融危机发生后,美国并没有因此而大幅度减少研发投入。2010年在联邦部门研发拨款中,美国国家科学基金会、能源部科学办公室和国家标准技术研究院为代表的基础研究主体的研发拨款朝着十年内翻番的目标稳步前进,而且目前美国还鼓励民间参与科技开发,如鼓励民间投入航天领域,开展航天制造业发展,创新清洁煤技术的商业化模式,鼓励私人投资进入宽带服务领域等。

4. **培育"再工业化"的主体,引导海外美国制造业企业回归本土**

"去工业化"过程中美国的中小制造业企业纷纷迁移到国外,因为美国的劳动力成本太高。然而中小企业在就业、技术创新等方面起着重要的作用,美国人于是把中小企业视为实施"再工业化"战略的主体力量,维持相继出台了一系列鼓励和支持中小企业发展的新计划,以帮助小企业渡过信贷紧缩难关。2009年12月11日,美国政府将7 000亿美元问题资产救助计划的剩余资金用于扶持政策,降低公司税费,如果外资把公司建在美国获得降税,把公司开在美国的某个贫困地区,税费更低。

### 5. 鼓励产学研合作,培养制造业世界级人才

2011年,奥巴马总统推出了"高端制造合作伙伴"计划。该计划由道氏化学公司和麻省理工学院共同领导实施,而非政府部门直接负责实施,主要致力于四方面的工作:建设国家安全关键产业的国内制造能力,缩短先进材料从开发到推广应用的时间,投资新一代机器人,开发创新型的节能制造工艺。这是美国"官产学研"协同作战振兴制造业的一项重大举措。同时,美国认为目前尽管美国劳动力的成本比较高,但美国劳动力的生产效率和素质也是世界最高的。世界级的制造业需要世界级的人才,美国如果想保持其制造业在世界中的主导地位,必须培养和拥有国内外最优秀的高技能人才。

## 二、欧洲"再工业化"举措

伴随美国推进"再工业化",欧盟方面的工作也相继展开着。今天的欧债危机推动了欧盟成员国对实体经济与虚拟经济关系的重新审视,制造业的地位再次受到重视,多个成员国提出要"再工业化"。从欧盟层面和多个成员国的官方文件来看,欧洲的"再工业化"绝不是简单地依靠政府力量增加制造业比重,而是着重于加强制造业的竞争力:一是继续巩固与强化传统产业的某些环节和优势产业在技术、产品质量、品牌、环保等多方面的既有优势;二是努力在新兴技术产业的角逐中抢占制高点。

虽然德国、法国、英国等国家进行了"去工业化",但是目前从工业产品的技术含量、质量、品牌、环保要素等多方面综合考虑,欧洲这些国家的制造业竞争力仍然是最强劲的。一批重要的制造业依然给欧盟经济带来重要经济支持,如商用飞机、汽车、智能

设备制造业等获得的附加值也是全球最高的。

另外,欧盟还掌握着接近50%的全球工业技术标准和产品规则。这些因素都是欧洲"再工业化"的有利条件。如果欧洲在未来若干年切实制定并执行"再工业化"战略,那么其工业优势地位势必得以巩固和加强。

面对"去工业化"在产业结构和就业方面的威胁,欧盟委员会几年前提出了欧盟工业政策的方向与目标,其重点是促进创新,并启动了以下方案:2007年成立欧洲研究事会;2008年建立欧洲创新技术学院;实施联合技术倡议,研发如卫星监测环境与地球安全、微电子工艺燃料电池、药物创新等技术与工艺,以提升"再工业化"进程。

## 第四节 "再工业化"对我国制造业的挑战与启示

### 一、"再工业化"对我国制造业的挑战

当前的发达国家"再工业化",实际上就是在走一条经济转型之路,给我国的制造业转型升级带来诸多挑战与启示。

**挑战一:我国制造业竞争力可能大幅度减弱**

改革开放30多年来,我国已经成为名副其实的"制造大国",2010年我国制造业产出居世界之首。劳动力成本低廉曾经是我国制造业得天独厚的优势,也是我国制造业产品在国际上有一席之地、有相当竞争力的关键。然而,中美劳动力成本正发生着此长彼消的变化。美国波士顿咨询公司对这一趋势非常关注,2011年推出了《美国制造复活》的报告,称"中国的工资水平以年均15%~20%的幅度在上涨,如果持续下去,2015年前后美国南部等地的生产成本将低于中国"。因此,制造业回归美国就成为企业的重要选择,而我国制造业如果没有了劳动力成本优势,转型升级将成为"中国制

造"的唯一选择。

**挑战二：我国出口制造业可能会受到巨大冲击，加工贸易有可能衰落。**

过去发达国家"去工业化"，大量的制造生产环节外包给发展中国家。在不同的今天，一些新的制造生产方式对土地等要素的占用很少，不需要很大的厂房，可以实行"销地产"，大大超越了传统的"产地销"模式。这样的新技术革命可以使新兴制造业重新流回发达国家，增强国际竞争，从而对我国的出口制造业形成巨大冲击。

**挑战三：发达国家可能继续成为新一轮产业全球分工体系中的控制者，而发展中国家依然成为被控制者**

改革开放以来，我国制造业通过引进、合作、创新发展到今天已经有了很大的规模。但在整个国际产业分工体系中，我国的制造业一直处在价值链的低端，而发达国家的制造业则处在价值链高端，而且通过关键技术、产业标准、产品标准等控制了产业的价值链、制造业的供应链。所以，我国目前的制造业应该说是依附型制造业，均依附发达国家的关键技术、市场、订单。这一次的"再工业化"将建立在新一轮技术革命的基础之上，发达国家的信息道路通畅，分销网络广泛合理，市场环境交易便捷，而且发达国家民众总体富裕，更具备个性化消费的条件。这就为他们的新一轮工业革命及制造业生产方式的变革创造了市场条件，为他们成为21世纪产业分工体系中的领先者、控制者创造了条件，也为他们未来进入我国高端消费市场创造了先机。

**挑战四：我国与美国等发达国家在创新竞争力上还有很大差距，这个差距还可能加大**

美国等发达国家创新往往以市场为导向，市场导向的创新容易产业化并产生经济效益。在创新的过程中政府会发挥作用，但不是指定发展的方向，而是充当"我为企业创造什么条件"的角色，这是非常重要的。我国在创新方面很重视，但具体到创新的市场导向、创新的制度与激励机制、知识产权保护等方面依然问题重重。美国政府的"再工业化",首先想到拿钱出来是建设信息高速公路,加快信息传输速度,提高全民学习能力;其次是投资教育和培训,因为未来的工业革命也好技术革命也好,人力资本都是最重要的。

## 二、"再工业化"对我国制造业的启示

美国已走过了"工业化"和"去工业化"阶段,在重新发展不一样的工业化道路,中国不能简单模仿,但是共性的东西还是可以借鉴的,比如他们"再工业化"很强调技术创新体系的构建等。中国要走自己的路,要发展自己优势的传统产业,我们构建战略性新兴产业时要关注在关键技术上有可能突破的产业。

### 1. 启示我国在"再工业化"阶段要明确制造业转型升级的思路

目前我国正处在产业结构调整时期,有一种观点认为我国经过这么多年的工业化,现在开始进入后工业化时代——服务经济时代,应该大力发展现代服务产业,许多传统制造业应该转移淘汰出去,这叫作"去工业化"观点。当然这只是一个方向,但这是美国等发达国家已经走过的路。发达国家的"再工业化"不单纯否定制造业,我们目前的产业结构调整、制造业转型方向与方式是否可靠?显然是需要认真研究的大问题。

我国当然需要发展服务经济,包括生产性服务业,因为相对制造业发展,我国的生产服务业长期发展迟缓,落后于制造业发展的状态是我国产业体系存在的一个重要问题。但是发展生产性服务业的目标,是为了促进制造业的转型升级。这个转型升级不应该是简单地仅仅考虑引进发展一些战略性新兴产业,发展战略性新兴产业不应该仅仅在老的制造业生产方式、制造模式里面兜圈子,而应该目标远大,瞄准能够引领未来新一轮工业革命或"第三次工业革命"的新技术。换句话说,我们要判断出新的发展方向,率先在"第三次工业革命"过程中做些布局和投入。我们过去说的一个概

念叫"新型工业化"道路,那什么叫"新型工业化"呢?现在看来就是要抓住"以互联网为支撑的智能化大规模定制的生产方式"。这一生产方式具体表现在:第一,今天的互联网既是新型平台,又是交易平台和生产控制平台。通过计算机控制的联网智能化制造设备在收到指令后,就可以自行分析、决策、进行操作。毫无疑问,未来的新生产方式必然依托互联网;第二,智能化意味着智慧型计算机嵌入制造设备后能够使生产设备更快地感知、自我反应、计算判断、分析决策、操作;第三,满足个性化需要的产品的大规模定制生产成为可能,部分已经成为现实。比如大规模的定制西装已经成为现实,成千上万个性化数据输进去,计算机排版激光剪裁,快速便捷。又如德国大众的辉腾汽车,开设的是定制店,可以根据消费者的需求制造不同的车。

从短期来看,扩大投资发展新兴制造产业,进行产品技术提升,进行品牌价值提升等都很重要,但面向未来我国的产业体系应该更多地建立在现代服务于新型制造业融合,建立在新的工业生产方式、新的组织方式和新的生产制造模式的基础之上。

## 2. 启示我国在"再工业化"阶段要努力发展先进制造业

在面对发达国家今天的"再工业化"的情况下,我国制造业的转型升级有了更高的要求,要求我们抓住新一轮工业革命的机遇,发展先进制造业、战略新兴产业。先进制造业有三个特征:一是技术含量较高,以高新技术为核心;二是创造附加值比较高;三是从未来的要求看,应该符合低能耗、低污染的低碳经济要求。

我国先进制造业应该建立在知识创新能力与人力资源基础之上。先进制造业也有低端的制造环节,我们不能把先进制造业中的价值链低端环节当作我们的先进制造业,而是要从该产业是否处在价值链的高端环节,是否主要依赖于知识与智力资本,是否能够创造高附加价值来判断。中国地域广阔,地区劳动力水平差异非常大,制造业空间的重组和转移是未来需要考虑的,我国沿海地区应着眼发展先进技术的制造产业。

### 3. 启示我国政府在"再工业化"阶段要为产业转型升级服务

政府对制造业转型究竟应该起到什么作用？在这一方面，美国政府的做法是政府不明确具体的产业选择。因为政府想让市场去发挥功能，而不是政府去替代市场做出决定。从政府层面来说，就是把制度搞好，完善市场使其更透明化。美国政府目前做四件事：一是提供制度环境；二是提供能够保护私人财产和促进有效竞争的法律体系；三是支持基础研究，提供平等的教育机会，加强人力资源的开发；四是政府不是要做所有的事情，但是要把做的事情做好。相比而言，我国的市场还不是很成熟。从逻辑上来讲，市场不成熟状态下政府就应出面干预了。问题在于"干预什么，怎么干预？干预的范围和干预的层面是什么？哪些适合，哪些又是不合适的？"所以，美国的做法值得我们借鉴。

我们应该更多地考虑我国制造业转型升级的制度设计问题。改革开放30多年我国所取得的经济与制造业发展的巨大成绩，在本质上是制度改革与市场机制建设的结果，所以今天我国制造业的转型与发展成为先进制造业，从某种意义上来说，应该深入思考我们的制度环境与政策环境有哪些需要进一步改善，这才是关键所在。

## 三、我国制造业转型升级的基本对策

### 1. 要更大胆地进行创新的制度建设和知识产权制度的改革

创新的制度建设的关键在于创新激励机制能否建立。经济学理论告诉我们，只有创新者分享到了创新带来的红利才能有更大的动力投入下一步创新，要形成正向的反馈。虽然我们在知识产权保护方面有了很大的进步，但还需要进一步努力，我国的知识产权保护今天需要更准确的界定和更严格的执法。

### 2. 要进一步深化教育制度改革，为制造业升级培养更多人才

现在的教育分两块，一是普通教育，二是职业教育。美国的普通教育很强，但职业教育却没有德国好。我们常说德国制造非常精

良,原因就在于它有一支庞大的熟练的技术工人和工程师队伍。我们现在谁又想当技术工人呢?职业教育做不好,我国制造业转型升级也无法顺利开展。

### 3. 要支持制造业转型升级,特别支持创新制造模式

中国要成为未来的工业强国,制造业转型升级是关键。政府要制定优惠政策引导企业大胆创新,引导企业围绕大规模定制化生产方式展开,开展新制造模式创新,进行商业模式创新。我国也应该对某些重要的制造业创新发展进行立法,尤其是对那些对制造业升级有重要作用的新能源、新材料、信息公路、通讯、环境保护等基础性产业进行技术创新推进,形成突破。

### 4. 要迅速完善我国的创新服务体系

我们国家一直提倡自主创新,也开始有了政府支持的公共创新服务平台。但是我们调研发现,这些公共创新服务目前存在效率不高、不方便、服务不到位的情况。尤其在信息文献共享方面问题很大,各个单位都有数据库但并不连通,检索很不方便,降低了知识积累与知识创新的效率。所以,在面对发达国家"再工业化"的挑战与新一轮工业革命时,如何完善我们的创新服务体系,成为关键所在。未来创新速度将决定竞争的成败,决定在未来全球产业新分工体系中我们将会占据什么样的位置。

## 第五节 "再工业化"与金州发展战略

主导产业的功能是推动发展,一般产业的功能是保持稳定。金州十二五时期的主基调是加快发展、加快转型、推动跨越,为此,必须充分发挥资源优势,尽快做大做强金州的工业产业。应努力在转型中大力培养自己的主导产业,使主导产业迅速更替并尽快产生带动作用,最大限度地产生关联作用,最大限度地产生推动发展的功能效用,只有这样,才能迅速做大经济蛋糕,民生等稳定问题也

才能随之解决。从金州的优势出发,在主导产业的培养上,就是要充分发挥能源和各种资源优势,努力做大做强电力、煤炭、化工、冶金、建材、制药、食品加工等支柱产业,通过主导产业的培养和更替,尽快实现"加快发展、加快转型、推动跨越"的目标。从发达国家提出"再工业化"的背景、"再工业化"的内涵和举措以及对我国制造业发展的挑战与启示中,金州应该如何应对呢?我们的回答是:坚持加速发展、加快转型、推动跨越的"主基调"和工业强州、城镇带动的"主战略"毫不动摇,创造性地开创金州工业发展的全新途径。

## 一、坚持走新型工业化道路

所谓"新型工业化道路",就是党的十六大、十七大提出的"走科技含量高、经济效益好、资源消耗低、环境污染少、人力资源优势得到充分发挥的新型工业化道路"。当前,在全州上下仍然存在对新型工业化认识不尽一致的方面。如一些同志把新型工业化等同于发展高新技术产业、信息技术产业等,认为像金州这样的"欠发达、欠开发、欠开放"地区没有发展基础,难于实现新型工业化;另一些同志则认为就是要打压现有的资源型原材料工业体系,呼吁大搞新材料,发展新技术产业和装备制造业等。其实按照唯物辩证法的观点,新型工业化只是对生产条件简陋、浪费资源、污染环境、忽视人类健康和安全的传统工业化模式的否定,绝不是对现有工业产业自身的否定。

新型工业化的基本特征是"提高科技含量、增加经济效益、降低资源消耗、减少环境污染、发挥人的主观能动性"。其中"新"是相对于发达国家、发达地区所走过的传统工业化道路和我州过去的工业化程度而言的,并非是排斥我们现有的传统工业化产业。而且"新"即如何按新型工业化的要求改造和提升传统工业,努力创造条件发展装备制造业和高新技术产业。这才是我们应走的新型工业化道路。

## 二、一如既往地发展循环经济

循环经济是新型工业化的灵魂。循环经济是社会推动可持续发展的一种实践模式，其本质是一种生态经济。它应用生态原理指导经济活动，以资源的最大利用和循环利用为核心，以"减量化、再利用、资源化"为原则，以"低消耗、低排放、少污染、高效率"为基本特征，它是资源——产品——废弃物——资源化——再利用的循环过程。它要求在产品设计、生产、消费、回收、再利用等环节，通过技术进步实现资源的最大化利用，污染物的最小化排放甚至零排放。

循环经济有其规律性，离开循环谈经济，走不出粗放的发展模式；离开经济搞循环，循环之路也难以长远。为此，无论是从提高资源利用率、降低成本或是提升经济效益的需要出发，还是从减少污染、降低能耗、完成节能减排的硬任务看，越是能耗高、污染重的企业，越是需要搞循环，这就是我们资源型经济区域实现工业化的有效路径。因为它较好地兼顾了生态效益、经济效益和社会效益，既能有效地缓解资源约束和环境污染的矛盾，又能加快调整经济结构和转变经济发展方式，更是我们"欠发达、欠开发、欠开放"地区开启新型工业化之门的钥匙和检验工业化水平的试金石。

## 三、重在依托资源延长产业链

金州的矿产资源、水能资源、生物资源、农业特色资源、旅游资源和劳动力资源相对富足，是一个基础性资源十分丰富的经济区域。按照资源组合的经济学理论，需要引进人才、资金、技术等发展性资源来与之联姻，这是做大做强金州工业产业的重要途径。为此，我们必须立足于依托全州的资源优势，进一步扩大开放，大力招商引资、招财引智，就近地办园区、办工厂、搞加工，以不断延长工业产业链为目标，千方百计地实施西电西用和西煤西用方略，将各种矿产资源的开采与加工、旅游业的发展与旅游产品的加工等有机结合起来，最大限度地延长资源开发产业链，努力走出一条符合金州州情实际的资源型工业化道路。

### 四、创造条件引进搞新技术产业

高新基础产业是新型工业化的根本出路和终极目标，没有高新技术产业迅速发展的工业化是一种发育不良的残缺工业化，新型工业更无从谈及。但高新技术产业的引进和发展是需要具备条件的，并非想引就引，说发展就能发展。所谓"高新技术产业"，应包括信息技术产业、新兴战略性产业、新型材料产业、生物技术产业、装备制造业等，而这些产业均具备知识密集型、资本密集型、产品精致的特征。为此，作为像金州这样的知识匮乏、技术落后、资本不足、环境欠佳的工业基础薄弱地区，要想大力发展高新技术产业，必须先从"创造条件、夯实基础、打造环境、培养人才"等基础性工作做起；必须着力发展循环经济，在延伸资源型工业产业链上下工夫，只有在循环经济和资源型工业大力发展的前提下，在工业园区建设规模化、规范化的前提下，才有可能引进和发展高新技术产业。

总之，发达国家提出"再工业化"的战略举措，是重新审视和把握经济发展规律的具体表现，是对我们的警示和提醒：工业化重在制造业，而制造业就是实体经济，实体经济是永远不能放弃的！

# 第二部分 金州经济管理论

# 第十章　金州经济发展思路综述

伴随着〔1981〕国函字121号批复的行文，1982年5月1日，黔西南布依族苗族自治州宣告成立了。作为新中国最年轻的自治州之一，它整整越过了30个春、夏、秋、冬，而今已步入而立之年。

回顾黔西南州30年的奋进历程，金州州委、州政府始终坚持以马克思列宁主义、毛泽东思想和中国特色社会主义理论体系等重大战略思想为指导，牢牢把握抢抓机遇、加快发展这一主题，团结和依靠全州各族人民，开拓进取，奋力拼搏，全面和超额完成了"六五""七五""八五""九五""十五"和"十一五"计划（规划）的发展目标。经济社会发展循序渐进、和谐推进、综合实力逐年增强。至2011年底，全州国内生产总值从3.73亿元增加到375亿元，年均增长16.61%；财政总收入从0.2亿元增加到81.55亿元，年均增长22.18%；固定资产投资从0.61亿元增加到302亿元，年均增长22.98%；社会消费品零售总额从2亿元增加到106亿元；年均增长14.15%；金融机构存款余额从0.66亿元增加到471.6亿元，年均增长24.49%；贷款余额从0.55亿元增加到273.1亿元，年均增长22.99%。综上，金州总体呈现出经济发展循序渐进，产业结构优化升级，基础设施逐步完善，生态环境持续改善，民生保障力度加大，改革开放不断深化，社会事业和谐发展，社会管理适时加强，政府建设深入推进，综合实力明显增强的良好局面。

值得自豪的是，建州30年来，金州经济社会发展功勋卓著、成绩斐然。这是党中央、国务院，省委、省政府正确领导和亲切关怀的结果；是历届州委、州政府把握大局，审时度势，与时俱进，结合实际不断调整和优化发展思路的结果；是全州上下抢抓机遇、齐心协力、开拓创新、顽强拼搏的结果。

观念决定思路，思路决定出路。回顾建州30年来金州经济社会发展思路的形成过程，可以概括为四个阶段。

## 第一节 思路的探索阶段

1982年5月1日，第一届州委、州政府成立后，肩负着全面学习贯彻党的十一届三中全会精神，把全州工作重点转移到社会主义现代化建设上来，认真贯彻新时期党的"一个中心、两个基本点"的基本路线。首届州委书记、州长王安泽同志在州人民代表大会的报告中提出了"1982年，州委、州政府继续贯彻执行国民经济调整、改革、整顿、提高的方针，以经济工作为重点，以提高经济效益为中心，努力开创社会主义现代化建设新局面。1983年的主要工作任务：一是大胆改革；二是重视科学，办好教育，促进发展；三是大力抓好社会主义精神文明建设；四是搞好机构改革，加强政权建设"的工作思路。

1984年，时任州委副书记、州长的李昌琪同志在州人民代表大会的报告中说："从一届州人大二次会议以来，州人民政府集中主要力量抓经济建设。在农村进一步完善家庭联产承包责任制；在流通领域抓了供销合作社的体制改革、政府机构改革、教育改革和法制建设等工作，都取得了较好的成绩。"同时，他还提出了1984年的主要工作思路是："在经济工作中抓改革、开放、搞活六个字，贯彻以农业为基础、以工业为主导的方针，切实把工业摆在主导地位，搞好商品流通，把经济全面搞好。在商业方面，执行以国有经济为主导、多种经济成分并存的方针。工农业产品已经逐步放开，商业个体户发展迅猛，多种经济形式、多种经营方式、多种流通渠道的商业网络已初步形成。"

1987年6月，在第二届州人大代表大会上，李昌琪州长指出："只有坚持改革、开放、搞活的方针，经济才能持续稳步发展；只有坚持精神文明建设，才能保证经济建设顺利进行；只有坚持一切从实际出发，走发展经济的道路，才能保证全州经济持续稳定增长。过去的五年，全州经济发展之所以实现稳步增长，主要是坚持一切从实际政出发，实行国家、集体、个人一起上，走内涵挖潜与外延扩大生产相结合，发展大、中、小型企业，以中小型为主；发展轻、重工业，以重工业为主；开发州内外资源、以开发州内资源为主的发展经济的路子。闯出这样一条路子，是经济发展中探索出来的，需要全州不断提高认识，并在今后的工作中继续坚持下去。"由此可见，第一届州委、州政府履职期间，经过清理"左"的思想影响，全面贯彻落实党的十一届三中全会精神，逐步从闭关自守中解放出来，从一切实际出发中解放思想、放宽政策、改革创新，初步探索出了一条符合州情实际的经济发展思路。

## 第二节 思路的形成阶段

1987年至1992年，第二届州委州、政府任职期间，进一步深化对州情的调查研究，认真分析了黔西南州所处的地理区位和当时经济发展面临的外部环境，提出了经济发展的重点是："一要抓好对外开放，积极开展横向经济联合；二要结合实际，注重培育全州的支柱产业；三要调整经济结构，在公有制为主体的前提下大力发展多种所有制经济；四要加强以能源交通、通信为主的基础设施建设，改善投资环境"。在这一总体发展思路的指导下，在对外开放与横向经济联合方面：一是倡导成立和发展了黔滇桂三省（区）五地州经济协作会，通过协作共同向国家机关反映一些带共性的问题（如加快南昆铁路建设、珠江上游防护林工程建设、建议国家沿南昆铁路布局经济走廊等）；二是广泛宣传，扩大横向经济联合范围，使合作联合拓展到沿海开放地区、大专院校和军工企业等；三是加快了对外开放步伐，赢得了国家的重视和支持（如南昆铁路列入国家计划并开工建设、程控电话等通信设施获国家批准建设、建立了"星火计划、科技扶贫"试验区、引进了世行、亚行贷款等），初步打开了全州对外开放的大门。在支柱产业培育方面：提出了工业要开发金、锑、煤、铁和烟、酒、糖、茶、果或"绿、黄、黑、白"的发展思路。随后被归纳为以煤、电为龙头的能源工业；以黄金、锑为龙头的冶金工业；以水泥为龙头的建材工业；以化肥为龙头的化工工业；以烟酒糖茶为龙头的轻工工业。

1992 至 1997 年，是第三届州委、州政府任期的五年，期间全州形势发生了较大变化。在邓小平同志南方谈话精神的鼓舞下，1992 年南昆铁路开工建设，1993 年天生桥二级水电站、南昆光缆、兴筑光缆相继建成投用，盘北公路、顶兴公路、兴威公路、兴岔公路等二级路相继建成投用，顶效、威舍、德卧、桔山等开发区或城市新区成立和建设，两江一河四级航道建成投用。使全州的能源、交通、通信等基础设施有了先行条件，为全州的经济发展打下了良好的基础。为此，第三届州委、州政府审时度势，根据新的州情实际，提出了建立南昆经济走廊和沿江、沿路、沿矿发展经济和建设城镇的"三沿经济"布局及城镇建设的思路，并及时成立了"三沿经济"办公室积极开展工作。期间，一是对南昆铁路沿线 10 多个乡镇进行城镇规划和产业发展规划与建设；二是对南昆铁路沿线的站点进行了货场、煤场的规划与建设；三是对各县（市）、顶效开发区按"三沿经济"布局进行城市和产业规划修编与建设。全州的五大工业支柱加上旅游产业成为六大支柱产业，促成了全州经济社会发展思路的初步形成。

## 第三节 思路的优化阶段

1998 年至 2011 年，是金州经济社会发展思路的不断优化阶段。2000 年，党中央、国务院作出了实施西部大开发的总体部署。第四届州委、州政府迅速成立了西部大开发领导小组，下设办公室协调抓好具体工作的落实。首先是邀请专家对州情进行了又一次的认真研究和分析，对发展定位进行了重新明确，即：黔西州是西南腹地出海的便捷通道、交通枢纽；是黔滇桂三省区结合部的中心市场；是西电东送的重要电源基地、电力枢纽和通道；是三省区结合部煤炭、黄金、重化工和煤化工基地；是珠江上游重要生态屏障和林、牧、药业生态循环区；是祖国西线旅游明珠和最佳人类居住环境之一。其次根据定位，结合实际编制了西部大开发"十一五"规划的实施意见（以下简称"意见"）。

第五届州委、州政府依据"意见"，结合实际提出了全州实施西部大开发战略的总体要求是：以邓小平理论和"三个代表"重要思想为指导，全面贯彻落实科学发展观，坚持以人为本，把抢抓机遇、加快发展作为兴州富民的第一要务；坚持以经济建设为中心，大力实施"电力兴州、矿产强州、农产富州、科教立州、环境稳州"战略，调整经济结构，转变增长方式，壮大支柱产业，发展循环经济，走新型工业化道路，大力推进社会主义新农村建设与和谐社会建设，促进经济社会全面、协调、可持续发展。努力把黔西南州建成西南腹地出海近捷通道、交通枢纽和黔滇桂三省区结合部中心市场；西电东送重要电源基地、电力枢纽和通道；黔滇桂三省区结合部煤炭、黄金、重化工、煤化工基地；珠江上游重要生态屏障和林、牧、药生态循环经济区；祖国西线旅游明珠和最佳人居环境之一。

州委、州政府同时提出，优化区域经济布局，以融入贵州西部经济带和面向泛北部湾经济区为契机，加快经济结构调整，优化区域经济布局。以南昆铁路为主轴线，南北盘江为两翼，县城和建制镇为依托，骨干企业为重点，大力发展优势产业和特色经济。加速推进南昆铁路沿线产业带建设，以中心城市为载体，以产业为依托，以骨干企业为纽带，集中布局优势产业，加快建设"兴安兴"半小时经济圈。在区域布局上突破重点，搞好州内区域统筹，建立利益共享机制，实现资源合理配置，加快普安、兴义、安龙、兴仁、晴隆、贞丰"煤电化"产业群建设；建立兴义大型物流中心和奶业基地；建立以册亨、望谟为主的林纸一体化、生物能源及蔬菜、天然草场牛羊基地；建立晴隆波尔山羊基地；建立普安、晴隆茶叶基地；建立贞丰、望谟糖业基地。

2008年，第六届州委、州政府在学习实践科学发展观活动中，通过赴云南昆明、曲靖等地学习借鉴外地的成功经验，进一步优化了全州经济社会发展思路，提出了符合州情实际的"一二三四"科学发展思路。"一"即一个目标：走科学发展之路，强力推动跨越，把黔西州建设成为天蓝、地绿、水清、人和、业兴的和谐黔西南；"二"即二个优先：优先发展基础设施，优先发展科技教育；"三"即三个优化：优化发展环境，优化生态环境，优化勤政廉政环境；"四"即四个推进：强力推进工业化，强力推进城镇化，强力推进市场化，强力推进农业产业化。"一二三四"科学发展思路的提出，标志着全州经济发展方式的转型升级，标志着全州经济社会发展思路的优化完善。

## 第四节　思路的成熟阶段

2011年，在贵州省委、省政府关于"加速发展、加快转型、推动跨越"主基调和"工业强省、城镇化带动"主战略的指导下，州委、州政府进一步全面分析州情实际，科学制定了全州经济社会发展的"十二五"规划，提出了"五个高于"和"七个倍增"的五年全州经济社会发展规划目标。在2013年底至2014年初召开的州七届人大一次会议上，审议批准了州"十二五"规划纲要。

第七届州委书记陈鸣明、州委副书记州长龙长春同志，分别在州党代会和人代会的工作报告中指出："今后五年是我州与全国、全省同步建成全面小康社会的关键时期，也是深化改革开放、加快转变经济发展方式的攻坚期。我州面临的机遇大于挑战，希望多于困难。"中央继续实施西部大开发战略，国务院出台国发〔2012〕2号文件，更加有利于我们争取中央支持，乘势而上加速发展；中央加快转变经济发展方式，促使东部产业加快转移，更加有利于我们扩大招商引资，强借外力助推发展；中央批准实施《贵州省水利建设生态建设石漠化治理综合规划》，更加有利于我们解决工程性缺水问题，实现可持续发展；全州广大干部群众盼发展、谋发展、促发展的愿望强烈，更加有利于我们凝聚力量，众志成城推动发展。只要我们牢牢把握机遇，正确应对挑战，苦干实干，就一定能够创造一个高于过去、高于全国、高于全省、高于西部、高于自治州的"五个高于"的"黔西南速度"。

今后五年，州委、州政府的总体工作思路是：高举中国特色社会主义伟大旗帜，以邓小平理论和"三个代表"重要思想为指导，深入贯彻落实科学发展观，认真贯彻落实国务院《关于进一步促进贵州经济社会又好又快发展的若干意见》，以科学发展为主题，以加快转变经济发展方式为主线，紧紧围绕"加速发展、加快转型、推动跨越"主基调，大力实施工业强州、城镇化带动主战略。按照"一二三四"科学发展思路，调整经济结构、转变发展方式，争取项目投资、扩张经济总量，深化体制改革、扩大对外开放，实施民生工程、构建和谐社会。着力推进工业化、城镇化、农业产业化"三化"同步协调发展。奋力推进经济社会又好又快、更好更快发展，努力把黔西南州建设成为西南腹地出海和连接东南亚的大通道，黔滇桂三省（区）结合部商贸物流中心，西江上游经济区的能源化工、原材料加工基地，承接产业转移、旅游休闲度假、民族文化保护和生态文明示范区，贵州西部区域经济新的增长极和三省（区）结合部区域经济中心。力争到2016年，全州生产总值、人均生产总值、财政总收入、一般预算收入、固定资产投资、社会消费品零售总额、农民人均纯收入等七项指标，在2011年的基础上实现"七个倍增"。时任州委书记张政同志，州委副书记、州长扬永英同志以党的十八大精神为指导，坚持和贯彻落实业已成熟的金州发展思路，坚定加速发展、加快转型、推动跨越的"主基调"和坚守工业强州、城镇化带动的"主战略"毫不动摇，提出了"扩总量、调结构、拼速度"的总体要求，为尽快把金州州府所在地的兴义市打造成为滇、黔、桂三省区结合部的商贸物流中心和世界知名、国内一流的旅游目的地,确保与全国、全省同步建成全面小康社会而努力奋斗。

综上所述,建州30年来,金州经济社会发展思路循序渐进,不断创新,和谐发展,先后经历了探索阶段、形成阶段、优化阶段,而今已进入成熟阶段。这是全州广大干部群众群策群力、集体智慧的结晶,是历届州委、州政府远见卓识、审时度势的体现,是全州经济社会科学发展、持续发展的宝贵财富。为此,我们一定要认真遵循、积极实践、大胆开拓、后发赶超,用实际行动创造"五个高于"和"七个倍增"的"黔西南速度",为到2020年与全国、全省同步实现全面小康社会的建设目标而有奋力争先、勇往直前!

# 第十一章 金州要走新型工业化道路

在第二批学习实践科学发展观活动中，金州州委、州政府作出决定，以"科学发展，促进跨越"为全州学习实践活动的主题，着力解决影响发展的突出问题，强力推动金州经济社会发展的历史性跨越。

所谓"历史性跨越"，就是从一个历史阶段向另一个历史阶段的跨越，即从粗放型的发展阶段向集约型、科技型的发展阶段的跨越。由此理解，跨越是一个阶段性的目标，是一个历史性的台阶。作为金州这样的"欠发达、欠开发、欠开放"的后发地区，如何以最快的速度、最短的时间来实现"科学发展，促进跨越"的目标呢？最佳捷径就是要努力实现金州新型工业发展的新跨越，从而实现金州经济社会发展的历史性跨越。

## 第一节 科学认识"新"的内涵

党的十六大、十七大均提出走"科技含量高、经济效益好、资源消耗低、环境污染少、人才资源优势得到充分发挥"的新型工业化道路，这是党中央深刻总结国内外发展的经验教训，是顺应世界科技经济发展大趋势作出的重大战略决策。正确理解新型工业化的内涵和实质，有助于我们把握新型工业的发展方向，并采取符合金州实际的策略和措施。

当前，人们对新型工业化的认识不尽一致。时任州委书记陈敏同志在一次学习会上曾说:"没有夕阳的产业,只有夕阳的企业。只要有市场需求,企业有可能被淘汰,而产业绝对会存在。不但会存在,而且会不断地创新和发展。"由此可见,金州发展新型工业不应该也不可能全盘否定现有的工业基础。

在传统工业化进程中,由于许多边缘学科和配套技术尚未建立和完善,对传统工业的改造和提升几乎无从谈起。而当今世界和我国经济科学的迅猛发展,为我们正在推进的工业化进程提供了全新的发展环境,从而使我们加快改造传统工业产业,利用金州得天独厚的资源优势,走新型工业化道路已完全成为可能,并将在不远的将来变为现实。

因此,我们在发展新型工业的过程中,开发新产品,上新项目是"新";对现有的老企业进行技术改造,提升生产和装备水平,降低能耗,减少污染,提高效益是"新";在工业行业企业间实施循环生产、清洁生产也是"新";按照循环经济模式将三次产业协同发展更是"新"。新型工业化虽然有其特征要求,但它没有那么高不可攀,它同样符合事物发展起步、提升、完善的普遍规律。无论是工业发展比较成熟的地区、产业或企业,还是基础较弱的后发地区、产业或企业,都能顺应工业发展的内在规律,实现从低级阶段走向高级阶段,从传统工业迈向新型工业化道路的新跨越。

## 第二节　正确处理量和质的关系

近年来,金州高度重视工业化进程,工业经济呈现持续快速增长的良好势头。2008年,全州工业总产值实现220亿元,其中规模以上工业企业达到215户,规模以上工业增加值66.43亿元,实现利税22.64亿元,在2002年的基础上翻了一番。随着工业在国民经济中的地位逐步提升,三次产业结构去年首次实现了"二三一"的结构比例,即第二产业达43%,第三产业达34%,第一产业为23%。上述数字充分显现了金州工业产业对经济社会发展的拉动作用明显增强。但也要清醒地看到，金州工业经济总量仍然很小，而且主要依赖煤炭等矿产资源的开采。要实现经济社会发展的历史性跨越，必须在工业总量上有显著提高，实现"量"的积累，才能最终实现历史的新跨越。

认真分析金州当前经济形势，就会发现金州工业发展仍面临一些困难和问题。从宏观环境上看，正在蔓延的国际次贷金融危机，从不同程度上影响了金州州内中小企业的良性发展。原材料价格波动较大，工业品需求疲软，中小企业融资抵押担保难等，导致工业企业扩大再生产的积极性不高，工业发展后劲不足。从产业结构上看，"重工业不重，轻工业太轻"的问题突出，工业门类残缺现象严重，现有的工业产业发展不平衡。产业链难于延伸，导致工业企业循环发展难度较大，工业发展门路不宽。从州内环境上看，全州工业经济增长方式还较粗放，煤炭、冶金、化工、建材、医药等主导产业总体工艺水平有待进一步提高；黄金、煤炭等重要矿产资源的开发有待进一步规范；"高投入、高消耗、高排放、低效益"等问题突出，导致工业企业实践科学发展观的成本加大，工业发展有待转轨。

由此可见，在新的历史条件下发展工业绝不能简单追求"量"的增加，必须同时注重"质"的提高。也就是说，金州在"科学发展，促进跨越"的过程中发展的工业，不是传统工业化模式的工业，而是"科技含量高，经济效益好，资源消耗低，环境污染少，人才资源优势得到充分发挥"的新型工业化基础的工业。

## 第三节 重在发展循环经济

循环经济是新型工业化的灵魂。循环经济不仅意味着变污染的被动治理为主动预防，变资源的一次性消费为综合利用、循环利用和产业的延伸配套，还有利于增加更多的就业岗位。循环经济是对"伏量生产、大量消费、大量废弃"的传统增长模式的根本变革，是对资源——产品——废弃物单向运行的重大革新,它几乎覆盖了新型工业化的基本内涵。

循环经济同样受基本经济规律的支配,离开循环谈经济,走不出粗放的发展模式,离开经济搞循环,循环之路也不会长远。因此,无论是从提高资源利用率,降低成本或提升经济效益的需要出发,还是从减少污染、降低能耗、完成节能减排的硬任务来看,越是能耗高、污染重的企业,越需要搞循环;越是资源型、规模大的行业,越需要搞循环;越是工业大发展,越需要搞循环。这就是"科学发展,促进跨越"的有效途径。

结合金州的州情实际,大力发展循环经济,应努力在实践中坚持"三个转变",抓好"五个突破",强力推进金州新型工业化进程。

所谓"三个转变":

(1)在发展思路上,要从过去主要依托矿产资源开采来发展工业,逐步向依托矿产资源、生物资源和旅游资源的综合开发与利用来发展工业转变。金州矿产资源十分丰富,已探明和开采的有色金属矿产达40多种,其中煤、金、锑的储量均居全省之首,但目前仍还处于粗放型开采阶段。特别是近期受市场容量和环境条件的限制,简单依靠开发矿产资源既不能满足工业经济跨越式发展的需要,也不利于全州工业可持续发展。若能将矿产资源的开发与加工,工业发展与农产加工,工业与生物资源开发,工业与旅游业发展等有机结合起来,金州丰富的生物资源、旅游资源和农业特色资源就能为工业发展提供新的更大平台,创造更大的发展空间,更有利全州三次产业结构的良性互动和城乡经济的协调发展。

(2)在发展模式上,要从以行政区域为立足点思考发展县域经济,向立足更高层面,加强区域协作,实现优势互补来发展区域经济转变。长期以来,各县市(含顶效开发区),为壮大自身的经济实力,积极发展工业并取得了不同程度的成效。但由于发展条件的相似性,部分相邻县域之间为争引同项目而比拼"优惠政策",牺牲了一些应得利益,加大了项目成本,造成了重复建设、资源浪费甚至出现降低环保要求、选址不尽合理、互相掣肘等现象，影响了全州工业项目的科学布局和协调发展。要改变这些弊端，必须由州级统筹并引导县市（开发区）选择区域协同发展模式：一要实行"县域特色县域自主"，凡以独有、稀有资源为、依托，不宜不能异地发展的项目、产业和已具一定规模的专业园区、工业小区，主要由各县市（开发区）自主发展；二要实行"重大优势州级统筹"，对投资大、带动强、辐射广，以及资源共有性强或资源、区位等条件互补性强，需借地、借势发展的项目，由州级整合考虑，统一规划，合理布局，利益分享，鼓励和引导各县市（开发区）大力发展"飞地经济"，进一步整合资源，扩大优势，有效避免无序竞争。

（3）在发展手段上，要从追求企业的个体发展，向注重集聚产业集群、企业集团的发展转变。随着市场体制的不断完善，激烈的市场竞争使得孤立企业的发展受到越来越多的制约，于是出现了围绕某一特定产业，大量密切联系的企业在空间上集聚，并形成强劲、持续竞争优势的现象，这就是产业集群，与此相联的企业之间形成股份合作，从而产生了企业集团。产业集群和企业集团在发达国家早已十分普遍，目前已成为我国东部地区经济增长和竞争优势的重要来源，并逐步成为西部地区工业发展的首选模式。在当前及今后一段时期，我们必须紧紧抓住新一轮产业转移的机遇，创新招商引资工作机制，加快改造我州相对落后的生产力和生产关系，具体地：就是要按照新型工业化的发展要求，加快建设"兴安兴"半小时经济圈，强力推进产业集聚，力争经过5至10年的努力，使"兴安兴"半小时经济圈，成为金州工业产业的增长极；要按照资源桌赋的原则，加快推进贞丰、晴隆、普安矿产资源、水能资源经济带的开发，加快推进册亨、望漠生物资源、农业特色资源的开发，尽快形成全州各大区域板块之间梯次推进，协调发展的工业经济新格局。

所谓"五个突破"：

（1）要在做大做强煤炭工业、冶金工业上取得突破。要加大原煤规模化开采的力度，力争近年内全州年均煤炭开采量越过 2 000

万吨大关，并注重抓好就近延伸产业链，增加附加值的相关工作；着力抓好黄金、铁合金、富锰渣等项目和企业的升级改造，搞好产品精深加工，努力创造条件开发黄金工艺品，积极开拓黄金市场，以形成产业链及"产供销"一条龙的黄金市场体系。

（2）要在发展水火互济的能源工业上取得突破。要进一步抢抓"西电东送"的战略机遇，进一步推进南北盘江水能资源的深度开发；与此同时，尽快启动建设兴义火电厂，加快推进普安火电厂的相关工作，着手研究论证并积极申报兴仁火电厂、晴隆火电厂等可上火电项目，力争及早立项建设；逐步做大全州的电网供变电容量，有效增强抗灾能力和不断提高供电的可靠性，为全州工业特别是重化工、煤化工提供重要支撑。

（3）要在做大做强化工产业上取得突破。目前，我州以化肥、电石等产品为代表的重化工工业已经有了良好基础，要着力巩固提升，延伸产业链，提高增加值，打造系列产品，形成规模效应，努力做大做强；以煤焦油等为代表的煤化工工业正在启动建设，发展前景十分看好，市场空间相对较大，要进一步抢抓国家应对金融危机"扩内需、促增长"的投资建设机遇，积极创造条件，尽快启动建设威舍、万屯、青山、巴铃等煤化土基地，注重打好基础，引进项目，加快建设；还应清醒地看到我州发展盐化工工业有一定的潜力，要着手研究论证，储备项目，规划基地，创造条件，引资建设，切实将化工工业建成我州又一新兴产业支柱。

（4）要在改造做强建材产业上取得突破。全州现有水泥生产企业10余家，其中一些采用传统的立窑生产工艺。要尽快围绕提高质量、保护环境、淘汰落后、综合利用的目标要求，以节约能源资源、消解固体废弃物、保护生态环境和提高产品档次为重点，大力发展新型干法旋窑水泥；注重发展以水泥为原料的相关建材产品，重点围绕铁合金、富锰废渣、脱硫石膏和即将上马的火电厂产生的粉煤灰等的综合利用，大力发展新型墙体材料，大力发展节能环保建筑材料以及特色石材、绿色装饰装修材料等，从而不断延伸产业链，切实做大做强我州的建材产业。

（5）要在开发生物资源，在加快发展以特色食品、民族制药、旅游产品为重点的特色产业上取得突破。要以贯彻落实党的十七届三中全会精神为契机，大力发展特色生态农产品加工业，加快建设农产品基地；深度开发农业资源，重点发展烤烟、木制品、精制茶、肉制品、果制品；因地制宜地发展粮油、畜类、禽类、羽绒加工；积极研制民族民间旅游产品，大力弘扬民间文化，着力开发民间工艺品，研发壮大白酒产业；注重中药材资源的有序开发和可持续利用，规划扶持一批符合 GAP 规范要求的优质中药材基地，支持有条件的地方大力引进一批有实力的医药生产企业，重点发展有自主知识产权的民族药和保健品，做大做强有市场竞争力的制药企业，切实夯实我州的轻工业基础。

总之，加快推进金州新型工业化进程，努力实现金州新型工业发展新跨越，既是学习实践科学发展观、不断提升我州工业经济质量的内在要求，又是促进我州经济社会发展历史性跨越的重大举措。只要全州上下解放思想，统一认识，知难而进，锲而不舍，加快推进我州新型工业化，强力推动全州经济社会发展历史性跨越的目标就一定能够实现。

# 第十二章 金州应走特色城镇化道路

金州在"十二五"规划期间将重点实施工业强省和城镇化带动战略,大力推进农业产业化,努力实现"三化同步",加快全省城乡经济社会的协调发展。为此,充分认识加快推进贵州城镇化建设的重要意义,认真研究金州在城镇化建设中的主要问题和发展路径至关重要。

## 第一节 金州走特色城镇化道路的意义

### 一、是区域经济发展阶段论的客观要求

按照区域经济学的理论,一个地区的人均生产总值达800美元以上,城镇化率达25%左右时,必须进行经济发展方式的转型——即由以农业为主转向以工业化和城镇化带动为主的经济发展方式的转型。贵州2011年的人均生产总值为1 800余美元,城镇化率为35%,为此,贵州省委、省政府结合省情实际,提出了"加速发展、加快转型、推动跨越"的"十二五"规划主基调和重点实施工业强省、城镇化带动的主战略,加快推进农业现代化,努力实现"三化同步"的总体要求,做出了加快推进全省经济社会发展的总体布局,目的在于全面推进全省经济社会发展方式的转型,为尽快实现全省经济社会"又好又快、更好更快"发展、与全国同步实现

全面建设小康社会的奋斗目标插上了腾飞的翅膀。

## 二、是城市经济发展规律的必然要求

市场的发育度、城镇化的起步,往往都是从资源丰富地区到资源比较稀缺地区去交易,物以稀为贵,所以交易的地方变成了市场,市场变成了城镇,城镇变成了城市。城市经济学理论称之为经济加强论,即人口经济产生需求,需求经济产生城镇,城镇经济产生城市,城市建起来了产生城市群,这就是城市建设和发展的过程。为此,当一个地区进入从农业经济时代向工业经济时代过渡及至转型的时期,必然大步加快城镇化的进程,这是城市经济学的一般规律。

## 三、是区域经济主导产业核心论的迫切要求

区域经济学认为,区域产业结构调整的核心是主导产业的培育和更替。为此,贵州省委、省政府在"十二五"规划中提出要重点实施工业强省、城镇化带动的主战略和大力推进农业产业化,努力实现"三化同步"的总体要求,其目的就是为了充分发挥贵州的能源、矿产等资源优势,在尽快做大做强工业支柱产业的同时,努力做大做强全省的民族民间文化产业、商贸业、物流业、服务业和旅游业等城市经济产业。只有加速推进工业化、城镇化和农业现代化,努力实现"三化同步"、协调发展,民生等稳定问题才能随之解决。从贵州的优势出发,当前在主导产业的培育和发展上,工业经济方面要充分发挥能源和资源优势,努力做大做强电力、煤炭、化工、冶金、建材、医药、食品、烟酒、糖茶、制造、新材料等支柱产业;在城市经济方面要注重挖掘和培育民族民间文化、商贸、物流、旅游、饮食、服务等支柱产业;通过主导产业的培育和更替,尽快实现"加速发展、加快转型、推动

跨越"的发展目标。

## 第二节 金州走特色城镇化道路中的主要问题

### 一、缺乏系统科学的长远规划

按照产业经济学的理论划分,"工业化过程是产业结构演进的过程,工业化是生产力发展到一定阶段的标志,是经济发展的必经阶段。工业化过程可分为前工业化时期、工业化时期、工业化中期、工业化后期和后工业化时期五个阶段。"照此划分,当前金州总体上还处于工业化时期,工业产业还主要集中在城市,乡村仍以农业为主,城乡之间缺乏有机联系,大多数城镇只能起到农产品集散和工业品交易的作用。小城镇在建设过程中,对自然条件、历史基础、资源禀赋等考虑较多,缺乏在更大范围内考虑自身的地位性质、对外联系、产业分工等,未能站在区域性城镇化的高度来统筹布局;缺乏区域性规划城镇的系统性、科学性和前瞻性;缺乏科学合理的分工与协作,停留在就城镇论城镇的基础上,未能形成布局合理、梯次明显、功能完善、分工明确的城镇体系,尚处于中心城市中心不突出、次中心城市规模偏小,城市之间、城镇之间、城乡之间关联度不强的初级、粗放阶段。

### 二、盲目拉大城镇的总体面积

按照城市经济学的理论,推进城镇化建设必定以经济发展为基础,以工业化为动力,以产业化为支撑,没有产业支撑的城镇化犹如空中楼阁,毫无根基。而贵州正在推进的城镇化建设,恰好忽视了将城镇化与工业化、产业化同步规划、同步推进和协调发展,而是简单地把城镇化等同于修几条街道、安几盏路灯、建几个门面的城镇建设,缺乏系统科学的产业规划和布局。套搬平原发达地区的做法,搞大广场、大草坪、宽马路、超高层建筑等,没有考虑到贵州山多地少、人多耕地少的实际,盲目推进城镇化,盲目扩大面积,其结果是劳民伤财,对当地经济社会发展没有起到应有的拉动效应。

### 三、缺乏具有地方特色的文化内涵

金州具有山高坡陡、民族众多、地理落差大、山谷切角深的特点,俗有"一山有四季,十里不同天"之说,这就蕴藏了独特的地方特色民族文化和深厚的民间历史文化,民族特色突出,红色资源众多,民俗民风古朴,为贵州的城镇化建设提供了文化支撑。但在实际操作中,一些地方出于加快发展或眼前利益驱动,在推进城镇化建设中只顾眼前,不顾长远,重开发、轻保护,认为只有玻璃幕墙、宽敞道路、高大桥梁、开阔广场、外来大树、摩天高楼等才是城镇的现代化,从而忽视了城镇化建设中的地方特色和文化品位,忽视了城镇的内在文化内涵和历史魅力,放弃了对这些宝贵的、自然的、民族的和历史的人文资源的保护。一味贪大求洋,盲目模仿外国模式,而不顾当地文化遗产,大举拆除破坏,使许多宝贵的民族民间文化遗产毁于一旦,把所谓的城镇化建成了杂货店,割断了城镇的历史文化脉络,导致了城镇格调单一,风格大同小异,地方特色丧失殆尽,城镇建设结构趋同、迷失个性、面貌相似,看不到当地深厚的民间传统和乡土文化的传承,严重削弱了城镇的历史文化魅力和可持续发展能力。

### 四、中心城市缺乏应有的辐射带动力

在贵州,除省会城市贵阳和地级市遵义的人口规模、经济实力和辐射带动力相对较强外,其余城市、城镇均人口数量少、经济实力弱、辐射带动力差。尤其是小城镇普遍存在着规模小、设施差、功能不全、土地利用率低、建设水平不高、产业结构不合理、综合实力不强等问题。全省上下的城镇化建设和发展,明显滞后于经济发展的速度,影响了工业化和农业产业化的协调推进。城镇化的滞后导致了第二产业支撑不力,第三产业发展缓慢,造成了大量的农

业剩余劳动力滞留农村,或者被迫外出打工等,严重地制约着农村劳动力的就近转移,既妨碍了农业效益的提高,又阻碍了农民收入的增长,还影响了小城镇应有的区域发展组织协调角色的扮演,从而难以成为相应区域的增长极。

### 五、中小城镇建设融资难、投入不足

按照城市经济学的理论,城镇化建设一般分为三个阶段,即投入阶段、聚集阶段和辐射带动阶段。投入阶段属政府行为,其城镇基础设施建设所需的资金应由政府买单。而贵州的地方财政并未加大无钱投入城镇基础设施建设力度;靠银行贷款又存在担保难、抵押物少等难题;靠民间融资又面临百姓贫穷、人均收入低的现实,使贵州的中小城镇建设长期陷入"小农经济"、小打小闹、无钱投入的困境之中。加之现行的城乡隔离的二元户籍管理制度和农村土地实行"集体所有、家庭联产承包"的土地管理制度,严重阻碍了农村剩余劳动力的顺畅转移,决定了乡镇企业和城镇布点只能局限在就近的区域内,制约了乡镇企业的相对集中、城镇的合理布局及规模的扩大,影响了城镇化建设的协调发展。

## 第三节 金州走特色城镇化道路的路径选择

### 一、因地制宜,科学规划

首先要找准定位。要建设好、经营好一座城镇,找准定位至关重要。所谓"找准定位",一般应包括四个方面:一是城镇的功能定位,即拟建设一座什么样的城镇;二是城镇建设的方法定位,即应怎样建设一座城镇;三是城镇的规模定位,即一座城镇的产业布局、人口目标等;四是城镇的品牌定位,即一座城镇的对外亮点、文化名片等。为此,金州的城镇化建设必须因地制宜、依山傍水、发挥优势、突出特色、找准定位。

其次要规划先行。也就是要在找准定位的前提下,科学布局、立足当前、着眼长远、高起点规划、高标准建设、高质量管理、高效益经营。要严防"规划规划""墙上挂挂"和"规划不如人划,换人就换规划"的问题出现。特别是针对产业发展、工业布局、区域划分、功能分布等,一定要站在未来20至30年的起点上来高度统筹、通盘考虑、登高望远、精心谋划、率先规划、切实做到规划先行的基础上,方才分步实施,以尽量减少重复建设。再次要注重"大中小"协调推进。大是指100万人口以上大城市,中是指50人口左右的中等城市,小是指20万人口左右和10人口以下的小城镇和小集镇。所谓"大中小"协调推进,就是要坚持"贵州的城镇化建设,要以兴义市为龙头联安龙、兴仁为一体,以其他县城为纽带,以乡镇所在集镇和交通节点为重点,着力推进城镇化建设"的总体思路,协调推进今州的城镇化建设。要注重充分发挥县级市和县城的纽带作用,放开、扶持和带动小城镇加快发展。对交通节点和有条件的村,可采取各种激励措施进行扶持,要将国家关于实施第二轮西部大开发的优惠政策、国发〔2012〕2号文件的优惠政策、社会主义新农村建设的优惠政策、农村扶贫开发的优惠政策、生态移民搬迁的优惠政策以及相关的资金、项目等整合运用,集中使用,推而广之,以此推动全省重点村和交通节点的小集镇建设。

## 二、控制面积,集约发展

金州的城镇化建设必须走集约式、可持续发展之路。其城镇化建设要与人口、资源、环境相协调,要合理、集约利用水、土地等资源,切实有效利用和保护好生态、文化等资源。金州的城镇化要按照"产业向园区集聚、人口向城镇集中、农业向产业化过渡、农民向城镇转移"的思路,通过节省土地、集约发展,迁并整合农村居民点、控制人均居住面积等措施,适度紧缩和控制城镇规划面积,努力实现城镇化建设用地与农业用地双增加的动态平衡。要注重学习借鉴发达地区的成功经验,走他们走过的成功之路,不走他们走过的弯路。要特别注重环境保护、资源节约、产业优化、效益提升工程,切实避免"先建设后保护""先发展后治理"问题的出现,大力发展绿色经济和科技产业。在具体实践中,对于老企业,要全面推行清洁生产、节能降耗生产和工艺改进、设备改造及关停"十五小"企业等,积极推进工业用土的"腾笼换鸟"。对于新企业,要严把入口关,生产过程必须采用绿色能源、绿色材料、绿色工艺和绿色包装等,把污染和排放压到最低限度,以最大限度地提高土地利用率、合理控制城镇面积。一句话,就是要通过实施可持续发展战略,在加快城镇化建设中实现经济效益、生态效益和社会效益的协调发展,努力形成资源节约、环境友好、经济高效、社会和谐、符合科学发展观要求和贵州实际的城镇化建设新格局。

### 三、注入文化,彰显特色

历史是城镇化之根,文化是城镇化之魂,特色是城镇化的生命力。对于金州的城镇化建设,更应注重发挥优势、彰显特色、弘扬和传承民间民族特色文化。要深入研究当地城镇的经济社会、历史文化、自然状况和发展前景,坚持以人为本和可持续发展的规划理念,注意搞好功能分区,增加城镇的现代生活气息。特别要保护好历史文化资源,提高城镇的生态品位、文化品位和艺术品位,充分体现当地的特色。一座城镇的魅力不在于奢华,而在于它的历史文化底蕴;不在于铺张与气派,而在于它与历史的和谐一体。贵州是多民族的省份,其历史文化积淀丰厚,不同的城镇都有不同的、深厚的历史文化底蕴,丰富多彩的历史故事和文化古迹,完全可以规划建设当地的特色,体现出当地独特的文化品位和魅力。要通过宣传、教育等途径,使城镇居民逐步树立文化意识和环保意识。要让广大群众尽快意识到:文化助生能力,能力支持发展。只有彰显当地文化特色的城镇才有个性,从而才有可持续发展能力。为此,金州的城镇化建设,应当充分挖掘地方文化潜力,突出地方特色,提高文化品位,展现独特魅力,切忌避免千城一面。

### 四、壮大产业,增强辐射

中心城市的效用就是最大限度地增强辐射带动能力,要辐射带动就必须配套培育和壮大支柱产业。贵州省委、省政府"加快推进工业化、城镇化和农业现代化,努力实现三化同步"的要求,其目的就是为了加快城乡经济的协调发展,增强城镇的辐射带动能力。金州的城镇带动能力弱,其实质就是工业落后所致,工业化水平低导致城镇难以形成劳动力吸纳效应和规模辐射效应。如何使工业化、城镇化和农业现代化三化同步、互生互动、协调发展,是金州城镇化过程中的最大难题,必须破解。工业化、城镇化和农业产业化三者之间的关系是相互促进、相辅相成的。对于金州的经济发展而言,工业化是经济发展的动力,城镇化是经济发展的载体,农业现代化是经济发展的基础。因为城市的竞争力来源于工业经济的发展,离开工业的发展,城镇化必定失去支撑,在建设投入、市场开发、功能配备等方面都会受到限制。金州的城镇化要最大限度地发挥辐射带动作用,必须注重推进工业化、城镇化和农业现代化三化的协调发展。通过推动三化同步,促使三化之间良性互动,相互促进,才能增强城镇的辐射带动能力。同时还应积极研究改革现行城市户籍管理制度、农村土地流转制度和人口生育制度等,以促使更多农民就近进城务工、进城居住,从而聚集人气、财气,拉动消费,增强辐射带动能力。

### 五、资本置换,加快建设

金州城镇化建设滞后的最大瓶颈就是中小城市和小城镇的投融资难,基础设施资金需求量大,投入严重不足。为此,应尽快打破瓶颈,可采取资本置换的方法进行尝试。所谓"资本置换"指将实物形式的资产或物质等财富转化为货币形式的资本的行为过程。贵州在推进城镇化进程中,面临的最大瓶颈制约就是资本不足,要尽快突破这一瓶颈,资本置换是一条可供选择的快捷通道。为此,贵州应着手研究和实施资本置换方略,将全省中小城镇的相关实物形态的资产尽快变成货币形态的资本,并投入到中小城镇的基础设施建设之中,以打破中小城镇融资难、投入不足的瓶颈,从而加快推进全省的城镇化进程。

与此同时,还可考虑实施行政办公中心搬迁,从而进行资本置换、拉动发展的方略。应结合各中小城市(镇)和小城镇的实际,实施党政机关办公区搬迁工程,将老城区置换出来进行商业开发,搬迁至新城区去拉动发展。如贵阳市、遵义市就已率先实施了这一方略,收到了良好效果。一是可以改善行政机关的办公条件,提高办事效率,树立良好的对外形象;二是可以扩大城区面积,聚约利用土地,引进商业开发商;三是可以提升城市(镇)品位,完善城市(镇)功能,产生经济效益;四是可以盘活存量资产,吸引民间资金,加快城镇化建设。为此,我们理应运用经济学的理论,进行利弊得失的论证和对比后,做出决策并付诸实施,以此推动贵州城镇化建设的快速健康发展。

总之,金州的城镇化建设要在因地制宜、量力而行的基础上加快发展。毋庸置疑,加快城镇化进程是贵州加快经济社会协调发展、缩短与发达地区差距、与全国同步实现全面小康的重要途径。但是,城镇化有其自身的规律,它是以经济发展为基础和动力的。因此,健康的城镇化必须与当地经济、社会、资源、环境相适应,必须一切从实际出发,量力而行,绝不能人为拔高、盲目攀比,要牢固树立由市场决定不同城镇的功能定位、产业重点和区域布局的理念。充分认加快城镇化建设的意义,乐观面对城镇化建设中的问题,正确选择城镇化建设的路径,合理把握城镇化建设的进度,力求保持与当地经济增长、就业岗位增长、城镇用地增长、环境容量增长等方面的协调平衡,努力走出一条符合实际的、健康的、可持续的、具有金州特色的城镇化发展道路。

# 第十三章 金州要加快推进市场化建设

在学习实践科学发展观活动中，金州州委结合州情实际提出了"一二三四"科学发展思路，将金州推进市场化建设提到了重要日程。要加快推进市场化建设，重在依托市场配置资源，重在经济社会建设中实施市场化运作，重在加快推进适应市场需求的经济体制改革，重在充分发挥相关商品要素市场的流通搞活作用，以促进全州经济社会的跨越式发展。为此，通过认真学习领会州委提出的"一二三四"科学发展思路，认为金州应从以下方面加快推进市场化建设。

## 第一节 深刻认识市场化的科学内涵

所谓"市场化"，指在开放的市场中，以市场需求为导向，以竞争的优胜劣汰为手段，实现资源充分合理配制、效率最大化目标的机制。市场化一词实质上包含两层含义：一是建立国家调节的市场经济体制，并由此形成统一的市场运行机制和市场体系；二是在短期内实现用市场经济体制取代双轨过渡制的改革过程。具体而言，市场化是以建立市场型体制为重点，以市场经济的全面发展为指导，以社会经济生活全部转入市场轨道为基本特征的经济活动。把特定对象按照市场原理进行组织的行为，通过市场化，实现资源和要素优化配置，从而提高社会生产率，推动社会进步。它的主要内容是：在所有的经济领域和环节大步推进各类市场的发展，形成完整的市场机制，让各类市场参数正常运转，通过市场运行中的各种经济组织和所有制改革完善市场基础，通过法律重新确认财产所有权形成真正的商品交易者。

市场化的核心就是通过市场配置资源，不断增强市场机制对资源的配置作用，充分利用市场运作的方式，把生产要素配置到最合适的环节上去。因此，要加快推进金州的市场化建设，必须积极培育各类市场体系，特别是生产要素市场；必须充分利用国际、国内两个市场，两种资源的综合效应；必须大力发展商品市场、资本市场和要素市场；必须进一步加快市场信用体系建设，逐步完善各类市场主体；必须大力发展以旅游业为龙头的第三产业，切实增强第三产业对经济增长的拉动作用。

州委提出加快推进全州的市场化建设，旨在加快推进市场配置资源的速度，加快转变政府管理向政府服务即在经济建设中由"有事找市长"向"有事找市场"的观念；加快推进市场化建设的目的就是要尽快促进资源配置，商品交换的自由度，促进流通环节的快节奏，提升经济运行的高效益，以激发经济发展的活力，增强经济发展的后劲，让市场真正成为黔西南州经济发展和社会建设的源头活水，促成全州经济发展和社会建设尽快步入市场经济的良性循环轨道，推动全州经济社会的跨越式发展。

## 第二节 正确分析金州市场化的现状

党的十一届三中全会后，随着计划经济体制逐步向市场经济体制的过渡与转轨，金州的市场化改革进程由此拉开了序幕。经过30多年的艰辛探索，金州先后经历了起步阶段、初步发展阶段和快速发展阶段。特别是"十一五"规划执行期间，黔西南州的市场化进程明显加快：所有制结构调整取得积极进展，以公有制为主体、多种经济成分共同发展的所有制结构已具雏形，社会投资主体多元化的格局基本形成；商品市场快速发展，整顿和规范市场经济秩序取得实效，城乡消费品市场网络初步形成；城乡社会保障体系基本框架正在搭建，养老、医疗、失业保险改革稳步推进；行政审批制度改革成效显著，"废、改、立"工作一步到位，社会管理、公共服务等明显加强。

产品及其要素市场发育良好：产品市场初具规模，商品市场正在形成，全州已有各类大小市场250多个；要素市场快速发展，土地市场逐步形成，已有一批由政府创办的土地储备中心和土地使用权交易市场；劳动力市场快速发展，职业介绍组织蔚然兴起，服务网络初步形成，中介组织呈现多层次、宽领域良性互动的良好态势。

政府与市场的关系协调发展：全州上下尚处于计划经济体制向市场经济体制的深化变革之中，一方面市场经济体制的基本框架初步形成；另一方面政府对资源配置的调控作用仍然较大。但总体上看，金州的市场化水平正在不断提高，市场机制逐步健全，市场主体活力不断增强，市场体系正在建立，政府定位逐步明晰，社会保障体系建设稳步推进，城乡统筹协调发展趋势看好，城乡一体化步伐逐步加快。

但在充分总结归纳已有成绩的同时，更要找准金州市场化建设中的主要问题。一是各类市场总体发育欠佳，如商品市场档次低，交易半径小，辐射能力弱；产品市场的总量少、质量差，构成不合理；专业市场规划布局滞后，城乡发展不平衡。二是市场主体活力不足，如企业规模小，数量少，参与市场竞争的实力不强；产业门类残缺，产业之间和产业内部发展不平衡，支柱产业及产业链难于形成。三是政府职能转变与市场化需要适度不宜，如在充分发挥市场机制的作用，注重提供公共产品，搞好基础设施建设，培育市场体系，监督市场运作，提供法律保护等方面做得还不够；包揽越位，服务不周，遇事推诿，政出多门，政令不畅，执行力不够等问题不同程度地存在。四是金融市场、土地市场等无形市场发育不良，如城乡之间、产业之间差距大，融资难，用地难问题凸显，特别是农业产业化项目融资担保难、农村土地流转无序进行等急需引入市场机制。五是中介组织，商会组织发展缓慢，如许多方面对中介组织,商会组织在经济建设中的桥梁和纽带作用认识不到位,支持力度不够,有意无意地制约了黔西南州的市场化进程。存在上述问题的根本原因是:认识不足,重视不够,规划滞后,工作不力。

## 第三节 认真研究金州推进市场化的对策

### 一、要进一步解放思想,理清思路

要以解放思想为先导,通过不断解放思想,转变观念,达成共识,在思想上、真正认识到尊重经济规律、严格按市场规律办事的重要性;充分认识到我州各类市场总体发育欠佳的原因有历史上行政区划的几经变更,影响了计划经济时期国家重大项目在我州的安排和建设,加之金州的市场化建设从开始就面临着双重任务,一方面是传统的计划经济体制向市场经济体制的转轨,另一方面是从民族自治地区落后的自给自足的自然经济向市场经济体制的转轨。充分认识到我州的经济发展现状,要求我州必须通过加快发展经济才能推进市场化进程,只有把加快推进市场化与加快推进工业化、城镇化和农业产业化有机地统一起来,才能有效地推进市场化,才能最终实现市场化的体制机制创新。

### 二、要大胆创新,充分激发市场主体活力

各级政府要进一步增强市场化的理念,从思想上、行动上大力发展各类市场,积极打造合格的市场主体,不断完善市场体系,奋力激发市场活力,努力提升企业的市场占有率;要大力培育和壮大各类市场主体,积极支持乡镇企业、中小企业快速发展,鼓励和扶持有条件的企业做大做强;可考虑依托资源,发挥优势,积极规划和创办青山→楼下→清水河→威舍工业经济长廊,大力发展循环经济,加快推进工业化进程;要围绕城镇和交通结点,大胆规划和创办工业小区和创业园区,促成产业集聚,降低生产成本,促进产业

升级,加快推进城镇化进程;要大胆策划和整合中小企业发展专项基金,科技型中小企业创新基金、创新风险投资基金,农业产业经营专项资金、乡镇企业发展资金等各种专项资金,优化使用方式,提高使用效率,集中资金促发展。

## 三、要进一步转变观念,充分发挥政府宏观调控的主导作用

市场经济条件下的政府职能主要是宏观调控和协调服务。为此,各级政府一定要按照"有限政府"的要求,做到有所为,有所不为,在实践中切实做到应管的管好,不应管的尽快转移给企业、市场和中介组织。政府在宏观调控方面应管的,即尽快完善服务中心建设,减少办事程序,提高办事效率;加快推进公共服务的市场化改革,全面实施市场化运作,盘活政府性存量资产,管好政府性投资;做好区域内的经济社会发展规划和项目论证等方面的基础性工作,积极整合和统筹各种专项资金。在协调服务方面应管的,即积极构建社会化服务体系,大胆创新和发展投融资体制机制,努力健全完善社会保障体系,协调盘活社会事业单位的存量资产,大胆推进社会公共服务的公正与公平,切实为城乡经济社会协调发展提供法律保障,严格按市场规律办事。

## 四、要切合实际,大力培育金融和土地市场

要大胆创新金融体系与机制,适时拓宽渠道,扩大融资,大力支持非公有制企业组建多元化多层次的信用担保、互助担任、商业担保、政府性公司担保等投融资信用组织,切实解决中小企业融资难的问题;要鼓励和支持民间资金创办股份制银行,积极创办和发展乡镇银行等金融机构,逐步培育和壮大全州统一的土地使用权和采矿权交易服务中心,研究完善交易管理办法,逐步扩大交易范围;要探索创建农村土地使用权流转、林地承包经营权转让等农业生产要素市场;要健全土地储备制度,加强储备管理和经营,放开

搞活农村土地流转市场；要盘活存量土地，注重"腾笼换鸟"，切实做到集约节约用地，妥善解决好加快推进工业化和城镇化进程中"用地难"的问题。

### 五、要高度重视，加快发展中介和商会组织

作为像金州这样的"两欠"地区，要实现跨越式发展，中介组织和商会组织的桥梁和纽带作用不可低估，一定要在实践中大力发展中介组织，积极引进商会组织。要加大扶持，创造条件鼓励和支持会计师事务所、律师事务所、行业协会、农业合作社等市场中介机构的健康发展；要降低门槛，给予优惠，大力引进商会组织。因为商会是商业个体户的联合会，通常情况下，一个商会至少也要有上百名会员，一名会员若交一名朋友，带一位亲属，就将会产生乘数效应。也就是说商会越多，朋友就越多，朋友多则财气旺，财气旺则事业兴！由此可见，发展商会是招商引资，搞活经济，培育市场的有效途径。

## 第四节 扎实抓好金州的市场化建设

要真正实现加快推进黔西南州市场化建设的预期目标，重在建设，关键在于结合实际，扎实抓好市场化建设。要扎实抓好我州的市场化建设，应从以下方面做出努力。

（1）着力深化经济体制改革，建立多层次、多品种的市场体系，促进市场主体、客体、载体及其支持体系健康、稳定、均衡发展，建立统一、开放、竞争、有序的现代市场体系；本着优化结构，布局合理的原则，加快产品市场、矿业市场、工业品市场、中药材市场、特色农产品等专业市场的建设，努力打造带动全州、辐射州外的现代物流中心。

（2）认真编制全州的市场体系建设规划，特别是在"十二五"

规划的编制中,一定要统筹协调全州的市场布局,注重突出特色,发挥优势,充分利用国际、国内两个市场、两种资源的综合效用。以世界眼光和战略思维,立足于在抢抓机遇中扩大开放,在加快发展中拓展市场,积极为我州的跨越式发展提供持久可靠的市场和资源保障。

(3)大力发展商品市场、资本市场和要素市场,着力引导,扶持综合性商品交易市场,高度重视农贸市场和专业批发市场的建设;注重发展资本市场,吸收更多资金投入到产业发展中去,强化农村金融市场建设,千方百计把农村储蓄变为农村的投入;将发展产权交易市场作为民营企业的重要融资渠道,实现存量资本有效流动;积极建立土地市场,鼓励农民以土地入股等多种形式,使农村生产要素与工商业资本技术"联姻",实现土地要素生值;大力发展劳动力市场,为农民提供更多的就业机会,壮大"打工经济",努力促进农村劳动力转移。

(4)进一步加快市场信用体系建设,逐步完善各类市场主体,积极促成其与行政管理部门的信用共享平台,规范发展公共信用机构,大力发展中介服务组织,充分发挥其在经济发展中的桥梁和纽带作用,努力推动信用服务的市场化进程,着力夯实信用基础,积极打造信用平台,切实为推进全州经济社会的跨越式发展创造良好环境。

(5)大力发展以旅游业为龙头的第三产业,注重以"金州十八景"等旅游品牌为载体,充分发挥我州的旅游资源优势,积极推进旅游景点与民族文化、体育竞技等相结合,大力培育旅游市场,加快发展传统服务业和现代服务业,加快推进服务业向市场化、社会化、产业化过渡,充分发挥服务业对经济快速发展的激活带动作用,全面推进我州的市场化建设。

环顾世界,国际金融危机余波未了,世界经济在艰难中萌动创新的突破;翻阅历史,每一次大的改革都会促成一次大的进步,每一次大的进步都会推进一次大的发展。随着改革开放的纵深发展,黔西南州的市场化体系正在形成，各类市场的发育态势良好，只要我们继续因势利导，严格按经济规律办事，在深刻认识市场化的科学内涵、正确分析市场化的现状、认真研究对策措施的基础上，结合州情实际，扎实抓好市场化建设，加快推进我州市场化建设的宏伟工程就一定能够迎来一次长足发展。

# 第十四章 金州应加快推进农业产业化

## 第一节 金州农业产业化重在"五个培育"

贵州省委提出在"十二五"期间，要重点实施工业强省和城镇化带动战略，加快推进农业现代化，努力实现"三化同步"。要在全省尽块实现工业化、城镇化和农业现代化三化同步。为此，作为金州这样的民族自治州，当前应重在同步推进农业产业化。目前，金州的工业化和城镇化建设有了良好起步，但要在金州努力实现"三化同步"，关键在于推进农业产业化。对此，金州州委提出的"一二三四"科学发展思路，已将加快推进农业产业化提到了重要位次。推进农业产业化，就是要坚持黔西南州委提出的以"五个培育"为抓手，跳出"三农"抓"三农"，就是要通过"抓企业，抓人才，抓市场，抓中介，抓基地"来促进农业产业化，从而有效推进农业现代化。"五个培育"重在突出"五抓"。

一是着力培育一批立足资源，面向市场，科技含量高，资源转化力强，就业量大，带动力强的劳动密集型农特产品深加工，精加工企业。通过抓企业的创建和发展，用工业的理念抓农业，在土地和市场之间增加工业环节，把农业变成工业的第一车间即原材料基地，以下游产业的增值带动上游产业的发展，通过农业龙头企业的带动效应尽快促成全州农业产业化的迅速兴起。

二是着力培育一批具有较强市场意识，掌握一定生产技能，适应现代农业发展需求的农业产业化实用型人才队伍。通过抓人才队伍的培养和使用，用教育的理念抓农业，充分借助公务员培训、

"阳光工程""雨露计划""绿证培训"等各类职业技能培训平台和渠道,大力培养和壮大农村实用型人才队伍,通过提升农业适用技术队伍的素质来推进全州农业产业化进程。

三是着力培育一批农特产品销售的"有形市场"和"无形市场",通过应用市场手段来拓展市场空间,用市场的理念抓农业,规划建设各类农产品批发市场和建立农产品信息网络,把"有形市场"和"无形市场"有机结合起来,不断完善农产品销售流通市场体系。着力抓好以县市级农产品市场为龙头,以乡镇集贸市场为支撑的市场集群培育,大建市场,建好市场,通过市场运作来带动全州农业产业化。

四是着力培育一批农特产品经济合作中介组织。通过充分发挥中介组织的桥梁和纽带作用,用商业的理念抓农业,在土地、企业和市场之间增加服务环节,选择一批效益优势明显、工作基础扎实、产业门类齐全的中介组织先行先试,积极培育一批组织健全、制度完善、运行规范、联系紧密、工作积极的中介组织,通过充分发挥中介组织的协调沟通作用,从而确保全州农业产业化的有序推进。

五是着力培育一批适宜本地种植、养殖、加工,顺应市场需求的农特产品生产基地。通过做强做大生产基地,以保障企业生产的原材料供应。用精品的理念抓农业,重点培育烤烟、粮食、畜牧、蔬菜、茶叶、林木、薯类、中药材、辣椒、花椒、生姜、苡仁、砂荏等农业生产基地,注重规模经营,放大品牌效应,大力推广册亨者楼蔬菜基地,兴义万鲁烟叶基地等成功模式。通过扩大农业基地建设来巩固和提升农特产品加工,从而保障全州农业产业化的健康发展。

由此可见,要加快推进金州的农业产业化,"五个培育"是着力点,"五抓"是重点,我们必须切合实际,因地制宜,抓紧抓好。只有这样,省委提出的"三化同步"和金州委提出的"推进农业产业化"的奋斗目标才能如期实现。

## 第二节　金州农业产业化要面对现实

所谓"面对现实",就是要认真面对金州当前农业产业化的现状,做到摸清家底,心中有数。总体上看,金州当前的农业产业化现状不容乐观。自上届州委、州政府高度重视工业化和城镇化建设以来,全州的农业产业化也得到了相应发展。以地方优势资源为原料,如烤烟、粮食、茶叶、油料、中药材、木材、畜牧、花椒、生姜、辣椒、苡仁、砂荏等为主的、具有龙头企业带动的、具备一定生产规模的农产品加工工业逐步建立和发展起来,形成了像打叶复烤厂、黄盛记食品厂、晴普茶叶加工厂、册望油脂厂、吉仁堂中药饮片厂、奥森林业、鸿利肉联厂等一批规模较大的以农产品为原料的骨干龙头企业。这些龙头企业的发展壮大,推动了全州农业产业的经营和发展,带动了千家万户农民开始进入市场,初步呈现了企业增效、农民增收、财政增税的良好势头。到2013年底,金州已形成各种农业产业化经营组织548个,其中省级龙头企业9家,州级龙头企业67家;全州农业产业化经营组织拥有固定资产13亿余元,平均每个农业产业化经营组织160余万元;从业人员4万余人,带动农户40多万户;全年实现销售收入11.5亿元,上缴税费5 000余万元。

从纵向看,金州农业产业化经营组织算是从无到有,从弱小到逐步壮大,取得了一些阶段性成效。但从横向看,黔西南州的农业产业化仍然处于非常落后的状态,无论是企业还是产品,都还处于数量少、规模小、科技含量低、竞争力不强、对全州的经济社会贡献率不大的初始阶段。这就是黔西南州农业产业化的现实,我们必须清醒地面对。

## 第三节 金州农业产业化应正视问题

所谓"正视问题",就是要针对现状实事求是地分析存在的问题,做到找准问题,分析原因。

根据现状分析,目前金州农业产业化经营方面存在的问题主要有四点。

### 一、思想解放不够,畏难情绪大

一些同志存在着"我们是农业大州,不具备发展工业的条件,不适应发展工业"等错误的思想认识;一些同志存在着"农业周期长、附加值低,发展农产品加工企业不合算"等错误观念;还有一些同志存在着"满足现状,小富即安,畏难怕进"的"懒汉"思想。

### 二、农业龙头企业实力弱,带动力不足

这体现在全州现有的农业龙头企业规模小,数量少,企业产品质量档次不高,缺少具有竞争力的产品品牌;已有的企业生产经营管理能力、技术创新能力、市场开拓能力和利用资本市场的扩张能力较弱,企业的组织化程度不高,市场化运作不力,整体经营运作不够规范,农产品资源优势未能充分转化为经济优势。

### 三、农业产业化服务体系不健全,服务功能滞后

农业产业化经营对服务功能提出了更高的要求,一些涉农服务部门难以适应,传统意义上的服务内容跟不上现代化农业发展的需要。黔西南州目前的农业产业化中介组织、技术队伍的组建和培育相对缓慢,服务滞后,远远跟不上农业产业化发展的步伐。特别是

对市场信息的调研、对科技含量较高的特种种养技术的辅导水平远远落后于产业化发展的现实需要。如农技、农资、供销、银行、农机及农经等城乡农业服务部门还停留在农业生产的产中服务上，而对产前市场信息引导和产后加工销售的技术服务几乎空白。由此可见，农业服务体系特别是市场化服务体系的建设滞后，正是加快推进农业产业化的一大障碍。

### 四、城镇化带动能力弱，政策和投资环境较差

一是全州的城镇化总体水平不高，城镇配套功能不强，政策扶持、环境改善与农业产业化发展和解决"三农"问题的具体要求差距较大；二是金融体系不健全，投资严重不足，农业产业化投资融资渠道不宽，机制不活，没有建立起多元投资主体和多种投资方式的新型投融资体制，没有形成市场化、全方位多元化的投资融资平台；三是乡镇和村级经济基础薄弱，体制机制不活，县城经济统得过多过死（据调查：自国家免征农业特产税以来，金州约有一半以上的乡镇是零税收和纯支出财政；有80%左右的村是"空壳村"），乡镇和村级经济没有形成活力，缺少发展空间。这些都是黔西南州农业产业化发展中存在的突出问题，我们必须正视。

## 第四节 金州农业产业化要研究对策

所谓"研究对策"，就是针对问题，制定措施，结合实际，对症下药。

### 一、要进一步解放思想，认真做好金州农业产业化的总体发展规划

要巩固学习实践科学发展观活动的成果，进一步解放思想，转

变观念，提高认识，坚持以"五个培育"为抓手，用工业的理念、教育的理念、市场的理念、商业的理念和精品的理念抓农业。要结合州情实际，按照科学发展观的要求，结合金州"十二五"规划的实施，认真做好金州的农业产业化发展规划的优化落实。一是进一步选择确定好我州具有竞争优势的产业资源作为农业产业化的发展方向；二是因地制宜地对这些资源进行合理布局。我州目前具有竞争优势的农产品资源主要有烤烟、粮食、林木、畜牧、茶叶、薯类、油料、中药材、辣椒、花椒、生姜、苡仁、砂茌和特色果蔬等，这些都是我州的农业传统资源优势，只要运作得当，较容易形成生产规模。在生产布局上，烤烟、芭蕉芋、花椒、生姜、辣椒、苡仁、砂仁等应以兴义、兴仁、安龙、普安、晴隆、贞丰为主；林木、畜牧、茶叶、油料、中药材、特色果蔬等应以册亨、望谟、晴隆、普安、兴仁、安龙、贞丰为主；粮食、白酒等应以兴义、安龙、兴仁、顶效为主。在生产规模上一定要连片种植、形成基地，力求建成若干个100万亩各类产业原材料基地，切实为农业产业化经营夯实基础。

## 二、要依托城镇做大做强农业龙头企业

在认真规划论证的基础上，抢抓机遇，发挥优势，加快推进农业产业化的原材料基地建设。着力抓住国家继续实施的退耕还林、石漠化治理、发达地区产业转移和2012年国发2号文件出台等政策的机遇，加快建设若干个100万亩规模以上的农业产业化原材料基地。要在原材料来源保障的前提下，围绕中心城镇和交通节点规划布局以农产品加工为主的乡镇企业园，沿铁路、高速公路和中心城镇引进和建设农产品加工企业；要在顶效开发区内积极申报国家一级内陆口岸，努力创造条件建立保税区和出口加工区，把农产品加工同旅游业密切结合，把农业产业与文化产业有机结合；努力形成特色农产品支柱产业和以农产品为原料的特色旅游商品产业，依托城镇，借助文化旅游产业带动农业产业化发展。特别应按照未来的

以兴义市为龙头的城市规划发展走向来布局农产品加工业,要以"兴安—兴贞"城市群为轴心,围绕城市化建设来发展农业产业化企业,以切实做大做强农业龙头企业。

在经济全球化的背景下,龙头企业在农业产业化中的带动效应越发突出,其经济实力的强弱和牵动能力的大小直接决定着农业产业化经营的规模和成效。要按照"扶优、扶大、扶强"的原则,选择农产品优势产业,培育壮大一批起点高、规模大、带动力强的农业龙头企业。要不断提高农产品加工的精度和深度,延长产业链,提高附加值,引导和支持农业龙头企业在更大范围、更高层次上参与市场竞争。要整合资源,加强区域、行业间的关联与合作,推进优势产业向优势企业集中,优势企业向优势区域集聚、要大力实施品牌战略,整合做强现有的优势品牌,不断创造新品牌;以标准创品牌,凭产业树品牌,靠品牌闯市场,特别是大力发展和创造无公害的绿色农产品及其品牌,充分发挥品牌效应,拓展市场空间。

### 三、要进一步完善服务体系,提高服务水平

从黔西南州现有农业产业化形成的现状看,除烤烟具有烟叶基地、打叶复烤厂和卷烟厂等产业化链条以外,其他产业链均在创造条件、加快形成之中。因此,健全和完善农业产业化服务体系至关重要。农业产业化服务体系的健全完善,需要通过"两条腿"走路的办法才能实现。一条腿走市场化之路,即着力培育一批专为农业产业化服务的中介组织,在土地、企业和市场之间架起桥梁,联通纽带,通过市场化运作来健全完善服务体系,提高服务水平;另一条腿走行政协调之路,即着力改革政府部门中涉及"三农"工作的机构,进一步转变工作职能,增强服务意识,提高服务质量。既要通过发挥走市场之路这条腿的作用,加大对市场调研、信息搜集、技术辅导、流通引导、良种培育等方面的服务力度,通过中介组织协调沟通,牵线搭桥,促成农业产业化

服务体系的完善；又要通过发挥走行政协调之路这条腿的作用，加快改革，创新"三农"工作管理机制，采取绩效考核，量化目标，责任到单位或个人以及鼓励机关干部带职带薪领办农业项目等有效措施，切实改变直接为农业服务的相关工作机构和职能，变管理为服务，变指挥为服务，变协调为服务。只有这样，才能真正提高为"三农"工作服务的质量。

### 四、加快推进城镇化，进一步改善政策和投资环境

农业产业化的根本出路在于工业化和城镇化。为此，农产品进工厂，农民入城镇，农业依托城镇化的带动已成为经济规律、市场规律的必然趋势，我们一定要在加快推进工业化和城镇化建设中适时推进农业产业化。

（1）金融部门对符合条件的农业龙头企业的贷款或季节性收购资金，要在有效防范风险的前提下给予支持，切实为农业企业提供高质量的配套金融服务。要改革金融体系，引进和创建乡村银行，不断提高金融为企业、为市场提供服务的积极性和创造性。

（2）信用社（合作银行）要按照有关政策规定，积极发放农村小额信用贷款和联保贷款，切实解决农业产业原料生产基地农户贷款难问题。采取动产质押、林权证抵押、仓单质押等多种形式解决担保抵押难问题。

（3）探索将农产品加工企业作为中小企业信用担保体系的优扶对象，农户小额贷款在各方自愿的基础上，可由农业龙头企业提供担保，或者在明确责任、加强监管的前提下由农业龙头企业承贷承还，规范完善政府与银行联合扶持农业龙头企业发展区域合作模式等。

（4）加快城镇化建设步伐，增强城镇化的辐射带动能力，健全完善和制定出台更加优惠的农业产业化招商引资优惠政策，支持和鼓励机关干部、技术人员领办农业产业化企业。

（5）放开搞活乡村经济，调整县域经济结构，拓宽县域经济发

展思路，放开搞活县域经济；改革完善乡镇财政体制，加大扶持村级和乡镇经济发展的力度，大力发展乡镇企业和外向型农业，不断夯实基层经济基础，进一步增强乡村经济活力。

总而言之，面对现实，正视问题，研究对策的最终目的在于抓好落实。再好的对策和措施，如若不付诸实践，束之高阁，其结果都是纸上谈兵！为此，只要我们认真抓好对策措施的落实兑现，坚持在实践中做到解放思想，创新思维，与时俱进，大胆开拓。切实做到一级抓一级，层层抓落实，真正做到一抓到底，抓出成效，省委提出的"努力实现三化同步"和州委提出的"推进农业产业化"的预期目标就一定能够实现。

# 第十五章　金州应加快推进"资本置换"步伐

## 第一节　什么是资本

资者，财物也；本者，根源也。顾名思义，"资本"一词便有了财物的根源之意。因此，马克思给它下了一个定义，即"给资本家带来剩余价值的价值"。由此可见，资本问题既是一个老问题，又是一个新问题。说是老问题，是因为马克思早在《资本论》中就作过全面、深入、系统的阐述，成为指导世界无产者推翻资本主义社会、建立社会主义社会的锐利思想武器。说是新问题，是因为科学社会主义由理想变为现实，"资本"一词在社会主义国家一度成为资本主义的代名词，人们"谈资本色变，闻资本惊叹"。20世纪80年代后，在我们党和国家的改革开放政策引导下，股票、证券等资本要素应运而生，"资本"一词逐渐在社会主义建设的实践园中成为发展金融市场、资金市场的重要机制和手段。

客观地讲，对"资本"一词的狭义理解是政治经济学的专用名词，是人类社会发展过程中的商品生产与交换的产物。它萌芽于封建社会，发育成长于资本主义社会。"资本的最初形式是货币形式，作为货币财产，作为商人资本和高利贷资本，与地产相对立"，这是马克思对"资本"的最初定义。而货币作为资本的形式，流通是其目的，因为只有在不断更新的运动中才有价值的增值，而货币运动的有意识承担者便成为资本家。因此，马克思最后揭示"资本就是能榨取剩余价值的价值"。由此可见，"资本"一词最初就是剥削制度的产物，是剥削和压迫的代名词。资本的含义有三：一是掌握在资本家手里的生产资料和用来雇佣工人的货币,资本家通过资本剥削工人,取得剩余价值;二是经营工商业的本钱;三是比喻牟取利益的凭借。

从辩证唯物主义和历史唯物主义来看,资本具有二重性,即社会属性和自然属性。资本的社会属性是资本归谁所有的问题,即在不同的历史时期和不同的社会制度下,资本具有各自的特性,具有不同的性质特征,资本的自然属性则指资本的使用价值。就资本的使用价值而言,资本一定要实现价值增值,追求尽可能多的赢利。这是资本的共性,即资本的一般规律性,它绝不会因社会制度的不同而不同。过去,由于我们从不同程度上忽视了资本的自然属性,造成了包括国有资本在内的几乎所有资本的功能都无法得到运用,作用无法得到发挥。结果,在社会经济再生产活动中弄出了许多啼笑皆非的事。一方面,我们名义上否定了资本的存在,而实际上资本又在经济生活中发挥着重要的作用,甚至是决定性的作用;另一方面,我们重视国有资本的归宿,但国有资本又不能得到有效的利用。造成这些问题的根源,是因为我们把资本应有的二重性忽略了。事实上,资本无论归谁所有,它都必须在精心安排、组织和运作中才能发挥作用。因此,我们尤其要高度重视资本的自然属性。

资本的自然属性存在于资本的使用价值之中,本身就是经济生产过程中生产出的耐用投入品,是构成生产力的重要组成部分。马克思曾生动地描述说:"资本的生命在于运动。"在社会主义社会中,资本不足,社会经济就不能有效地运转;只有在一个资本充足的社会里,经济才有可能高效运转。因此,要正确对待资本,充分利用资本的自然属性的功能;即使被认为是社会属性优越的资本,也只能在平等的竞争环境中去更充分地发挥自身的优势,而绝不是在不平等的竞争中要由别人给予优惠和照顾才能生存与发展;政府对于任何形态的资本都应当给予保护,使之有安全感;在资本本来就短缺的情况下,要能够容纳各种不同社会属性的资本为我服务。这就是本章将予论证的主题。

## 第二节 怎样看待资本的自然属性

怎样发挥资本应有的自然属性在城市建设中的作用？作者曾带着这个问题先后赴贵州省的都匀开发区和钟山开发区进行了专题考察。两开发区的资本运作即"资本置换"情况进行了考察学习。通过参观考察，笔者很快产生了触类旁通、举一反三之感，在头脑中对"资本"一词产生了广义上的认识。即初步认识到：资本可以来自于不同的阶级、阶层或社会形态，或公有或私有；资本不仅仅是货币形态，还可以是实物形态，如土地、矿山、旅游景点、市政设施等；亦可以是金融形态、证券形式以至人的创意思维、发明创造、专利技术；有以有形资产形式表现的，也有以无形资产形式表现的等。特别是听了都匀开发区的同志介绍，看到他们理论与实践结合的创新成果后，我更是感受颇深。

都匀开发区的同志认为，我们过去对于资本认识不深的根本原因在于过分看重它的社会属性而忽略了其自然属性，使得资本在我国社会再生产过程中应有的作用不能得到有效的发挥。马克思是在特定的历史背景下，从"资本"的社会属性即资本主义剥削制度入手剖析资本的。他的关于资本的学说是指导推翻资本主义社会、建立社会主义社会的客观真理。而在建设社会主义的客观背景下，还资本自然属性的本来面目，正确对待资本，有助于我们认真对待和容纳各种资本来源，使各种社会属性的资本为社会主义经济建设服务，更有助于我们深化对"资本置换"的认识，从而明晰思路，以有效解决像都匀市这样落后地区经济社会发展需求旺盛而投资不足的矛盾，促进贫困落后地区城市建设的加快发展，迎头赶上，后来居上。

都匀开发区的同志说：在我们的社会主义实践中存在着一个反差，即经济越是不发达，财政供给的人员越多，因为工商企业因生产经营不景气而没有就业的人员。因此，每年微薄的财政资金，除了保工资、保稳定、保国家机构的正确运转之外，再无力支持发展生产，进行城市基础设施的建设与改造等。因此，严格来说，我们缺乏的不是简单意义上资金，因为在市场经济条件下，银行贷款（含财政资金）给了某个企业或项目，实际上是把资本的使用权让渡给企业或项目，使其转化为生产资本、商业资本，再到增值的货币技术，实现从量上向质上跨越的资本增值的循环。但实际情况是，迫于压力和管理体制上的缺陷，对于银行发放的贷款（含财政资金），部分企业或项目不完全是把货币资本转化为生产资本使用。这样，银行贷款、财政支持部分企业或项目就以实物形态存在的死资产沉淀下来，不会增值，只会逐渐流失。从这个意义上说，不把资产当作货币资本来使用，再多的银行贷款、再大的财政投入始终都会达到极限，都会枯竭。为此，都匀人认为，"资本指一个社会拥有的有形存量资本和无形存量资本的总和。"换句话说，资本是指一个国家或地区所拥有的有形和无形存量资本的总和。

基于上述认识，都匀开发亚在加快城镇化的建设中大胆地进行了资本置换的实践运作，全方位地开展了"资本置换"活动，有效地推动了城镇化建设的进程，在实践中有效地解决了贫困地区搞城市基础设施建设资金不足的难题，被经济学界的专家总结推崇为"都匀模式"。他们的成功经验值得我们学习和借鉴。

同样与我州相邻的钟山开发区，他们也在加速"资本置换"、推动城市建设方面迈出了可喜的一步。作者在聆听钟山开发区的领导介绍中，感觉他介绍时最欣慰的就是政府不拿钱凭借"资本置换"，加快了城市建设步伐，提高了城市建设档次，美化了市区环境，促进了全市的经济发展，笔者颇有"兴城兴市活全盘"之感。

钟山开发区的同志说：我们的城市建设，政府不拿钱，只拿有形或无形的资产作为"引窝蛋"，引房产开发商的钱，引银行的贷款，引住房户的钱来进行"股份合作"整体运作。这样四位一体，互利互惠，所以我们的每户职工或者是每户住户都有两套以上的住房，而且使用面积都在 200 平方米左右，因为资金来源渠道一清二楚，纪委或机关部门都给予认可。

## 第三节 加快"资本置换"步伐

听完钟山开发区人的话，看完钟山开发区人的房子，作者出于一种责任心和自尊心，带着一种不服气的态度对顶效开发区，乃至金州的"资本置换"情况进行了调研。通过调研，作者发现金州的"资本置换"工作有"一憾、一喜、一忧"。

"一憾"，即就资本置换的萌芽和实践而言，较都匀和六盘水的情况是我州为先。早在1992年，小平同志的南方谈话发表后，顶效开发区、普安盘水小区就应运而生，其操作方式就是典型的"白手起家、自费开发、以地换路"的先行官；随后出现的威舍开发区、德卧开发区、桔山新区、坪东新区、兴仁城东新区等都是典型的追随者。然而遗憾的是这一最先出现的"闪光点"却未能引起我们的高度重视，并加以总结推广，反而被他人借鉴、归纳总结、集中使用、推而广之。此过就是一憾。"一喜"，即就"资本置换"工作在我州的二次登录情况而言，又出现了新的"闪光点"，如正在进行中的州体育场、州政协办公区、黔西南报社新闻中心的建设运作方式，以及正在操作中的民族师专校地转让和议论中的马岭峡谷景区出让等，就是我州新一轮的、完整的、全方位的"资本置换"运作模式的典范。此为一喜。"一忧"，则是笔者的主观臆断，担忧的是上述的"一憾一喜"不能引起相关领导和部门的高度重视，反而让其自由放任，付之东流。

为此，作者特提如下建议，希望能引起相关领导和部门的关注。具体地说，希望相关领导和部门作出"两大努力"，营造"两大环境"，做好"三项工作"。通过加速"资本置换"，推动全州的城市化建设。

"两大努力"为：一是努力加大"资本置换"的力度。作为贫困地区，显然城市基础设施建设资金严重短缺，只有全方位地进行

"资本置换",充分发挥我州现有的有形的或无形的资本在城市建设中的作用,将"资本置换"作为全州城市化建设的助推器,创造条件成立专门的"资本置换"中心,将全州值得置换,应该置换的所有资本进行摸底排队,分别轻重缓急,通盘考虑,分步实施,大力融集资金投入城市化建设,从而才能达到"兴城兴市活全盘"之目的。二是努力加快城市化建设的进程。特别是要努力加快兴义中心城市的建设步伐,以辐射带动全州的小城市和小城镇建设。要像黔南州和六盘水市那样,将城市的规划建设、经营管理融为一体,列入重要日程,成立专门的指挥中心。做到统一规划、通盘考虑、分步实施、责任到部门和单位,有计划、分阶段地全面推进,从而确保城市建设的规模,提高城市化建设的质量和档次、特别要不断提高经营和管理城市的效益。作为州府所在地的兴义中心城市,具有独特的区位优势,省委主要领导要求要建成一个大城市,这个城市大到什么程度?应尽快组织有关注专家通过科学地调研论证后,拿出城市建设的总规修编方案,以便依法建设和经营管理。顶效开发区即兴义火车站所在地,是兴义中心城市的附中心,应真正纳入兴义中心城市的总规范畴进行通盘考虑。特别是顶效的城市基础设施建设相对独立,一切都是从零开始,所需资金量较大,虽是经过这些年的"资本置换"形式运作,已有一定的基础,但整个城市功能的健全完善尚需大量的资金,就"资本置换"而言,顶效目前能够置换的也仅有土地,况且由于人气不旺,土地的价格也难于上升。为此,切需州市的通盘考虑和带动,一方面切需项目上的通盘考虑安排。为此,笔者建议州委、州政府能像贵阳市开发金阳新区那样,将顶效列为兴义中心城市的重要组成部分给予通盘;另一方面目前顶效除切需项目的拉动外,还切需政府行政中心搬迁进入的拉动。为此,我们真诚地希望州或市的行政中心能考虑规划搬迁到顶效,这样很快创建兴义和顶效两个本为一体的城市建设的快速区,从而推动全州城市化建设的进程,拉动全州经济社会的快速发展,以产生良性互动的整体效应切盼斟酌笔者的一孔之见。

与此同时,就是要通过上述的"两大努力",尽快营造我州在城市建设中的"两大环境":一是建设环境。城市建设环境是一个城市总体规划能够以实施的根本保证。城市建设,就是要根据城市的总体规划、区域规划和项目规划,实施城市基础设施建设和旧城改造,使其达到和接近最优的城市功能。城市建设是一个市场行为,如我们正在广泛应用的建设工程招投标,城市国有土地和市政设施的使用权、经营权的有条件转让、拍卖等"资本置换"的方式,都具有鲜明的市场行为特点。因此,政府在城市建设中的作用应该是一种宏观调控的作用,是游戏规则的制定者,市场行为的裁判员,而不是具体的实施者。只有正确定位政府在城市建设中的地位和作用,才能有效地适应我国加入 WTO 后城市建设格局的变化。因此,我们必须尽快营造一个与国际接轨的城市建设环境。二是管理环境。城市管理环境是一座城市能否保持良好面貌的关键所在。管理就是服务,城市管理则是政府为保证城市各项功能高效运转和建设活动有序进行采取的必要的调控行为,是以人为本,以构成城市的经济因素、社会因素和市政设施因素及其相互联系为对象,以最大化发挥城市经济、社会环境整体效益为特征的综合管理行为。也就是说,城市管理是政府工作的重要职能之一;是政府领导艺术、决策艺术和管理艺术的综合反映;是建设现代化文明城市不可缺少的决定性要素。为此,我们必须用经营城市的理念来管理城市,尽快营造一个有效、权威、优化的城市管理环境。

综上所述,城市建设和城市管理的关系是一个辩证统一的关系,它们既相互联系,相互依存,合作互补,又相互制约,共同促进。从广义上讲,城市建设和管理都属于政府宏观管理城市的范畴,其出发点和落脚点都是为了增强城市功能。提高城市的承载力,给市民提供优美的生活和工作环境,为投资创业者营造良好形象的形象工程。因此,要切实营造好"两大环境",关键在于做好"三项工作"。

首先,各级领导要统一认识,在抓好城市建设的同时,把加强城市管理工作提上重要的议事日程。一是要把加强城市管理行为加快我州工业化、产业化和城市化进程,把兴义建设成为大城市的重要内容来抓；二是要把加强城市管理作为优化城市整体功能，提高城市综合效益的动力之源来抓；三是要把加强城市管理作为改善投资环境，提高精神文明建设质量的重要内容来抓。

其次，州、市、开发区各城建部门要摒弃"门第"观念，精诚合作，协同努力，为将州府所在地的兴义中心城市建设成为一座现代化的大城市而共同奋斗。一座城市要健康、有序地发展，规划是依据，建设是基础，管理是龙头，素质是关键。城市规划由蓝图变为现实，是通过规划管理来实现的，没有严格的"批后管理"，就很难防止"规划变更"情况的发生，规划的"依据"作用就很难充分地发挥；城市建设工程要正常进行，确保质量，杜绝"建设性破坏"，乃至确保项目建成后效益的发挥，也是以严格的管理为制约条件的；市民素质的提高，现代文明城市意识的培养，更要以强有力的城市管理为前提。为此，只有州、市、开发区各规划、建设、管理部门和单位打破本位主义、利己主义的观念，少强调部门和单位利益，多考虑公众利益，树立全州一盘棋、全城一盘棋的思想，才能建立一整套高效、权威有序的城市规划建设和经营管理的运行机制。

最后，充分发挥广大市民的积极性，鼓励全社会共同参与城市的规划建设和经营管理。相对于整个城市人口，城市规划建设中，经营管理者始终是少数，仅靠政府和相关职能部门，要把一座城市规划建设和经营管理好，简直难以做到。在这种情况下，强调"人民城市人民建""人民城市人民管"，不仅是应当的，而且是非常必要的。城市的主题是市民，城门目标的实施亦是为了市民，市民既是城市的建设者和管理者，同时也是被管理者；既是问题产生的原因，也是问题解决的最终途径。没有广大市民的理解和支持，政府的决策就难于通行；没有市民的广泛参与，城市建设和管理工作将成为无源之水，无本之木。为此，必须鼓励广大市民广泛参与，集思广益，把方方面面的聪明才智最大限度地发挥出来。特别是城市市民意识的增强、文明素质的提高更是一个长期的系统工程，需要政府牵头，城管宣传、文化等部门通力合作，采取多种手段、多种形式的长期宣传教育，如结合"公民道德建设"、创"文明城市"等活动，进行城市管理方面的知识教育。特别是要注重探索建立"公众参与，社会监督"的城市管理机制，增进市民在城市建设和管理上是的情权、参与权和管理权，广泛吸引市民参与现代城市的建设和管理，并使城市建设和管理活动能在"公开、公平、公正"的原则上透明开放，从而实现良好的监督制约效应。

# 第十六章 金州应加快推进招商引资工作

加快推进招商引资工作，是一个地区经济社会发展到一定历史阶段实现经济社会发展转型、进入工业化初期和城镇化带动时期的重要工作；是"加速发展、加快转型、推动跨越"重大举措；是推动区域经济又好又快、更好更快发展，努力实现快速发展，后发赶超的有效途径；是金州州委、州政府提出的"十二五"时期重点实施工业强州和城镇化带动战略，加快推进农业产业化，努力实现"三化"同步的需要。

## 第一节 加快推进招商引资工作的重大意义

一、是一个地区的区域经济发展到一定历史阶段的必然选择

按照经济学的理论，一个地区的人均国内生产总值达800美元以上，城镇化率达25%左右时，必须进行经济发展方式的转型，即由以抓农业为主转向以抓工业化和城镇化带动为主的经济发展方式转型。纵观黔西南州经济社会发展的阶段性特征，当前正置向工业化和城镇化转型，努力实现快速发展的关键时期。为此，金州州委、州政府审时度势，已在"十二五"规划纲要中作出了正确决策，全身心地致力于全州经济社会发展方式转型的相关工作，提出了符合黔西南州情实际的科学发展思路，突出了"加速发展、加快转型、推动跨越"的主基调，大力实施工业强

州和城镇化带动的主战略,扎实推进农业产业化,注重有效地推动全州经济社会的快速发展,转型发展。处于这样的发展阶段,加快推进招商安商工作至关重要。这是因为黔西南州经济总量小,人均收入低;但矿产、能源、生物、农业特产和劳动力等资源相对富集,实属基础性资源丰富的地区,急需引进人才、技术、资金和管理经验等发展性资源来与之联姻,以形成两种资源有机结合,充分发挥自身的比较优势和后发优势,促进优势互补,创造最佳经济效益,实现预期发展目标。

## 二、是落实金州州委、州政府提出的"主基调"和"主战略"的需要

黔西南州"十二五"规划《纲要》中明确指出:"高举中国特色社会主义伟大旗帜,以邓小平理论和"三个代表"重要思想为指导,深入贯彻落实科学发展观,突出"加速发展、加快转型、推动跨越"的主基调,重点实施工业强州和城镇化带动的主战略,紧紧围绕"一二三四"科学发展思路,大力弘扬贵州精神,积极抢抓国家深入实施西部大开发战略和进一步扩大内需的机遇,以科学发展为主题,以扩张经济总量、转变经济发展方式为主线,以抓项目建设、强科技创新、促资源开发为主要支撑,以推进新型工业化、城镇化、市场化和农业产业化为主攻方向,以保障和改善民生为立足点,以深化改革、扩大开放,加强区域间协作为动力,为实现经济社会发展历史性跨越和全面建设小康社会目标打下具有决定意义的基础。要如期实现上述目标,需要加快推进招商安商工作。因为世界上许多国家和地区的发展都是依靠招商安商发展起来的。美国、加拿大、日本、韩国、澳大利亚、新西兰等国家是靠招商安商发展起的;我国台湾、香港地区以及深圳、宁波、青岛、大连等地也是靠招商安商发展起来的。外来文化思想的渗透,外来人才的挑战竞争,外来生产要素与本地生产要素的结合,这些都需要招商安商才能实现。

## 三、是加快发展、后发赶超、与全国同步实现全面小康的需要

有经济学家说：西部地区要发展，要看你这个地区有没有丰富的基础性资源，能不能通过招商安商工作的有效开展，从而引进和留住发展性资源。经济发展的过程是不可能倒过来的，肯定是发展性资源来驾驭基础性资源，而不是基础性资源来驾驭发展性资源。因为黔西南州委、州政府提出的"一二三四"科学发展思路和"加速发展、加快转型、推动跨越"的主基调，重点实施工业强州、城镇化带动主战略的具体目标就是"五高于""七倍增"。要如期实现具体目标，就必须加快推进招商安商工作，特别是在推进工业化、城镇化和农业产业化的具体实践中，必须大力引进资金、技术、人才和管理经验等发展性资源，以此促进全州"三化同步"并协调、健康、快速发展，从而带动全州经济的快速发展、转型发展，促成全州经济社会发展尽快形成后发赶超的起飞态势。

## 第二节 招商引资工作的主要特征

翻阅世界各国和我国东部发达地区招商引资工作的历史长卷，可以总结出招商安商工作具有四个阶段性特征。

### 一、纯部门行为的特征

部门招商引资阶段就是只有几个部门在招商安商，单枪匹马，形不成合力，招商效果不佳的初始阶段。大家知道，招商安商工作的过程就是交朋结友、建立友谊、增强信任的过程，其关系实质上就是感情关系、朋友关系、友谊关系。如此而来，仅凭几个部门招商安商显然收效甚微。例如黔西南州在上次机构改革前就是处于这一阶段，即以招商局和顶效开发区为代表的几个相关部门在招商、安商，其效果事倍功半。

## 二、政府招商引资阶段，由政府主导、各部门参与的招商安商行为的特征

纵观黔西南州目前的招商安商工作现状，刚刚由部门行为阶段上升为政府行为阶段。进入这一阶段的招商安商工作就是要在各级政府的主导和统筹之下，各级各部门积极参与、明确责任、下达任务、责任到单位及具体人，并注重督促检查，制定出台奖惩政策，并严格兑现奖惩。只有这样，方能奏效。

## 三、市场招商引资阶段，以商会等中介组织为主体的市场行为的特征

进入这一阶段的招商安商工作，政府和部门仅是宏观协调服务，搞好规划和项目论证审批等具体工作，招商安商工作由企业法人、商会会员为主体，按市场规律运作，政府就不再具体招商安商了。因为一旦进入这一阶段，所有的企业、所有的客商都有自己的体系，只要条件具备、环境好、项目优、能赚钱，他们的同行、同乡、同学、朋友等都会相约而来，互帮而安。

## 四、社会招商引资阶段，由市场行为上升为社会行为的特征

社会招商引资阶段就是全社会成员都会重视招商安商、关心招商安商、支持招商安商和参与招商安商工作阶段。进入这一阶段就达到了招商安商工作的最佳境界，全社会都会自行融入招商安商工作之中，招商安商工作自然成为一种社会责任，历史使命，非做不可，这样必将形成良性互动的大好局面。例如目前我国东部沿海大部分地区的招商安商工作，均已进入了这一良性发展阶段。

鉴于上述招商引资工作的阶段性特征，金州的上上下下、方方面面都应正确分析和深刻认识全州招商引资工作的阶段性特征，准

确把握全州招商引资工作的时代脉搏,坚定加快推进招商引资工作的信心和决心。因为招商引资工作是区域经济发展规律的具体运用,是推动区域经济跨越式发展,是努力实现后发赶超的关键环节,绝不能因为不理解、有非议、有困难就动摇或放弃,只有在实践中学习,在实践中加深理解,靠实践证实非议,靠决心战胜困难,黔西南州的招商安商工作才能加快推进,取得实效。

## 第三节 招商引资工作的对策措施

加快推进黔西南州的招商引资工作,对策措施的选择至关重要。在金州的招商安商工作刚进入政府行为阶段的时期,应选择以下对策措施进行招商引资。

### 一、抢抓机遇招商引资

"十二五"时期,金州的经济社会发展面临四大机遇。

一是国家继续推进第二轮西部大开发的机遇。党的十七大报告强调,国家继续推进西部大开发进程,加大对西部地区以交通和水利为重点的基础设施建设的投入,将通过财政转移支付、扶贫开发、基础产业建设等多种形式继续加大对西部地区的投入力度。2010年10月,中央又专题召开了西部大开发工作会,对加快西部地区第二轮大开发的具体工作进行了部署,明确提出了要加快黔中经济区的建设,培育西江上游经济区和全力实施乌蒙山区扶贫攻坚工程。金州既是西江上游经济区,又属乌蒙山区,还是石漠化综合治理连片区在国家的西部开发支持范围之内。

二是后金融危机和东部产业转移的机遇。纵观世界经济发展走势,国际金融危机已进入余波未了的后期,加之2008年金融危机对于工业基础相对薄弱、商品市场极不发达、消费能力不足,主要靠投资拉动发展的金州，本身就是一次加快发展的机遇，再加上东部受金融危机冲击后急于进行产业结构调整，一些相对饱和的产业急需向西部地区转移，这就为金州对接国家政策和东部产业转移创造了有利条件。

三是加快推进生态文明建设和贯彻落实国发2号文件的机遇。党的十八大报告明确做出了"生态文明建设"的战略部署，将生态文明建设列入经济社会发展的总布局，加之2012年国务院出台了国发2号文件，要求贵州加快发展，与全国同步建成全面小康社会。这对金州这样生态良好和资源富集的地区的发展无疑是一次大好机遇。

四是国家加快建设中国——东盟自由贸易区和"云南桥头堡"的机遇。众所周知，东盟自由贸易区位于广西南宁，"十一五"期末已全面建成投用；"云南桥头堡"已列入国家"十二五"时期的重点战略加紧实施。黔西南州与广西、云南毗邻，并处于"南、贵、昆"经济圈的轴心，这就为全州的原材料就近加工和出口创造了有利条件。为此，黔西南州必须抢抓机遇，布局产业，招商引资。

## 二、发挥优势招商引资

"十二五"时期，金州的经济社会发展面临四大优势。一是独特的区位。金州政府所在地——兴义离贵阳300多公里，离昆明300多公里，距南宁400多公里，地处三省区交汇处，曾被习近平总书记称为"三省通衢"，地理上的区位优势明显凸显。二是便捷的交通。飞机场坐落在兴义，南昆铁路横穿兴义、安龙、册亨三县市，324国道、210省道在顶效交汇；已开通的"汕昆"高速公路和即将建成的两条铁路、两条高速公路穿越州境内，目前除望谟外已基本实现了县县通高速公路；南北盘江航道发端于州境内，形成了便捷的立体交通网络，交通优势十分明显。三是丰富的资源。黔西南州被称为"水墨金州"，就是因为水能资源、煤炭资源、黄金资源富集，还有已探明的锑、锌、钛、铁等有色金属矿达40余种，生物、农业特产和劳动力等基础性资源丰富,资源优势得天独厚。四是良好的生态。金州上下重峦叠嶂,植被茂密,森林覆盖率达46%,被誉为珠江上游的生态屏障,加之一年四季温差变化不大,被称为"第二春城",是最适宜人类居住之地,生态和人居环境十分优越。为此,金州必须发挥优势,突出特色,招商引资。

### 三、打造平台招商引资

所谓"打造平台",就是结合实际,因地制宜,创造条件,改善环境,打造适合企业和客商投资创业的场地。具体就是以加快推进工业化、城镇化和农业产业化为平台,进一步提升和打造开发区、保税区或出口加工区,创办工业园、物流园、现代农业示范园等"四网一平"的创业区域,确保让客商进得来、留得住、能发展。

根据金州"十二五"规划《纲要》中关于重点实施工业强州和城镇化带动主战略的要求,在"十二五"期间应积极创造条件,大力创办工业园、物流园和现代农业示范园,以加快推进全州的工业化和城镇化进程。在工业化上,应考虑将现有的五个省级经济开发区中条件较好的顶效经济开发区进行"扩区升级",恢复由州原直接管理的管理体制,适度扩大原有的开发建设范围,将"郑万鲁"工业园和马岭红星工业园就近委托顶效开发区管理,以便顶效开发区在工业产业、城市空间和物流园区的规划布局上通盘考虑、形成合力、降低成本、提升档次、发展循环经济、形成集聚效应,促成顶效在省级经济开发区的基础上积极创造条件创办保税区或出口加工区,争取尽快升级为国家级经济技术开发区;加快威舍、德卧、清水河和兴仁四个省级经济开发区的开发速度;推动各县市加快创办工业园,并注重在科学论证的基础上划地围园,采取市场化运作的手段,将园区内的水网、路网、电网、信息网和场地平整的"四网一平"工程全面完成,力争县县创办省级经济开发区。在城镇化上,应结合金州实际稳步推进城镇化。就金州目前的城镇化现状而言,当务之急应考虑科学论证义龙新区、兴贞新区和各县市的新区规划,以求把握规律、科学决策、适时适度实施,绝不能贪大求洋,一哄而起,特别应注重考虑在优先发展产业的基础上适度推进城镇化。在农业产业化上,应加大投入、调整结构、优化布局、做大规模、搞好加工。要积极创办家庭农场、村办工厂、农业示范园区和科技园区。总之,金州必须依托"三化",打造平台,招商引资。

### 四、改善环境招商引资

改善环境,是加快推进招商引资工作的根本保证。投资者的投资动机非常简单:投资不是做慈善事业,而是追求利润最大化;投资不是为了受苦受累,而是为了舒适享受。由此理解,选择投资环境至关重要。为此,当前金州应着力改善"七大"投资环境,清除一切招商引资障碍,确保招商引资工作落到实处。

(1) 信赖的诚信环境。应建立健全社会信用体系,定期或不定期地组织针对性强的信用评估活动,并通过媒体向社会公布,让守信者得到褒扬,失信者受到惩戒,以进一步完善激励守信、惩戒失信的社会信用约束机制。

(2) 高效的政务环境。要切实转变机关作风,增强服务意识,坚持依法行政,规范行政审批,转变工作作风,提高服务质量和办事效率。

(3) 公平的市场环境。应本着"维护健康有序的市场环境,维护客商投资权益"的原则,用集中整治与日常监管相结合、治标与治本相结合的方式,开展专项整治,加强对市场主体的准入、交易和竞争行为的监管,建立长效监管机制,确保全州市场秩序进入规范发展的良性轨道。

(4) 公正的执法环境。要加强对重点部门和行业执法人员、公职人员的监督检查,严肃查处违纪违法行为,严厉打击"吃、拿、卡、要"等欺商轻商行为,促进依法行政、廉洁从政。

(5）优质的服务环境。要坚持优质服务，全程服务，加强对项目建设的中期和后期服务，克服重引进、轻服务、缺管理的倾向，建立全方位、全过程客商服务网络体系。

（6）开明的政策环境。要认真研究出台符合州情实际的、具有可操作性的招商引资优惠政策，放低企业、项目和客商投资进入的门槛，切实用长远的眼光、创新的思维去出台政策、理解政策和执行政策，保证政策的严肃性和持续性，让投资者有安全感。

（7）舒适的人居环境。要加大对城市功能完善工程的投入，加快硬环境建设，努力用安全优美的居住环境，功能完善的创业环境来吸引投资者的入驻；积极为投资者提供信息、培训、生活等方面的便利服务，切实解决投资者的后顾之忧。为此，黔西南州州必须改善环境，搞好服务，招商安商。

## 五、施行奖励招商引资

所谓"施行奖励"，就是出台招商引资奖励办法，对引进技术、人才、资金和项目并落地建设者，按一定的比例进行奖励，以此激励领导干部、机关单位、部门和社会组织及其成员广泛参与招商安商工作。特别是金州的招商引资工作，目前还尚处于政府行为阶段，实施政府奖励办法十分必要。

对此，省委、省政府已出台并实施了《招商引资奖励办法》，但这只是省级层面的考核奖励办法。金州应考虑结合州情实际，制定出台符合全州实际和全方位的《招商引资奖励办法》或《招商安商奖励办法》。在施行奖励前，首要的是明确责任。作为州级层面，可本着"四轮驱动"的办法，考虑整合州级领导干部力量，按其能力和专长分成四个推动组，分别负责"招商引资、工业化、城镇化、农业产业化"四个方面的领导和推动工作，责任到组、集团承包、施行奖励。在具体实施中，可分为三个层次实施奖励：一是对州级领导、党政机关单位、部门施行奖励，年初将招商安商工作指标列入推动组、单位和部门的年度目标责任状进行考核，年终对未

金州管理战略论

完成任务者考虑适当扣分,对完成任务者考虑适当加分并施行适度奖励,对超额完成任务者按比例施行重奖;二是对企事业单位可不给任务指标,但要鼓励其积极参与此项工作,可在《奖励办法》中规定,凡是以单位名义为招商引资工作做出实绩的,按一定的比例给予奖励;三是对企事业单位职工及其社会成员为招商安商工作做出实绩的,按一定比例公开兑现奖励。为此,金州不妨施行奖励,发动群众,招商安商。

总之,加快推进金州的招商引资工作,是贯彻落实科学发展观和党的十八大精神,促进全州经济社会又好又快、更好更快发展的需要;是一个地区经济社会发展到一定历史阶段的必然选择;是金州"十二五"规划《纲要》中"加速发展,加快转型,推动跨越"主基调的题中之意。只要全州上下充分认识其重要意义,正确分析和把握其阶段性特征,认真研究并切实采取有效的对策措施,全州的招商安商工作就一定能够打开新的局面,再上新的台阶。

# 第十七章 企业营销中"加减乘除"策略的启示

伟大的雕塑家罗丹说过：对我们的眼睛，生活中不是缺少美，而是缺少发现。对于企业的市场营销而言，处处充满了开启阿里巴巴山洞的钥匙。诸如连小学生都耳熟能详的加减乘除法，这就是企业营销中的最佳策略。

## 第一节 加法营销策略：多功能多品种

加法营销策略就是为产品附加多种功能、附加服务等，使顾客方便满意而"一次购足"。我们知道，产品不仅有价值和使用价值，还有稀有价值和魅力价值。在一般价值上加上更多的价值，会使顾客对这种产品着迷，从而打开销路，产品得以成功销售，变成商品。俗话说：酒香不怕巷子深。我们说：酒香也怕巷子深！好的商品如若没有精致的包装也只能被消费者打入冷宫。如我国前些年的外贸出口商品中，有一种制作精美，质量上乘的江苏宜兴生产的紫砂茶壶，但一度由于包装简陋粗糙而在国外销路不畅。随后生产厂商认识到后，改用了精美包装盒，售价因此而翻了数倍，销路甚好。由此可见，增添别人的产品所不具备的功能以满足顾客多方面的需求是加法在企业营销策略中的最好运用。

在实践中，加法营销策略突出体现在百货公司、超级市场和大型购物中心等商业营销企业中，采取自助服务方式的超级市场在经营种类和规模上做好加法，以求相对降低成本，薄利多销。为此，将加法策略发挥好，必能有效促进企业的营销工作。加法在企业生产和营销中使用，一方面缩短了产品的更新换代的周期，另一方面使新产品的开发从"重厚长大"向"轻薄短小"的方向发展，这已成为新产品总的发展趋势。产品新的功能会带来新的市场，关键在于适当地加上一点什么，以达到"功能延伸，功能扩散，功能组合，以添促变，改进附加，增加服务，创造商机"的营销目的。

比尔·盖茨曾说过，微软公司以后80%的利润都将来自产品销售后各种升级、换代、维修、咨询、服务。由此可见，服务也是一种产品，而且它对顾客的吸引超过产品本身。服务的目的就是帮助消费者完成对产品购买的判断，消除消费者对购买的戒备心理，使消费者处处感受到厂商对他们的尊重；随时帮助消费者消除预计与实际的差别，使消费者对自己的选择很满意，以建立相互信任的关系。

通过增加服务可以改进产品，提高管理水平，促进销售，发现新的消费需求，树立良好的企业形象和产品形象。服务不仅是企业竞争的筹码，还是企业构思新产品的重要途径。在服务过程中，可以更加深入地了解消费者的需求和期望以及对企业产品的看法和意见。这些都可以为企业产品的改进创新提供有价值的信息，为新产品的开发提供新的构思和设想。这就是加法营销策略将给企业带来的好处。为此，企业在具体实施加法营销策略的过程中，必须把消费者的每个询问、每一次电话和关注的每一个眼神迅速地转化为消费者的购买行为。即使达不到这一目的，也要使消费者成为企业的朋友。因为朋友越多，则对企业的宣传越有利，企业的经营成本越低，销售越旺、利益越多、效益越佳。

## 第二节　减法营销策略：缩小体积简化服务

减法营销策略就是针对特定的消费群体，生产让他们满意的产品，特点是小批量，小产品等，以物美价廉取胜。产品的包装也并非越精美越好，功能也并不是多多益善；产品的体积也不是一定非大得霸气，宽得豪华才能吸引消费者的目光。恰恰有时候需要针对特定的消费群体，反其道而行之，往往能收到意想不到的效果。为此，实施减法营销策略的目标就是将产品由大转小，简化服务环节以降低成本和价格；采取直销以减少中间环节，用产品的功能的单一化迎合消费者。随着生活节奏的加快，人们对产品的要求正逐步从"厚重长大"转向"薄轻短小"。为此，减少服务和销售环节使产品零售价格能占领更大的市场份额，为产品的推陈出新、缩短生命周期、节约运输成本、减少流通环节创造了机遇，这就是减法营销策略的妙处所在。

在现实生活中，消费者群体中也有一些喜欢某些产品的功能越简单越好，功能越单一越好。为此，单功能创新不仅有利于将产品信息传达到消费者心里，而且对企业也有好处。企业可以集中力量专攻某一特殊功能，使自己的产品在这一方面做到最好，使顾客得到更大的满足。同时，由于产品这一功能的竞争对手较少，企业成功机会就大。单功能创新不只是对产品单个功能的创新，也包括便利功能创新、单一功能创新和重点功能创新。其中，便利功能创新指将一些技术复杂的产品进行功能简化，以便利消费者的实际操作；单一功能创新指企业将产品设计得在某一方面功能特别突出，并以此作为吸引消费者的卖点；重点功能创新重点销售主张定位，指企业产品功能可能非常齐全，但并非要将所有功能一一告诉消费者，而只是将最关键、最主要的功能以最精简的语言传达给消费者，这一重点必须是其他品牌无法提供或从未诉述的，是独一无二的。由此可见，实施减法营销策略，最终在于缩小体积，简化服务，创新产品，吸引顾客，占领更多的市场空间，这就是实施减法营销策略的目的所在。

在实践中，减法营销策略主要采取直销即减少中间环节，具体分为直接销售和直效营销。直接销售也称访问销售，它是利用人员入户的方式，进行推销产品和劳务的活动，其特征是将产品随身携带，当面交易；直效营销即推销员上门推销，主要以印刷体、报刊等为销售手段直接向顾客发布广告信息，或者通过电话、电视、广播等媒体进行产品信息传达。顾客一旦产生购买欲望，便以邮件、电话、传真等方式表达购买意愿，然后企业以邮寄或送货上门，最终完成交易，从而实现减法营销策略。

## 第三节　乘法营销策略：组合配套以点带面

乘法营销策略主要体现在组合产品上，如组合家具、组合音响、家庭影院等。在企业营销中，重在及时跟踪和研究消费者需求和心理偏好的微妙变化，随时提供消费者相应喜好的新产品，同时注重给予一系列的辅助、支持新产品生产、服务、研究和开发的配套设施。这就是实施乘法组合营销策略的奇妙之处。

"苦咖啡好吃！""伴侣好吃！""苦咖啡、伴侣都好吃！"这是内蒙古伊利集团的一则冰淇淋广告。广告在向消费者宣传产品时巧妙地把两种产品搭配在一起，看似相互竞争，相互替代，实为互补产品，因为吃过"苦咖啡"的消费者肯定想尝一尝"伴侣"是否好吃？而吃过"伴侣"的人又想品一品"苦咖啡"味道如何！无独有偶，世界著名咖啡生产厂商瑞士雀巢食品公司也是把咖啡与咖啡伴侣组合起来，而且有时装在同一个盒子里面共同销售。由此可见，在企业营销中，实施乘法营销策略自有妙用，如果用好了，一个人消费该产品可能会带动其周围的朋友们都跟随消费该产品。看看我们身边，从组合家具、组合音响到组合化装用品等，乘法营销策略的效应真是妙不可言！

乘法营销策略的组合效益可体现在杂交组合即创新产品，异类杂交即产品的另类，功能组合即一物多用三个方面。杂交组合一般指植物杂交，如小麦、玉米、大豆、苹果和挑、李等杂交后，就会创造出新的优良品种。而企业在营销策划创新中，若按"杂交""组合"这种思路去做，同样可获得创新的效果或成果。比如在产品策划中，若能将两种或两种以上的多种产品有机组合，就可能创造出一种全新的系列产品。异类杂交指将不同种类的产品合为一体，如橡皮擦和铅笔杆原来是各自独立的两个产品，是美国画家海曼因嫌自己粗心，常常在作画时找不到橡皮擦，一气之下，索性将橡皮擦与铅笔杆绑起来。谁知这一情景被朋友威廉看见，他试想将橡皮擦与铅笔杆合二为一，岂不方便？于是，他就发明了既有橡皮擦又连带铅笔杆的新款铅笔！别看这一小小的组合发明，却给消费者带来了极大的方便。由此看来，异类杂交的创新的基本原理在于它的组合集优。无论采取哪种组合方式，都不应是简单的堆砌和拼凑，而是通过合二为一办法使产品在功能、性能或服务上有新的变化，即能给消费者带来新的使用价值。功能组合指将相近产品的功能进行整合以及把不同产品通过包装加以组合。对于功能组合，一要有新颖性和独创性；二要考虑组合前的技术功能具有互补性即组合后的新产品的功能应等于或大于组合前若干份功能之和；三要组合集优，解决方便、耐用或增能等具体问题，从而实现一物多用的组合目的。

由此可见，实施乘法营销策略，促成功能创新不仅有利于将产品的信息传达到消费者的心里，而且有利于企业增效，使企业集中力量，专攻某一特殊功能，从而使自己的产品越做越好。这就是实施乘法营销策略在企业营销中的妙处所在。

## 第四节 除法营销策略：分散经营多样出击

除法营销策略是将产品分散化、多样化，以满足不同消费者的口味，其策略在于预防"东方不亮西方亮"。在企业营销中，对庞大的消费群体做除法，有的放矢地开展营销业务，其结果可能事半功倍,在营销中适当地做些除法运算,也能收到良好的效益。比如一个食品店,即便把它办得再大,如果不分散开来的话,又会有多少顾客光顾呢?如果采取"连锁"销售,使企业分成一个个小的"单元",最大限度地接触消费者,将除法在企业营销中进行妙用,无疑会大大提高销售额。

我们所说的除法营销策略,在实践中可分为为顾客着想,为顾客省钱,为企业分散风险,化整为零、各个击破等四种形式。为顾客着想即主动站在消费者的角度,充分考虑到消费者的消费能力,积极为其排忧解难。比如当今的买房分期付款、办理按揭的办法就是典型的案例。随着住房价格的升高,有能力一次性支付房款的客户毕竟是少数,而办理按揭、分期付款的办法则把全部房款在时间上等分,这就解决了具有固定收入的工薪阶层买房难的问题,也为房地产企业打开了销售的突破口。为顾客省钱是指许多企业将产品分销的目标定为"最低的成本,将适当的产品,在适当的时间运送适当的地点",为顾客的服务达到最大化,成本降到最低点的营销办法。为企业分散风险即企业创新某一产品时要充分考虑其产品的生命周期,从而赢得竞争优势。如海信集团搞电子产品是强项,但他们响亮地提出了"发展电视,不惟电视;发展电子,不惟电子"的口号,勇敢挺进新领域,结果产品由单一的电视发展到拥有音响、家电、信息、通讯、计算机、电子元器件及光电产品等七大门类,这就有效地降低了企业风险。化整为零,各个击破是军事家惯用的制胜战术在企业营销策略常被采用。它指将历来视为整体的产品加以细分,然后进行求异性设计,以获得标新立异的新产品和对产品进行市场细分的办法。市场细分就是根据市场变量将整体市场划分为若干细分市场,然后按照形成差异的原则选择适当的目标市场进行创造性思考。具体可从消费者性别、年龄、职业、地域、使用场合、时差及经济条件等变量中化整为零,在"各个击破,分而治之"中获得创意。因为大千世界多姿多彩,不同职业、不同年龄、不同性别的消费者对产品的需求偏好各异,利用这种差异对市场进行化整为零、各个击破必将成为开拓企业营销市场空间的有效途径。

## 第五节 "加减乘除"营销策略：贵在"四则运算"

作为企业产品的"红娘"——营销人员如果没有多变的思维模式，而只是快言快语、风风火火，一根肠子通到底的行事风格，在变幻莫测的市场上，只能是一个待掠的战俘。因此，加减乘除法可以为企业营销策略提供借鉴。因为"加减乘除"就像一个个顽皮的音符，既可以单独弹奏，也可以灵活组合，从而奏成一首悦耳的乐曲。对于乐曲来说，关键是要和谐，而对于企业营销者而言，关键是要得当。为此，借用"加减乘除"的企业营销策略，贵在"四则运算"于产品促销全程中，这是由于"加减乘除"本来就各有利弊，但只要我们在实践中注重"四则运算"，取长补短，在企业营销中加以妙用，就可以显示出"四则运算"营销策略的强大威力，定能得到应得的可观利润。

"四则运算"混而用之，宜加则加、宜减则减、宜乘则乘、宜除则除，"加减乘除"交互使用，必将产生预想不到的效果。我们不妨看一下市场上的各种护肤品，几乎每一种品牌都有从洗面乳到营养霜或防晒霜一系列成套的产品，并且还特意说明配合本品牌的其他产品……这就是乘法的效应。可是这些企业并没有将自己的产品都成套包装，顾客可以任意选择其中一种，这里又是应用了除法。我们可以设想，当顾客第一次使用这一品牌时，她绝不会购买全套产品，而只会试探性买某一种。当她与其他产品作过比较和筛选并从中选定了最适合自己的品牌之后，她才可能购买这种品牌的系列产品。这里，企业营销者采用的是先乘后除的营销策略，而给顾客带来的却是先除后乘的效果。企业销售者的这一营销策略，颇有"请君入瓮"之意,真是妙不可言!由此可见,加减乘除的关键在于因人而异、因时而异、因物而异,重在混合运算,只有把握分寸,恰到好处,方能运用得如虎添翼,反之就会弄巧成拙。说到底,就是要始终奉行诚信营销理念,始终在头脑中装着一颗体察消费者的心。

## 第六节 企业营销策略对金州的启示

企业营销策略重在针对消费者的不同喜好,宜加则加,宜减则减,宜乘则乘,宜除则除,宜四则运算则四则运算。而金州在企业营销管理中,也应努力做到"加减乘除"法既分别应用又综合应用。特别是在激烈的市场竞争中,更应结合金州的实际,努力做到:能做加法做加法,能做减法做减法,能乘法做乘法,能做除法做除法,能做四则运算就做四则运算。在实践中力求做到不唯上,不唯书,只唯实,一切都从金州的实际出发,一切都为了金州的加快发展和后发赶超。

总之,企业"加减乘除"营销策略的妙用,可为金州的企业营销和经济社会管理提供良好而有效的借鉴,只要我们在实践中结合实际,大胆创新,恰到好处地运用加减乘除法为金州管理战略服务,注重做好四则运算,必将产生预想不到的效果。

# 第十八章　金州发挥比较优势与后发赶超

## 第一节　比较优势、后发赶超、后发优势的经济学概念

比较优势理论源于亚当·斯密的绝对优势理论，由李嘉图在《政治经济学及赋税原理》一书中提出，并将其得以发展。李嘉图所确定的比较优势理论的核心要义是：一个国家倘若专门生产自己相对优势大的产品，并通过国际贸易换取自己不具有相对优势的产品，就能获得利益。这一理论实际上说明了在单一要素经济中，生产率的差异造成了比较优势，而比较优势决定了生产模式。随后，赫克歇尔把地域分工和贸易理论向前推进了一步，创立了资源禀赋理论。该理论的核心要义是：一国在密集使用其相对丰富和廉价要素的产品生产上具有比较优势，因而应专业化生产并出口这类产品。而进口那些密集使用了本国稀缺要素的产品，以获得比较利益。因此，各国能生产出价格相对低的产品，则有相对优势。

从上述理论沿革与发展的过程看，比较优势这一经济学概念可以理解和归纳为：一个国家或地区与另一个国家或地区的生产率、资源要素的比较，进而具有相对优势者叫比较优势。

后发赶超指后发达地区通过发挥具有的比较优势和后发优势，采取加快发展、跨越式发展的方式，快速追赶先发达地区的科学发展之路。这是贵州省第十一次党代会提出的一条从贵州实际出发，全面协调、可持续、惠民生、促和谐的科学发展之路。

后发优势,指后发达国家和地区在学习先发达国家和地区的技术、经验、制度等方面所具有的与经济落后共生的、内在的、客观的有利条件,其作用的发挥依赖于一定的社会能力作基础。它是一个不断重复学习、模仿、积累、创造的过程,是一种潜在优势,是一种相对优势。一般来讲,后发优势具有相对性、客观性、潜在性、动态性、递减性、经济性和多维性,其种类可分为人力后发优势、资本合发优势、产业后发优势、技术后发优势和制度后发优势。

## 第二节 后发地区实现后发赶超的条件

一般情况下,后发地区要实现后发赶超应具备五个方面的具体条件。一是相对完好而占有相对优势的比较优势;二是相对富足而比较充分的资本供给渠道;三是必要的技术存量和较高的技术开发水平;四是覆盖而畅通的信息渠道;五是正确的思路和科学的决策。上述五个方面的基本条件,金州除第三条即技术存量不足和技术水平较低外,其余四条均基本具备。为此,总体上说金州这样的后发地区,实现后发赶超的总体条件是基本具备的。

要实现后发赶超重在发展比较优势和后发优势,大力招商引资、招财引智,才能加快发展。像金州这样的后发地区应靠什么吸引投资呢?一是靠鼓励政策,即相对优惠的奖励政策;二是靠资源禀赋,即丰富的基础性资源;三是靠投资环境,即高效率和低成本;四是靠人才资源,即廉价而富余的劳动力;五是靠区位,即优越的气候和优美的自然风光。

如此优越的条件,谁最有可能前来投资呢?一是中小型劳动密集型的加工企业和项目(一般主要来自于中国港澳台地区和海外华人);二是技术密集度较低的企业和项目(一般主要是民营和个体投资者,他们主要看重政策环境);三是本地资源富集而具有比较优势的企业和项目(一般主要是国内和本省的企业,他们主要是依托资源就近开发下游产品、延伸产业链、提高附加值)。就金州而言，若需实现招商引资的最佳效果，应虚心向发达地区学习：一要学习他们与时俱进，不断更新的思想观念；二要学习他们珍惜时间，注重效率的拼搏精神；三要学习他们工作认真，精耕细作的工作态度；四要学习他们注重包装，讲求诚信的商业意识；五要学习他们专业招商、配套招商的工作方法；六要学习他们重商亲商、安商富商的浓厚氛围。

说到底，我们后发地区要实现后发赶超，关键就在于招商引资。为此，我们一定要精心策划，耐心服务。一要做到目标定位准确，既要考虑全局又要考虑长远，在实践中只求所在，不求所有；只求所用，不求所有；知己知彼、把握优势，突破成规，另辟蹊经。二要注重细节，既要考虑形象更要考虑可行，在实践中做到广泛收集资料，制订比较方案，抓准跟踪服务。

## 第三节 后发地区实现后发赶超的障碍

阻碍后发地区实现后发赶超的常见障碍可归纳为：一是思想观念陈旧，时间观念淡漠，思维方式单一；二是人口过剩、贫困加剧，越穷越生，越生越穷；三是发展缓慢，税负过重，杀鸡取卵，竭泽而渔；四是资金紧缺、人才匮乏，无重大项目支持；五是环境恶化，工作拖沓，服务意识淡薄。

由于存在上述常见障碍，因此在实际工作中必须注重处理好四点问题。一是社会矛盾、利益格局问题，应注重处理好"改革——发展——稳定"三者之间的关系。发展是解决一切问题的关键，改革是有效推动发展的根本，稳定是实现发展的重要保障。二是"四大文明"建设的平稳发展问题，应注重处理好"物质文明、精神文明、政治文明、生态文明"四者之间的关系。物质文明是基础，精神文明是支撑，政治文明是保证，生态文明是归宿。三是发展结构和社会和谐问题,应注重处理好结构与效益两者之间的关系。结构调整是方向,效益提升是目的。四是良好心态与创新思维问题,应处理好心态与思维两者之间的关系。良好心态是推动发展的重要前提,创新思维是实现赶超的根本保证。一句话就是要切合后发地区的实际,在实践中做到"不唯上、不唯书、只唯实",做到逆向思维,反向解读,同向领会、转向行动。

## 第四节 后发地区实现后发赶超的重要意义

### 一、后发地区实现后发赶超是与全国同步实现全面小康的需要

党的十八大报告提出在建党 100 周年时要建成全面小康社会。与全国平均发展水平相比,贵州大约比全国大约掉队了 8 年,我们金州大约落后了 10 年,必须要把我们掉队的时间赶回来,才能与全国同步建成全面小康社会。要赶就要实施跨越式发展战略,就要走后发赶超之路。早在 2005 年,时任中共中央总书记的胡锦涛同志视察贵州时,就明确指示我们要有志气、有信心,努力实现经济社会的历史性跨越。目前,金州与全国小康进程的时间差距大约是 8 年,据分析,对金州来讲,能够在 2021 年与全国同步实现小康社会目标就是实现历史性跨越了。也就是说,在未来的 8 年里,我们还要所掉队的 8 年时间赶回来,这就意味着要"两步拼为一步走,两年合为一手干",这就需要"志气+信心+行动",这也是省第十一次党代会提出的"构筑精神高地""冲出经济洼地"的目的所在。

金州在地理海拔上是相对高地,但在经济发展上是洼地,我们要奋力爬高。靠什么爬高?经过这些年的努力,金州具备了一定的发展基础,但要冲出"经济洼地",必须构筑"精神高地",要有"精气神",这是省委的要求,我们必须结合金州实际,奋

力后发赶超。

## 二、后发赶超是贯彻落实省委、省政府关于"两加一推"和"三化同步"主基调主战略的需要

"十二五"规划中,省、州提出了"加速发展、加快转型,推动跨越"和"工业化、城镇化"的主基调、主战略,努力实现"三化同"发展。经过这两年的努力,金州的经济社会发展继续保持良好势头,主要经济社会发展指标增速排位前移,后发优势逐步显现。

通过这几年的实践,我们深深感到,我们要开创的后发赶超之路,也就是要同步推进工业化、城镇化和农业现代化,广泛汇聚发展要素,充分运用一切先发地区的优秀成果,走促进经济加速跨越和社会全面进步的道路;这是一条面对更加强化的市场约束和更加刚性的环境约束,面临既要"赶"又要"转"的双重压力和双重任务,破解资源环境制约、实现循环利用,做到既提速又转型,经济效益、社会效益、生态效益同步提升的道路;这是一条充分调动人民群众积极性、主动性、创造性,人民群众充分享受发展成果、不断提升幸福指数的道路。为此,我们必须增强信心、下定决心、艰苦奋斗、长期奋斗、不懈奋斗、努力实现后发赶超。

## 三、后发赶超是弘扬贵州时代精神的需要

贵州省第十一次党代会明确提出了要大力弘扬"团结奋进,开放创新"的贵州时代精神,这一时代精神就是要构筑具有贵州时代特征的"精神高地",金州作为"不怕困难、艰苦奋斗、攻坚克难、永不退缩"的贵州精神的发源地,理应在构筑"精神高地"中走前列、作表率。要从灵魂深处克服自卑、自轻、自弃的思想心理,树立自信、自尊、自强的精神状态。贫困不是金州永久的标签;无奈不是金州本质常态。要从思想深处克服陈旧、封闭、保守的思想观念,树立开放、创新、创优的时代氛围。要在实践中克服务怕事、消极、懈怠的思想情绪,树立作为积极、敢于担当的时代精神,苦

干实干、顽强拼搏，奋力实现后发赶超。

## 第五节　后发地区实现后发赶超的对策

### 一、依靠投资拉动经济增长，是今后 5～10 年金州的首选方式

金州要发展，加大投资是关键。作为"欠发达、欠开发"的金州，在拉动经济发展的"三驾马车"中，消费、出口、创汇均属乏力，只有投资才具强劲活力，这是客观现实，为此，我们必须把握规律、顺应规律、应用规律为我服务。具体在未来五至十年的发展中，必须紧紧扭住投资拉动不放松，特别是要注重加大对基础设施、基础产业的投资力度，以不断完善基础设、培育基础产业，从而才能拉动发展。

### 二、依靠资金和技术的流入整合其他生产要素，充分利用"洼地效应"形成后发优势

要认真学习领会和贯彻落实好国发 2 号文件，充分发挥其具有的"上方宝剑"和"引窝蛋"效应，尽快营造金州这块投资热土，将投资流引向我们后发的经济洼地，将"百日招商安商"活动持续坚持下去，扩大推广开来，做到"十年招商安商"不动摇、不松劲、不懈怠。让政策后发势、资金后发优势、技术后发势、管理后发势尽快汇聚金州、融入金州、发展金州。

### 三、凭借比较优势、加快打造环境、加大引资引智

金州的比较优势可概括为：基础性资源要素优势突出。如区位优势凸显，州府所在地的兴义市处于滇黔桂三省区的结合部，位于昆明、南宁、贵阳三座省会城市的轴心，被习近平同志称为"三省

通衢",适合规划建设一座中心城市;能矿资源优势,水能资源和矿产资源储蓄藏量大,开发前景广阔;生物资源多样、农业特产资源丰富;劳动力资源富足、气候条件得天独厚等,这些都是我们的比较优势。为此,我们应抢抓西部大开发和国发2号文件实施的机遇,全力打造投资环境,加快招商引资步伐,努力实现后发赶超。特别是要着力打造基础设施和基础产业的投资硬环境,加快完善水利、交通、城镇网络体系等基础设施,形成宜居、宜游、宜投资创业的良好环境,要着力打造工业基础产业项目引得进、留得住、能发展的城市新区、开发区和园区平台,完善"四网一平",确保项目的落地建成和经营发展。

## 四、以牺牲资源为代价换取必要的增长

因为金州的经济社会发展仍处于粗放型的发展阶段,主基调整是"扩总量、调结构、拼速度",因此,我们的主要任是既要赶又要转,赶是拼速度、要速度,转是调结构、提质量,要实现既赶又转的双重目标,就应充分发挥我们的比较优势即资源相对富集的优势,从而舍得牺牲一些不得已而为之的资源,以换得我们调结构、拼速度目标的实现,达到扩总量即做大经济蛋糕的目的。

## 五、坚持把"四轮驱动"作为长期发展的动力

所谓"四轮驱动",即"招商引资、基础设施、工业化、城镇化"的协调推进。四者之间的相互关系为:完善基础设施,为了招商引资;有效招商引资,为了加快推进工业化和城镇化进程。基础设施包括水利基础设施、交通基础设施、工业园区基础设施、城镇建设基础设施等,只有这些基础设施相对完善了,招商引资才能收到实效,工业化、城镇化才能快速发展。为此,金州在未来5~10年的发展中,必须紧紧抓住"四轮驱动"不放松,并在超前谋划、搞好规划,注重顶层设计上下工夫,以确保"四轮驱动"的有序推进,从而实现后发赶超。

# 第三部分 金州公共管理论

# 第十九章  金州公共管理概述

## 第一节  公共管理的内涵

公共管理的主体多为政府。公共管理指将新思想、新理念、新方法和新技术运用实践于公共管理领域，概而言之，也就是政府在施政中，将科学管理理念、功能、组织、手段等运用于公共事务全过程的实践活动。公共管理是采用商业管理的理论、方法和技术，引入市场竞争机制，提出以提高公共管理水平及公共共服务质量为特征的"管理主义"纲领的管理模式。它基于管理主义之立场，认为提高公共行政之绩效，必须仰赖管理技术之引进。

公共管理是公共管理学的主要内容，是运用管理学、政治学、经济学等多学科理论与方法，专门研究公共组织，特别是政府组织的管理活动及其规律的科学群体系。在西方，公共管理源于20世纪初形成的传统公共行政学和20世纪60、70年代流行的新公共行政学，后于70年代末期开始，因受到公共政策和工商管理两个学科取向的强烈影响而逐渐发展起来，如今它已成为融合了公共政策、公共事务管理等多个学科方向的大学科门类。

公共管理学主要研究公共管理和利益关系问题。其理论基础是公共部门经济学，核心是公共财政学。因为公共管理活动离不开经济资源要素的配置与调剂，离不开物质基础，离不开公共财政的当家理财。公共财政学就是研究如何通过政府预算组织财政收入、安排财政支出、提供公共产品、矫正市场失灵、优化资源配置以及调节收入分配，重在合理界定政府组织与市场组织及其他社会组织之间在公共产品生产与提供中的相互依存关系,有助于清晰地划分各级政府间的职责范围。对公共产品提供途径的分析,有利于根据公共产品的属性进行多样化的制度安排,从而实现公共产品与劳务的有效供给。

## 第二节 公共管理的目的和任务

金州公共管理的目的,就是以上述管理理论为指导,结合金州实际研究和探讨如何提升金州公共管理水平,做大财政蛋糕并分好蛋糕,从而有效推动金州经济社会又好又快、更好更快发展,努力实现跨越式发展,奋力与全省全国同步实现全面小康的管理活动。结合金州当前所处发展阶段的实际,金州公共管理的重点应放在理念创新管理、人才引进培养使用和管理上。理念创新管理在于人的思想解放、思维创新;人才的引进、培养、使用和管理在于调动人的工作热情与激情,即最大限度地调动人的积极性和创造性。

金州公共管理的任务,就是调动人的积极性和创造性。要调动人的积极性和创造性,重在运用管理心理学的理论,充分发挥被管理者的心理需求效应。根据美国心理学家马斯洛的观点,人类的行为受到"生理、安全、社会、尊重和自我实现"等不同需求的驱动,这些需求分为不同的层次,遵循由低到高的顺序,其中生理需求为最低层次需求,而自我实践需求则为最高层次需求。当人类的某个需求达到满足时,这个需求就会失去驱动作用,而更高层次的需求则成为他的内在驱动力。这是人类的一般心理活动规律。

要想有效激励被管理者,应该充分考虑被管理者的个人需求。每个被管理者的情况各不相同,因此,他们的内在需求也存在着差异,只有根据被管理者的具体实际采用不同的激励措施方能有效。管理者要想对被管理者实施合理有效的激励,应该遵循目标激励、物质激励和精神激励相结合,引导性、合理性、时效性、正负激励相结合以及按需激励等原则。在此基础上,管理者还可以采用恐惧激励法、物质激励法以及精神激励法中的一种或者几种激励手段，以达到激励被管理者、提高团队竞争力的目的。

生理需求是人类对衣、食、住、行等生存必须条件的最基本需求。一个人在饥饿时会降低对其他事物的兴趣，这个时候食物会成为他最为重要的内在驱动力。对被管理者来说，如果最基本的生理需求都无法得到满足，那么他的真正在意问题便和他们的工作没有太大关系。在现实生活中，虽然人们的物质条件有了很大提高，但仍有一些群众在基本生理需求方面没有获得满足，他们为了生计而不停地奔波劳碌，对于这部分群众来说，报酬、收入分配、医疗保险等需求就是他们的主要内在驱动力，而管理者在这个时候采取措施有针对性地解决，就能够起到激励的作用。

安全需求是包括人类自身安全、生活稳定以及避免遭受痛苦、疾病或者生命威胁等方面的需求。在生理需求得到满足之后，安全需求便成为人类最为重要的需求。对于被管理者来说，安全需求则意味着对安全而稳定的工作环境、医疗保险、失业保险以及退休福利等的需求。如若被管理者倾向于受到安全需求的激励，那么这些条件则成为他评估职业的首要条件。对于这类被管理者来说，管理者的激励措施就应从强调规章制度，强调员工与职业的稳定性和安全性，提高员工在保险以及退休福利等问题上的待遇入手，使员工们安心工作，不会因为工作环境或失业等问题而担忧。

社会需求是人类对人际关系，包括对亲情、友情、爱情以及其他友好关系的需求。在人类的生理需求和安全需求已经得到满足之后，社会需求就会成为激励人类行为的首要内在动力。如果社会需求成为被管理者的内在驱动力，那么工作就会成为他们寻找和建立和谐人际关系的机会，如果管理者能为他们与同事之间的友好交往创造条件，他们便会因为追求和谐的人际关系而对工作非常重视。但是，如果被管理者的社会需求难以得到满足，那么他们的工作状态就会受到影响，出现情绪低落，对工作缺乏热情甚至不满，生产效率低下，缺勤率较高等消极怠工行为。此时，管理者如果想要激发这部分人的工作热情，就应尽量支持他们发展人际关系，强调同事之间关系和谐的重要性,并通过组织竞赛或者集体活动,来增强干部群众之间的交往,融洽同事之间的关系,从而使其社会需求得到更多满足。

尊重需求是包括人类对自我成就、自我价值的感觉,受到他人的认可以及尊重的感觉方面的需求。有尊重需求的被管理者希望自己的实际形象和能力可以得到他人的认可和尊重,在他们的心目中,成就、名声、地位以及晋升机会等荣誉是非常重要的。在珍视荣誉的人看来,荣誉是人们对一个人的认可,是一个人赢得尊重的表现。如果一个人赢得他人的尊重,他就会由于人们对他的肯定而产生满足和自信心理,反之,就容易产生沮丧情绪。领导者要想达到对注重尊重需求者的激励,就应该用提高其地位、给予其晋升机会等方式来满足其心理需求。需要注意的是,荣誉的给予需要建立在员工真实能力的基础上,如果一个员工荣誉的获得和他的个人能力无关,那么他可能会因此承受较大的心理压力。

自我需求是人类对自身素质、能力、价值得以体现的最高需求。达到自我实现目标的人,不只会接纳真实的自己,还会接受别人。处于自我实现境界中的人们,在解决问题的能力以及自觉性方面都有了提高,他们善于独立处理问题,也希望自己不受他人打扰。如果被管理者将自我实现需求视为最紧迫的需求,那么他要么已经完成了部分其他需求的满足,要么因为过分关注自我实现需求而自觉不自觉地放弃对较低层次需求的追求。如果管理者能够运用恰当的激励手段(如知人善任)来激发其潜能,那么他们的积极性就会得到充分调动,从而创造性、建设性地提高工作效率。

总之,金州属于"欠发达、欠开发、欠开放"的后发地区,其公共管理的重点就是要充分调动各方面的积极性,实现后发赶超的目标。为此,在公共管理实践中,管理者对下属实施激励时,要想达到预期的激励目标,就应该从满足下属的需求开始。当今社会正处于日新月异的快速发展之中,不光是不同下属有着不同的个人需求,就是同一下属的需求,也会因时间或者空间的不同而不断改变。为此,管理者在对下属实施激励的时候,一定要对其需求有充分的了解，不但要因人而异，还要做到与时俱进，根据下属个人需求的变化对激励措施进行适时的调整，从而在充分尊重下属需求的基础上，采取最能打动下属、最能激励下属潜能的激励措施，以达到预期效果。

# 第二十章　金州应解放思想促跨越

胡锦涛同志在党的十七大报告中指出：解放思想是发展中国特色社会主义的一大法宝。这是我们总结前人的历史，特别是总结改革开放以来的发展经验作出的一个科学论断。为全面贯彻落实好党的十七大精神，推动经济社会全面发展，许多地方相继开展了解放思想大讨论活动。在这新一轮的解放思想春潮中，金州各级领导干部，理应站在时代的前列，带头解放思想、更新观念，为全面建设小康社会宏伟目标的实现做出自己应有的积极的贡献。

## 第一节　什么是解放思想

追根溯源，"解放思想"或"思想解放"这一理论，最早是由梁启超先生提出的。1919年五四运动爆发时，他在《思想解放》一文中写到："要个性解放，必须从思想解放入手。"但真正赋予"解放思想"科学含义，特别是将其作为党的思想路线重要组织部分的还是邓小平同志。1978年12月13日，邓小平同志在他的《解放思想、实事求是，团结一致向前看》的讲话中频繁地使用了"解放思想"一词。在这篇讲话中，鉴于当时党内普遍存在的思想僵化状态，邓小平同志深刻剖析了思想僵化的危害，深刻阐述了解放思想对于我们党、我们民族、我们国家生死攸关的重要意义。他严肃地告诫全党："一个国家、一个民族，如果一切从本本出发，思想僵化、迷信盛行，那它就不能前进，它的生机就停止了，就要亡党亡国。只有解放思想,坚持实事求是,一切从实际出发,理论联系实际,我们的社会主义现代化建设才能顺利进行,我们党的马克思列宁主义、毛泽东思想的理论才能顺利发展。从这个意义上说,关于真理标准问题的争议,的确是个思想路线问题、是个政治问题,是个关系党和国家前途和命运的问题。"正是邓小平同志这一振聋发聩的声音犹如惊涛骇浪,激荡起中华大地上"真理标准"大讨论的第一次春潮。

综合邓小平同志的这篇讲话精神,我们可以总结出这样的概念:解放思想,就是在马克思主义指导下打破习惯势力和主观偏见的束缚,研究新情况、解决新问题,就是使思想和实际相符合,使主观和客观相符合,真正做到实事求是。概括地说,解放思想就是在思想观念上破旧立新,使自己的头脑跟上不断变化的实际。尽管"解放思想"是邓小平同志首次作为党的思想路线的重要组成部分提出来的,但是综观我们党的历史,解放思想的脚步其实一直伴随始终,党的事业的每一次新进展,理论建设的每一个新建树,无不以解放思想为先导。而每一次的思想解放,都推动了党的事业的新发展,都增强了党的创造力、凝聚力和战斗力。党的辉煌历史证明,只要我们坚持解放思想,我们党就一定能够带领人民克服前进道路上的任何艰难险阻,就一定能取得一个又一个的新胜利。

## 第二节 为什么解放思想会有如此威力

为什么解放思想会有如此威力,说到底是因为我们党是以马克思列宁主义为纲领和旗帜的,解放思想是我们党固有的理论品质,是党的思想路线的本质要求。虽然马克思主义具有"放之四海而皆准"的真理价值,但也只有与一个国家的具体实践相结合,才能真正产生改造世界的力量。尤其在有着独特历史、独特国情,人口众多、经济文化都比较落后,生产力还不发达的中国,无论革命还是建设，都无法从马克思列宁主义经典著作中找到现成的答案。只有与自己的国情实际相结合，在实践中做到灵活而不僵化，不照搬照抄，也不盲目超越，坚持在马列主义基本原理的指导下走自己的路，才能最终取得革命和建设的成功。我们正是坚持了这一点，才不仅找到了自己的正确道路，取得了革命建设和改革开放的成功，还使马列主义中国化成果丰硕，形成了解放思想、实事求是、与时俱进的思想路线。在这个思想路线中，解放思想是本质要求，没有解放思想就不可能做到实事求是，更不可能做到与时俱进。当然，在解放思想这方面，党的历史上不全是成功的经验，还有过深刻的教训。如1958年以后盛行一时的主观主义、教条主义、个人崇拜主义、"两个凡是"等等，以僵化、教条的态度对待马列主义的做法，曾经给我们党和人民的事业造成了巨大的伤害和难以挽回的损失。因此，正反两个方面的经验教训告诉我们，什么时候解放思想，什么时候就取得胜利；什么时候思想僵化，什么时候就遭遇挫折。解放思想是我们党固有的理论品质，是我们正确认识世界、改革世界的先进思想武器。

　　回顾历史，邓小平同志关于《解放思想、实事求是、团结一致向前看》的讲话耐人寻味了32年。改革开放是一项前无古人的崭新事业，改革是对原有的计划经济体制弊端的否定，是对人们固有的思想观念的突破。因此，改革每走一步，必然要以思想的解放为开路先锋。没有思想的解放，就不可能触动原有的体制、观念。回顾我国改革开放的历史，我们可以清楚地看到，我国改革开放每向前推进一步，都离不开解放思想的动力支持。我们正是依靠解放思想这一法宝，才突破了旧思想观念和思维方式，使生产力获得了极大的解放。一部中国改革开放的历史，实际上就是一部思想解放的历史。例如，在很长一段时间内，"姓资、姓社""姓公、姓私"之类的问题，一直困扰和束缚着我们的改革和建设的脚步，直到1992年邓小平同志南方谈话，引发新一轮的思想解放以后，这些问题才基本得到解决，改革开放才随之大踏步地向前推进。

继续推进改革开放是我们党在新的历史阶段坚定不移的选择。现在，改革开放已到了攻坚的阶段。从纵向上看，改革已经触及深处，一些深层次矛盾开始显露；从横向上看，改革不仅限于经济领域，还不可避免地要触及政治、社会等各个方面。而且我们现在所进行的改革是在一个更加复杂的国际大环境下，一个矛盾开始凸现的国内小环境下进行的。可以说，今后改革开放的任务较之以前更加艰难，更加具有挑战性，更加需要我们解放思想，开动脑筋，研究新问题，解决新问题，迎接新挑战。只有继续解放思想，才能逾越改革和发展中的困难及沟坎。

## 第三节 第一轮解放思想的背景、任务和内涵

我们知道，"社会实践无止境，解放思想未穷期"。

### 一、这是继续走好中国特色社会主义伟大道路的需要

30多年前扬起的改革开放的风帆，开辟了中国特色社会主义的崭新道路。开辟这条道路就是解放思想的结果，今后，我们要继续坚持走这条道路不动摇，同样离不开解放思想为之提供先导作用和强大动力。我们只有继续解放思想，才能破除对社会主义的教条式的理解；才能更加精确地掌握和立足国情，科学地制定自己的发展战略；才能对西方式的发展道路和模式大声地说：我们走自己的路！我们将更加坚定地走中国特色的社会主义道路。

### 二、这是夺取全面建设小康社会新胜利的需要

新世纪新阶段，我们党紧紧抓住21世纪头20年的重要战略机遇期，作出了全面建设惠及十几亿人口的更高水平的小康社会的新部署，这是我们中华民族的千年企盼，我们必须坚定信念和决心！但是，我们也应清醒地看到，在一个13亿多人口的大国，全面建设

小康社会是一项前无古人、后无来者的伟大事业，也是举世无双的伟大事业，马列主义的经典著作中没有现成的答案，世界上也没有成功的模式可供套用。因此，我们只有在实践中用好解放思想这一法宝，才能成功破解全面建设小康社会过程中遇到的各种难题，才能顺利推进小康社会建设直至夺取最后的胜利。

### 三、这是全面贯彻落实科学发展观的需要

科学发展观是改革开放30年的基本经验的总结和理论升华，科学发展观体现了解放思想、实事求是、勇于创新的精神。贯彻落实科学发展观，是当前和今后全党的工作大局。围绕科学发展观这一主题，党的十七大报告还提出了一系列新的观点和理念。因此，我们要在各项工作中贯彻落实好科学发展观和党的十七大精神，就必须要进一步解放思想、开阔视野、拓宽思路。要站在新的历史起点的新高度上，深刻领会其丰富的理论内涵，并以此指导我们的工作。这对于我们理论工作者来说，又是一个崭新的课题，但只要我们坚持不懈地用好解放思想这一法宝，就一定能够回答好、解决好这一课题。

### 四、这是有效应对各种新情况新问题的需要

在新的历史起点上，我们面临的机遇前所未有，挑战也前所未有，但最终是机遇大于挑战。当今国际上，世界多极化和经济全球化的趋势深入发展，综合国力竞争日趋激烈，西方国家对我国实行西化、分化的战略一天也没有停止。从国内看，经济体制深刻变换，社会结构深刻变动，利益格局深刻调整，思想观念深刻变化，空前的社会变化给我国的发展进步带来了巨大活力，与此同时也带来了这样那样的矛盾和问题，包括一些意想不到的深层次的矛盾和问题。为此，我们只有继续运用解放思想这一法宝，才能适时洞悉世界趋势和潮流，科学制定对策，不断开创中国特色社会主义的新局面。

## 五、这是扎实推进党的建设新的伟大工程的需要

我们党要带领人民夺取全面建设小康社会新胜利，开创中国特色社会主义事业新局面，关键是要抓好党的自身建设。党的十七大报告从加强和改进党的思想建设、组织建设、作风建设、廉政建设、制度建设等方面，提出了一系列新的更高要求。这些新要求的落实都离不开解放思想，我们只有不断地解放思想，与时俱进，才能以改革创新的精神加强和改进党的建设，努力提高党的领导艺术和执政水平，提高拒腐防变和抵御风险的能力，使我们党永葆先进性，始终充满创造力、凝聚力和战斗力，始终成为团结带领各国各族人民建设中国特色社会主义的坚强领导核心。

以上五个需要，说的是解放思想的背景，也就是回答了为什么要解放思想的问题。

我们还知道，"解放思想不是空洞的口号"。回顾历史，每一次思想解放都因其背景不同而任务和要求不同。新一轮的思想解放是在我国改革开放取得巨大成功、全国总体达到基本小康水平、开始建设全面小康的历史条件下展开的，因此它必然有着与往次思想解放运动所不同的崭新任务和要求。当前，全党、全国各族人民的中心任务，就是高举中国特色社会主义伟大旗帜，全面贯彻落实科学发展观，努力夺取全面建设小康社会的新胜利。因此，新一轮思想解放的核心任务就是要牢固树立科学发展观，就是要通过思想的进一步解放，推动改革开放向纵深发展，清除一切有碍科学发展观贯彻落实的思想观念、发展模式、工作作风、体制机制等等。正因为如此，现在全国许多地方都把继续解放思想的目的和任务定位为"深入贯彻落实科学发展观、争当实践科学发展观的排头兵"。但这只是总体要求，具体到我们某一级党组织、某一个党员干部来说，新一轮思想解放的任务和要求就更加具体了。通过新一轮的思想解放，着力解决与贯彻落实科学发展观不相适应的思想观念、工作作风和工作能力的问题，这是总体要求。

## 第四节 新一轮解放思想应解决的问题

### 一、要着力解决思想观念方面存在的突出问题

当前,在全党全国范围内有这样几种思想观念与贯彻落实科学发展观的要求格格不入。一是小进则满、安于现状。有的党员、干部只喜欢纵向比、自己跟自己比;不喜欢横向比,特别是拒绝和先进地区、先进单位、先进个人比。陶醉于"成绩不大年年有",对明摆着的差距无动于衷,缺乏应有的危机感、紧迫感和责任感,致使差距越来越大。二是"怕"字当头,怨天尤人。有些党员、干部对发展中的困难,或是怕出乱子、怕担责任,错失良机,或是缺少主动性,坐等上级,等靠要思想严重;或是强调客观原因,不检讨自己失误,致使工作局面长期得不到改观。三是因循守旧、故步自封。有的干部凡事习惯按照旧传统、遵循老路子,领导没说的不敢办、文件没规定的不敢做、别人没做过的不敢试,四平八稳,不担风险。这种思维方式,精神状态和工作方式,与我们的时代精神,与贯彻落实科学发展观的要求,相去甚远,必须要在新一轮的思想解放中加以改变。

### 二、要着力解决工作作风方面的突出问题

当前,一些地方经济社会发展缓慢,一个重要原因就是一些干部特别是领导干部工作作风不扎实。主要表现在:一是心浮气躁、工作浮漂。有些干部有时间交际交往,没有时间静心学习思考,更别提要扑下身子、用心工作、用心落实了。二是虚情假意,做表面文章。有的党员、干部对老百姓缺乏真实感情,热衷于搞形式主义,损害老百姓的切身利益和长远利益。有的习惯说大话、空话、

假话，靠假成绩、伪政绩堆砌往向上爬。三是自由散漫，市侩气浓厚。有些党员、干部办事拖拉，责任心不强，更为甚者不仅自己不干事，而且对干事的人说三道四；有的党员、干部大局意识、政治意识淡薄，言语行动间有损党员形象。

## 三、要着力解决工作能力方面的突出问题

当前，确有些党员、干部特别是领导干部目光短浅，习惯于传统工作方式和发展模式，思路狭窄，能力不强，特别是领导科学发展，应对重要局面的能力不强，使得一些地方和单位的发展和稳定工作长期打不开局面。为此，就是要通过新一轮的思想解放，使广大党员、干部特别是领导干部的综合素质和综合能力得到提高。其中最重要的是要使他们善于树立世界眼光，加强战略思维；善于用新的思路、新的办法推动工作；善于正确处理当前与长远、局部与全局、效率与公平、重点与一般的关系，努力掌握科学发展的根本方法；善于学习别人的先进经验，加快本地区本单位的发展。

总之，解放思想有其深刻的内涵，我们在新一轮的解放思想中，必须把握以下原则：

（1）要看重客观规律，按客观规律办事。过去讲解放思想，更多地强调要树立敢想、敢干、敢冒险的精神；现在除此之外，还要增强按科学规律办事的认识，就是要使我们思想更加合乎规律，以不断提高决策的科学性。

（2）要创新发展理念，推动经济发展方式的转变。过去更加强调的是抢抓机遇，追求发展速度；现在必须强调科学发展、和谐发展，"好"字当头，更多地注重"以人为本"。

（3）要探索建立实现科学发展与社会和谐的新体制。过去面对计划经济体制，更多地强调"破"；现在面对市场经济体制，必须更多地强调"立"，逐步探索建立实现科学发展与社会和谐的新体制。

（4）要推动完善中国特色社会主义事业的总体布局。过去主要集中在经济领域，经济发展速度走在前列；现在则要在继续加快发展的形势下，全力统筹兼顾好各个领域、各个方面的发展，使发展充分体现全面性、协调性和可持续性。

（5）要敢于完善自我，勇于超越自我。过去主要是纠"左"；现在主要是针对我们在取得巨大成就的基础上出现的问题，如民生问题、社会矛盾问题、经济发展方式问题等。要解放思想，寻找解决这些问题的方案和办法。

（6）要向改革发展中遇到的深层次障碍挑战。过去主要是从传统计划经济中最容易改的问题开始进行改革，使改革经历了由易到难的过程；现在改革进入深水区，遇到的都是深层次的矛盾和问题，要想满足人民群众的新要求和新期待，应该向行政改革和发展中遇到的深层次障碍和问题挑战，向既定的利益格局和体制顽症挑战，最终还是要靠解放思想才能突破、才能取胜。

## 第五节 共产党员应带头解放思想

### 一、必须身先士卒、投身其中，争做解放思想的带头人

实现共产主义是空前伟大而艰巨的事业，建设中国特色社会主义和全面建设小康是一项全新的伟大工程，在前进的道路上，必然要遇到许多困难甚至挫折。在这种情况下，做一名共产党员和党员领导干部是因循守旧、墨守成规，还是勇于开拓、锐意进取？这是对共产党员特别是对我们的各级领导干部的挑战。应当认清这一时代特征，并积极适应其要求，站在全力为改革、发展和稳定献计献策、冲锋陷阵的前列。努力争做开拓进取，解放思想的开路先锋和带头人。

## 二、必须认清形势、把握原则，争做解放思想的排头兵

在改革开放的大潮面前，领导干部尤其是我们"欠开放、欠开发、欠发达"地区的领导干部绝不能因循守旧，抱残守缺；不能这也看不惯，那也想不通；更不能顾虑重重，畏缩不前，甚至站到改革和发展的对立面，遇事唱反调、干事放低调、处理原则问题时就变调！要敢于同习惯势力和旧的传统观念作彻底的决裂；要坚决克服不愿"打头阵"、不敢"突冒尖"等消极观念；一定要树立积极向上、奋发进取和敢为人先的时代精神；要正确处理好坚持改革开放、发展各项事业与坚持党性原则的关系，坚持做到：在改革和发展中想问题、办事情，坚持人民的利益、单位的利益、集体的利益高于一切的原则，发扬无私奉献、艰苦创业的精神，防止"一切向钱看""向利行"的不良倾向。对在改革和发展中遇到的困难或问题，不能唉声叹气，更不能因噎废食。对在改革和发展中涌现出来的先进人物和新生事物，要积极支持，热情宣传，精心保护。总之，在改革的关键时期，各级领导干部一定要站在党性和党的政策的立场上，大胆解放思想，满腔热情地投身于改革和建设的各项事业，无私无畏地支持改革、支持发展的各项事业，旗帜鲜明地保护改革和发展中的新思路、新举措和新创造，努力争做解放思想的排头兵和改革创新的先锋队。

## 三、必须从我做起、从领导做起，争做解放思想的领头羊

作为国家机关、事业单位、骨干力量的领导干部，理应站在解放思想的最前列，作为党校的一员理应率先垂范。这是因为我们是教育干部、教育党员的老师，领导干部的思想要解放，首先要求党校的领导和老师思想要解放。"解放思想的关键人在哪里？关键在主席台，根子在第一排。"这话说得比较深刻，事实也确如此。毛主席曾经说过：正确的政治路线确定之后，领导干部就是决定的因

素。这是因为领导干部既是决策者,又是决策的具体执行者,决策能否具有科学性、前瞻性、创新性,取决于领导干部思想解放的程度。如果领导干部思想不解放,受影响的绝不只是领导干部个人,而是这个单位、部门或地区的整体。当前,贯彻落实科学发展观,给各级领导干部尤其党校的党员干部提出了新的课题。科学发展观是我们党理论创新的最新成果,包含着一系列新鲜的内容,是指导我们又好又快地发展的世界观和方法论。因此,如果我们的党员干部的思维和意识、方式和方法仍旧停留在过去和现在,我们就难以实现科学发展、和谐发展和又好又快发展。所以,在新一轮的思想解放中,各级领导干部,尤其是县级党员领导干部,一定要找准定位、唱好主角、把握大局、带头解放思想、带头创新思维,带头艰苦创业,带头大胆创新,以实际行动带领和影响广大干部职工,努力争取在新一轮的思想解放运动中当好带头羊。

### 四、必须结合实际、促进发展,争做解放思想的指路人

新一轮解放思想的目的应是结合实际,研究新情况,解决新问题,促进新发展。为此,我们要紧密结合我们州的工作实际,并针对当前我们党校的工作特点促进发展,即:一是教学内容变化快、讲究适时性,必须紧跟党的理论方针、政策和工作部署的变化而变化;二是教学对象的变化大,既有各级领导干部、专家、学者、企业家等,还有村干部,学历、经历、差别大;三是学员心理需求变化快,口味要求多样化,教员讲课难于让学员满意等等。因此,我们必须勤学习、善思考、会总结,特别是要注重结合实际,大胆探索,着力解决一些阻碍我们科学发展的重点难点问题,千方百计地抢抓机遇,促进发展。

由此可见,解放思想是我们党建设中国特色社会主义的一大法宝,我们一定要结合我们党校的工作实际,高举解放思想的旗帜,像中央党校李景田同志所说的那样:自觉地把思想认识从那些与科

学发展观不相适应的观念、做法和体制的束缚中解放出来；从对马克思主义的各种错误和教条式的理解中解放出来；从形形色色的主观主义和形而上学的桎梏中解放出来，千方百计地确保"解放思想促跨越"目标的如期实现。

总之，解放思想的目的就是要促进金州的跨越式发展，金州要求实现跨越式发展就必须从四方面努力。

（1）要充分认识州情，全面推进区域经济快速发展。经济学教科书有"村级经济、乡镇经济、县域经济、区域经济、都市经济"之划分，把地州市一级经济称之为区域经济。对此，我们要进行州情的再认识，结合实际促进跨越。金州的州情实际可概括为"不沿边、不沿海、人口多、耕地少、工业不大、商业不活、经济总量小、人均收入低，但发展潜力大"。由此可见，所谓的结合州情实际，就是要不断地解放思想，认清形势，找准定位，加快发展，努力促进跨越式发展，最终实现历史性跨越。

（2）要面对现实，着力把握金州阶段性发展特征。金州目前所处的阶段性发展特征即转型升级的阶段性特征，与全国相比大约落后12年。对此，我们一定要结合实际解读中央的精神，做到"不唯书、不唯上、只唯实"，一定要结合实际贯彻落实中央和省委的精神，做到"逆向思维，反向解读，同向领会，转向行动"。

（3）要针对问题，敢破敢立。要在新一轮的解放思想过程中大胆创新，敢于突破，创造性地开展各项工作，一切围绕着"促跨越"这一目标加速发展，加快转型，推动跨越。

（4）要团结协作，奋起直追。一定要大力弘扬"坚忍不拔，艰苦奋斗，承认落后，不甘落后，上下同欲，奋起直追"的黔西南精神，努力通过解放思想促进跨越。

# 第二十一章 公共关系管理的理论与实践

## 第一节 公共关系管理的定义

什么叫公共关系管理呢？公共关系管理是一项专门的职能管理活动，是通过对公众关系和与之密切相关的组织传播活动进行系统的管理，实现组织与公众之间相互信任的关系，以获取卓越的声誉和良好的组织形象，促进组织战略目标优质实现的管理学科。公共关系管理是一门边缘学科，它是在众多社会学科交叉融合的基础上形成起来的。它包括管理学、经济学、市场营销学、传播学、人际关系学、社会心理学、公共管理学、广告学等等。从根本上说，其学科特点源于公共关系实践活动的广泛性、多样性和复杂性。

理论就是关于事物内在联系和本质差异的说明，是提出问题、分析问题、解答问题，是对客观世界来龙去脉、发展变化的说明。理论的价值和作用在于启发人们发现问题、解决问题，最终实现理论与实践的辩证统一。对此，公共关系管理的理论与实践问题，就是研究和解决如何利用科学的理论指导公共关系管理的实践活动，怎样以实践活动的真实成果检验理论正确与否的重大课题。其根本目的就是要努力实现公共关系管理理论与实践的辩证统一，即理论来源于实践，同时又指导实践活动。这就要求我们的理论研究与创新必须有问题意识，能够解决实际问题才有实践的价值和意义。

研究公共关系管理活动的理论与实践问题，实质上就是要善于发现问题，勇于解决问题，从而确保组织公共关系活动的良性运行。

## 第二节 公共关系管理理论与实践的关系

理论创新首先要有问题意识。所谓理论从问题开始，源于问题，实际上是理论本身的客观使然。大家知道，理论有正确与错误、科学与荒谬、真实与虚假的区别。但所有这些都不可避免要涉及问题的提出、分析和解答，自然科学理论和社会科学理论也是如此。由此可见，理论创新一定要有问题意识，没有针对问题、分析问题的理论解决不了实际问题。因此，我们探讨公共关系管理的理论与实践问题，就是要始终坚持理论源于实践，实践产生理论，理论又回到实践中解决实际问题这一循环理念，从而确保我们所创新的公共关系管理理论的正确性和在实践中具有的价值性。

金州公共关系管理的理论创新，一定要结合金州本地实际，增强问题意识，注重研究问题、发现问题，从理论的角度提出解决问题的办法，最终达到解决问题。

解决问题是理论的作用所在，即理论的作用就是要解决问题。公共关系管理需要创新理论，选择理论的目的就是为了从中找到被问题困扰而百思不解的答案。在公共关系管理的实践活动中，为什么不同的人会有不同的理论选择？原因在于所关心的问题不同。为什么不同的理论会有不同的遭际、命运和经历？原因在于对问题的态度，在于是否正确地提出和解答了问题。世界是由问题组成的，也可以说是问题的世界。历史，无非就是问题的消亡和解决，因而问题更迭往复变成历史；现实无非就是问题的存在和发展，因而问题复杂交错变成现实。犹如在生存和发展方面，一个人有一个人的问题，一个民族有一个民族的问题，一个国家有一个国家的问题，一个时代有一个时代的问题。同样在学科理论的创新与发展方面，一个学科有一个学科的问题，一个专业有一个专业的问题，一个领域有一个领域的问题，一个组织有一个组织的问题。对此，公共关系管理的理论就是要启发人们发现问题，从而在正确理论的指导下千方百计地解决问题，这就是理论的作用、价值和最终目的。

首都经济贸易大学学者张映红在所著的《公共关系管理》一书中，从管理学与传播学相结合的角度探索公共关系与企业战略，公共活动与企业管理的有效路径。具体从公共关系管理概论、公共关系战略管理、公共关系基础管理、公共关系传播沟通管理、公众关系管理、企业形象管理、公共关系活动策划与管理七个方面进行了理论概述。针对当前公共关系理论与实践的诸多前沿问题，如公共关系战略管理、公共关系舆论管理、公共关系议题管理和危机管理、风险沟通、网络公共关系、财经公共关系、企业形象定位设计与管理、大型公共关系活动等作了全面、深入的论述和解答，这就是公共关系管理理论与实践辩证统一的例证。这为我们学习公共关系管理理论，进行公共关系管理实践创建了知识宝库。

理论的生命力在于一切从问题出发。从理论发展的历史沿革看，凡是有吸引力、影响力、生命力的理论都是从问题出发，针对问题、研究问题、回答问题的，古往今来概莫能外。科学理论之所以称其为科学，就是在于它正确地提出问题，正确地分析和解答了问题。哥白尼的日心说和开普勒的轨道椭圆说能够在科学理论的殿堂奠定坚实的地位，至今受到人们的推崇，根本原因就在于它正确地提出和回答了地球围绕太阳旋转和旋转轨道的问题。马克思主义气势恢宏、博大精深、经久不衰正是因为它正确提出了世界是什么，世界怎样发展，资本主义社会剥削的秘密以及为什么必将被社会主义所取代等人们关心的重大问题。列宁主义的创立，是因为他正确提出和回答了帝国主义时代无产阶级如何革命和如何建立社会主义的重大问题。毛泽东思想的确立，是因为他正确提出和回答了在半封建、半殖民地国家无产阶级如何夺取政权、人民如何解放、民族如何独立等重大问题。邓小平理论则正确提出和回答了在经济文化落后的社会主义国家如何实现现代化，如何实现人民富裕和国家富强等重大问题的基础上形成的。"三个代表"重要思想的产生，也是正确提出和科学回答了在新的世纪、新的历史条件下，马克思主义政党如何站在时代前列，如何保持先进性，如何执政兴国的重大问题。科学发展观的提出，同样是在正确提出并回答了如何实现科学发展、如何实现让发展成果由人民共享等重大问题。

  作为一门在实践中产生的新兴边缘学科——公共关系管理学，仍然也是在正确提出和回答什么是公共关系管理学，为什么要实施公共关系管理，怎样实施公共关系管理，公共关系管理的任务、作用和价值何在等实际问题中独立出来的。由此可见，科学理论的历史发展过程，对于我们增强问题的意识，针对问题，从问题出发进行理论探讨和创新，无不具有重大的启发和教育意义。

  实践的根本目的在于创新理论。科学的实践活动，必然产生科学的实践经验。科学的实践经验符合事务发展的客观规律，因而必将指导正确的新的实践活动。为此，人们在进行理论创新时，必须坚持一切从实际出发，切实做到具体情况具体分析。

  强调理论研究和创新要针对问题，研究问题，回答问题，要从问题出发或始于问题，这就充分体现了实践的重要性。这是事关世界观、方法论和实践性的重大原则并贯穿于理论工作和实际工作的重大问题。从理论上讲，马克思主义的灵魂和出发点是什么？就是一切从实际出发，具体情况具体分析。按此理解："实际"就是"实际问题"；具体情况就是"具体问题"，即我国处于社会主义初级阶段就是我们的最大实际，因为我们面临生产力不发达、经济文化相对落后这样一个最大的历史和现实问题。我们常说，要联系本地区本单位本部门的实际，就是要联系本地区本单位本部门的工作实际和具体问题；思想政治工作要有针对性，就是要针对具体人的思想问题和具体单位的实际问题做思想政治工作；理论要有说服力、战斗力，就是理论要把具体地区、具体单位和具体部门最关心的热点难点问题说明白；实践在变化在发展，就是实践中的具体问题生生不息，交替更迭。

由此可见，要想坚持在实践中一切从实际出发、具体情况具体分析的马克思主义思想路线，就必须坚持凡事从实际出发，针对问题、分析问题、回答问题的方法论。这在理论领域，在理论研究和创新的过程中，同样是概莫能外的。新兴的边缘学科——公共关系管理学——的独立和发展，同样不能违背这一马克思主义哲学的世界观和方法论。对此，公共关系管理学的实践过程，就是其理论的不断成熟和创新的过程，必须在实践中创新和丰富、总结和完善公共关系管理学的理论交流。

增强问题意识有利于改进学风。理论界、学术界的学风问题不容回避，高谈阔论、空话连篇者有之；卖弄辞藻、哗众取宠者有之；吹牛拍马、不切实际者有之；言不达意、虚假浮夸者有之，可以说，学风问题一直存在，有待解决。有一点必须引起高度重视，即许多学风上的或者是理论上的问题，大都与不针对问题、不分析问题、不解决问题密切相关。在理论研究和阐述过程中脱离、疏远、隔膜问题，或者是接触到问题却没能把问题说清楚、道明白的现象屡见不鲜，这样的结果必然是理论上的枯燥无味。当然理论界、学术界在学风上的问题远远不止于此，许多问题直接或间接与此有关，这是必须引起关注的。可以肯定地讲，无论是从事理论探讨还是学术研究，若没有问题意识，不能观察和捕捉问题，不能针对问题、分析问题和解答问题，就是不良学风的表现。

常听到有人抱怨：写文章没人看、搞理论没市场、做学问地位低，这可能是事实，也可能是一种社会偏见，但是否可以换位思考呢？所写的文章、所搞的理论、所做的学问是否触及人们所关心的热点问题、难点问题？是否远离人们的关注点和兴趣点？若这样提出和思考问题，也许会更接近实际。所以，强调理论要结合实际，针对问题、分析问题、回答和解决问题，这对于改进学风具有十分重要的意义。

本章所论述的公共关系管理的理论与实践问题，实质上就是要研究和解决公共关系管理活动中理论如何结合实际，指导实践，解决问题，促进发展的重大理论问题；就是要研究和解决公共关系管理活动如何在实践中创新理论、积累经验、推陈出新、完善自我的重大实践问题。具体地讲，就是要在公共关系管理活动中创新理论，探讨问题，研究对策，改进方法，优化实践，努力实现组织与公众、组织与国家的多赢。

总之，研究公共关系管理理论与实践同研究其他学科的理论与实践一样，必须针对问题，始于问题，回答和解决问题；必须结合实际，大胆探索，不断在实践中创新理论，完善理论，从而用理论指导新的实践活动。公共关系管理的理论与实践应当如此，金州结合实际的公共管理更应如此。只有这样，理论的创新和实践的创造才能到达理想的彼岸。

# 第二十二章 我国部门管理模式创新

## 第一节 管理及其管理模式

管理是管理学的重要组成部分。管理学是一门综合性学科,涉及哲学、经济学、社会学、心理学、人类学、伦理学、政治学、法学、数学、系统学等多门学科,与上述学科知识有着互相渗透、相互依赖、相互促进的关系。管理学的关键在于管理,而管理作为人类社会的一种特有现象,起源于人类的共同生活和共同劳动。自古以来,人类出于生存和发展的需要,为了团体的共同利益需求,自发地结合在一起共同劳动和生活。由此可见,在家庭、团队、单位、部门和国家中无不存在着管理活动,使管理成为"一个合作的群体将各种行动引向共同目标的过程"。

管理活动的特性是过程性,是管理者在自己的管理范围内基于管理目标,对人、财、物、时间、信息等资源实施的计划、组织、协调、指挥、控制等活动的总称。也就是说管理活动中必然包括:管理者——具有一定职权和能力的个人或集体;管理对象——管理活动涉及的客体,如人、财、物、时间、信息、事件等;管理方式——管理活动赖以进行的条件和途径,如组织机构、权力职责、规章制度、方法手段、物资设备等;管理结果——管理活动所要实现的最终目标,如目的、任务等。鉴于管理活动的上述特性,管理一词可概括为:管理是管理者通过一定的方式,协调各种关系,充分发挥人的主观能动性，有效地使用人、财、物等管理资源实现组织目标的过程。

管理既是一门科学又是一门艺术，管理模式具有不断创新的内在潜力。按《辞海》的解释，模式即范型，一般可以作为范本、模本、变本的式样；按《现代汉语词典》的解释，模式即事物的标准形式或人可以参照去做的标准样式。对此，我们可以把模式理解为某种事物或社会活动的形式或样式。模式一词作为术语，已在社会生活的各个领域和各门学科中普遍使用，诸如一个国家或地区在经济建设中所采用的某种经济结构形式被称为经济模式；教育发展样式被称为教育模式；教师和学生采用的教与学的活动形式被称为教学模式，等等。在学术界的各门学科中，也往往把各自的理论体系、结构图式、思维方式等称为模式，只是在不同的领域或不同的学科中其含义有所不同。例如在普通心理学中，外界事物储存在记忆中的有组织的心理图像叫作模式；在认知心理学中，信息加工的过程或事物有组织的结构被叫作模式；在社会学中，研究自然现象或社会现象的理论图式和解释方案被称为模式，等等。由此理解，管理模式就是管理活动所具有的形式或样式。一定的管理模式反映着一定社会的政治经济制度、管理的传统习惯和管理者的综合素质。部门、单位、企业、学校的管理模式是其管理思想、管理体制、管理制度、管理方式、管理方法诸多因素作用的综合体。管理模式一经形成，就有了相对的稳定性和可参照性。

## 第二节 国外管理模式略探

国外对管理模式的研究所形成的理论流派和出现的代表人物众

多，且这些研究多从普通意义的管理和企业管理出发，提示的管理原理具有一般的、普遍的指导意义，为各种组织、单位、部门和团体的管理模式的研究提供了理论基础。

这里简单介绍几种国外的管理模式。

## 一、管理行为四分模式（见图22.1）

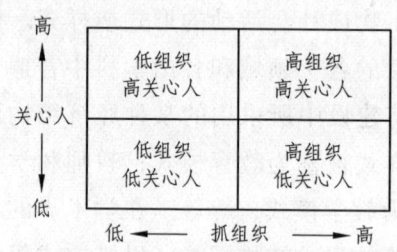

**图 22.1 管理行为四分模式**

管理行为四分模式主要以管理者的行为组合和管理活动中表现出的类型特征为内容来建构，是美国俄亥俄州立大学有关人员于 1954 年研究设计而成的。他们先后调查研究并列出了 1000 多种管理者行为因素，通过筛选概括，最后归纳为"抓组织"和"关心人"两大类。"抓组织"即抓组织机构的设置、明确职责和相互关系、确定合作目标、设立意见交流渠道和工作程序等；"关心人"即培植互相信任的气氛，尊重下属的意见，注重下属的感情和问题等。这两种管理行为在一个管理者身上有时一致，有时不一致，因此认定管理行为是两种行为的具体组合。用"四分图"形式表述为：一是高组织，高关心人；二是高组织，低关心人；三是低组织，低关心人；四是低组织，高关心人。这是以二度空间表示管理模式的首次尝试，为以后的管理模式研究开辟了新径。

## 二、管理方格模式（见图22.2）

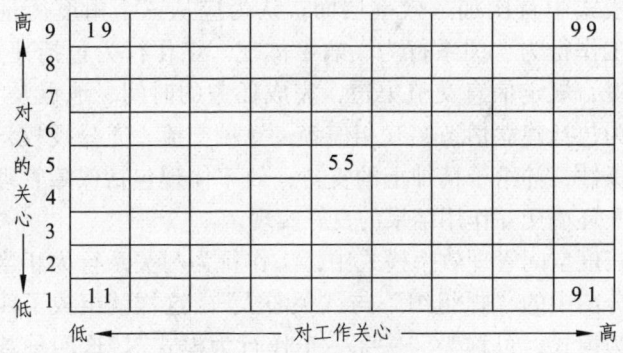

图22.2　管理方格模式

管理方格模式在我国流行较广，是因其呈现的几种管理模式很有代表性，也包含了我国一些组织或单位管理的常见模式。它是美国德克萨斯州立大学心理学教授布莱克和莫顿于1946年提出的。他们反对管理理论中的绝对化和片面性观点，认为单纯以人为重或单纯以工作为重的管理模式都有缺陷，而最佳的模式是既关心人又关心工作两者高度结合。为了清楚地说明这一关系，他们设计了方格图，即最佳结合点。

## 三、管理效率模式（见图22.3）

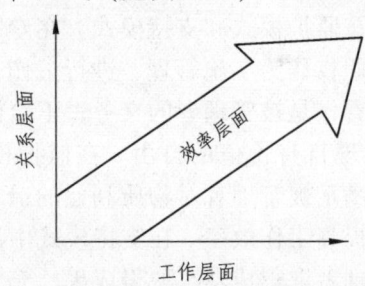

图22.3　管理效率模式

管理效率模式是美国学者雷丁在管理四分模式和管理方格模式的基础上提出的，其基本理论反映在1970年其出版的《管理的效果》一书中，被称为"三度空间管理效率模式"。他在三度空间管理行为模式中首次加入效率层面，认为应从三个角度衡量管理行为，即工作行为、关系行为、效率体现。工作行为包括建立组织，明确职责，规定信息交流渠道，完成任务的时间、地点及方法等；关系行为包括建立情谊，互相信赖，意见交流，充分授权，使下属发挥积极性，并给予精神上的支持；效率体现包括保障管理者，被管理者及环境交互作用结果的良好实现。

在三度空间管理效率模式中，工作行为与关系行为相当于管理行为四分图中的"抓组织"与"关心人"。这样就组成了四种基本管理行为模式，可称为"关系、工作行为模式"。这四种基本管理行为模式分别是：高关系，低工作；低工作，低关系；高工作，高关系；高工作，低关系，如图22.4所示。

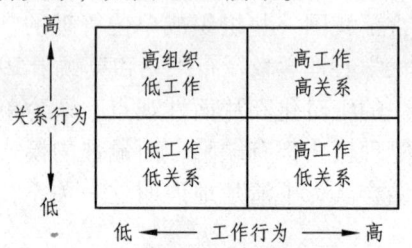

图22.4 四种基本管理行为模式

此外，以美国戴维斯为代表的管理学学者认为，可以把管理划分为专制独裁模式、监护模式和支持模式。在专制独裁模式中活动的管理者，总是把职权作为实施管理、进行工作、实现目标的唯一手段，把照章行事看作是被管理者的义务，不给被管理者发挥聪明才智和创造力以实现自身价值的自由。在监护模式中活动的管理者，习惯于用金钱满足被管理者对物质利益的追求，以此来调动被管理者的积极性，提高工作效率。在支持模式中活动的管理者，一般都积极关心被管理者取得成功、取得成果，充分体现被管理者所从事工作的重要性和自身存在的价值。这样又充分激励了被管理者的积极性，使其自觉主动地为实现组织目标而努力工作。

以迈尔斯为代表的管理学学者认为，可以将管理划分为传统模式、人际关系模式和人力资源模式。属传统模式的管理者，一般认为必须对管理者实施严格监督和控制，否则其工作效益就差；属于人际关系模式的管理者，一般认为要使每一个下属都觉得自己对于组织来说是有价值和重要的，从而增强其责任心和使命感以及为组织做出贡献的意识，以此达到提高工作效益的目的；属于人力资源模式的管理者，一般认为要提高管理效益，就必须设法利用下属人员中未开发的人力资源，最大限度地发挥每一个下属的长处，使人尽其才，物尽其用。

略探国外的一些管理模式，虽然有的论据和观点等并不全面，特别是观察问题的方法也并非科学合理，但对探讨我国的管理模式依然具有较大的启发和借鉴。

## 第三节　我国部门管理模式现状

在我国管理学界，很少研究和提炼具体的管理模式，也很难离开部门管理来研究管理模式，因而没有形成具体、成熟、可供借鉴的部门管理模式。但据有关教科书介绍，以学校为部门的管理模式可概括为"经验管理、行政管理、科学管理"三种基本模式。

经验型学校管理是以学校为部门的我国管理学历史上最早出现的一种管理模式，是根据已经行之有效的代代相传的实践经验和技巧进行的管理。这种管理，没有固定的章法和程序，主要依赖于管理者自身的修养、才能和经验。管理者根据自己的经验来判断部门中各种事务应该如何处理，即在具体的处理工作中所表现的预见性、果断性、创造性以及随机性皆与其经验有关，也就是用管理者成功的经验或失败的教训作为自己管理行为的准则；被管理者也仅凭自己的经验办事，没有统一的具体办事规程；对被管理者的培训也只凭管理者的面授和自己经验的积累。

对待经验管理，一方面要充分认识到它是长期实践中不断探索、总结和积累起来的行之有效的办法，具有科学性的一面，应重视和发挥其作用;另一方面也要看到任何经验都是时代和环境的产物,若时过境迁其有效性将随之改变,不能过分地依赖经验。因为管理是一门科学,其管理经验的有效发挥取决于主客观等诸多因素,如果主客观因素不具备,经验也难以奏效。

行政型学校管理指以学校为部门的管理者运用自己的职位和权力,按照行政系统的层次和结构,通过强制性的行政命令等直接对被管理者实施影响,以确保部门管理目标的实现。然而随着社会的发展、科技的进步,以学校为部门的管理工程已逐步成为系统工程,单凭个人的经验来管理是远远不够的,于是随之产生了"行政管理"模式。行政管理与经验管理有所不同,其主要特点是:以行政系统下达的计划、指标、规章、条例和领导者的指示、会议决定等作为实施管理的主要依据;以各级行政人员的职务、权限和分工管理等作为实施管理的组织保证;以行政指命的手段作为实施管理的主要方法,基本形成了汇报制度、奖励制度、评比制度等。

与经验管理相比,行政管理的优点在于:有章可循、有规可依,不会因为管理者缺乏经验而把工作搞乱。同时管理的手段也具有一定的强制性,能保证任务的完成。缺点在于:由于实施行政指命,统一要求,容易"一刀切",存在着依靠上级、缺乏主动性、积极性和可能产生管理层次过多的问题。特别是管理机构越来越庞杂,容易产生信息反馈迟缓,管理机构之间相互推诿扯皮等现象。对此,行政型学校管理是以学校为部门的行政管理的基础,但仅依靠这些远远不够,在实践中应注重与经验管理和科学管理等相互配合、扬长避短,只有这样才能发挥整体效应。

科学型学校管理是以学校为部门的管理者综合运用现代科学的理论、方法、技术和手段,遵循学校的客观规律,进行高效管理的统称。其以科学理论作为管理行为的出发点,吸收西方古典管理、行为科学、现代管理科学理论和我国历史上的管理理论的精华,了解相邻学科的基础理论,建立以系统科学为代表、现代科学方法论为基础理论的现代管理理论。科学型学校管理要求管理方法高效化,即在有效的传统管理方法的基础上,采用科学的方法和技术,对管理对象过程的各因素进行定性定量分析，运用统计、调查、测量、实验、考核等方法和技术进行管理。

改革开放以来，随着我国生产力的不断解放和发展，部门管理方法也有了划时代的进步，管理技术和手段也有了质的飞跃，这必然影响到各行各业的部门管理工作。在以学校为部门的管理方面，由于普及义务教育、学校类型的多样化和事务的复杂化给管理带来许多新的问题，如留级生问题、纪律问题、就业问题、少年犯罪问题等等，这就给管理带来了新的课题。对此，国家的科研和教育部门，在认真借鉴国外管理理论的基础上，结合我国实际，采取了周密的调查、精确的统计、科学的测量和认真的实验等方法进行研究，将研究成果用于以学校为部门的管理模式改革和创新，这就是以学校为部门的科学管理模式形成的开端。这样一来，举国上下，各行各业"向管理要质量""向管理要效率"，实行部门管理的科学化、标准经、系列化和效率化等等，成为管理学科中最有影响的理论思潮。这就是我国部门管理中科学管理模式形成的历史背景，也形成了我国部门管理模式的现状。

## 第四节 我国部门管理模式创新

面对当前我国部门管理模式的现状，上述谈及的"三种"部门管理模式虽然产生于不同的历史条件，但仍各有所长和所短，不能简单地说，某种管理模式先进或某种管理模式落后。随着实践的深化，每一种管理模式都在不断地丰富和发展中。但因历史原因，我国以学校为部门的管理主要采用经验管理和行政管理模式，很少采用科学管理模式。笔者认为，在新的历史时期，随着改革开放的日益深入，中西文化交流领域的不断扩大，国外管理模式的引进和交融，我国在部门管理模式上必须突破旧的管理模式，创立新的管理模式。在具体的管理实践中，应该把我国现有"三种"管理模式在大胆借鉴国外先进管理理论的基础上相糅合，取长补短，进行创新,为我所用。这对于我国的深化改革,扩大开放,认真贯彻落实国家提出的依靠"教育、科技、管理"实现中华民族伟大复兴的三大战略,不断提高我国部门管理的质量和效益,无疑具有重要的意义。

笔者建议:我国的部门管理模式创新应朝着"科学化、开放化、法制化"的方向大步迈进。

所谓"科学化",就是将我国现有的"经验管理、行政管理、科学管理"三种以学校为部门的管理模式有机结合起来,在实践中取长补短、扬长避短、推而广之。将单位、部门、企业、学校等相关组织正在实施的委任制、选任制、聘任制、考任制、岗位责任制、目标责任制、绩效考核制、双向选择契约制等管理制度进行总结提炼,发展为符合实际的、全新的、切实可行而富有实效的科学管理模式。切实坚持在中国特色社会主义理论体系的指导下,充分发挥中国共产党领导的政治优势,针对我国改革开放的形势,考虑我国不同地区、不同行业的差异性,做到敢于改革、大胆创新,以尽快形成符合我国国情的科学管理模式。

所谓"开放化",就是要充分认识到当今时代是一个信息交流频繁、相互沟通日益重要的时代,任何单位、部门和组织都需要在信息交流和相互沟通中发展壮大。特别是在信息化、国际化和经济全球化的时代背景下,开放已成为历史的必然趋势。为此,我国的部门管理模式创新,就是要在充分吸收和借鉴国外成型的管理模式的基础上海纳百川,融会贯通,为我所鉴;就是要在充分吸纳和发扬我国历史上成功的管理经验和理论的基础上继承发扬,推陈出新,为我所有;就是要在将国外的管理模式、理论与我国的管理经验、模式有机融合的基础上,互动交融,去粗取精,为我所用。

所谓"法制化",就是要充分认识到当今社会是民主的社会,法制的社会,依法管理、民主管理已成为重要的时代特征,部门管理模式的创新必须走法制化的道路。为此,部门管理模式的创新,应在创新管理思想的前提下,结合实际改革管理体制,将体制改革与管理模式创新有机结合起来,在实践中进一步建立健全相关管理制度和法律法规。坚持用法规来规范部门管理模式创新,用制度来推动部门管理模式创新,依法保护部门管理模式创新成果的有效运行,确保我国的部门管理模式创新步入法制化的轨道。

总之,我国的部门管理模式创新是我国部门管理工作中重要的理论和实践课题,需要在现代管理学理论的指导下,结合我国的部门管理实践,大胆探索,勇于创新;需要在具体的创新实践中朝着"科学化,开放化、法制化"的方向大步迈进。只有这样,我国的部门管理模式创新才能有序推进,取得实效。

# 第二十三章 行政决策的科学程序

## 第一节 决策与行政决策

什么是决策与行政决策？决策理论的创始人赫伯特·西蒙曾经说过："管理就是决策。"如此理解，行政管理就是整个行政系统的决策活动。追溯历史，"决策"一词最早出现于我国先秦古籍《韩非子》一书中，意思是决定某种策略或计谋。"决策"一词作为现代管理学上的一个术语，首先使用于美国的管理学领域，意思为作出决定。追根溯源，"决策"一词可以归纳为：人们根据预定的目标所作出的行动决定称之为决策。行政决策，是公共行政管理活动的基本环节和组成部分，具体指行政领导机构或行政领导者在一定环境和条件下，为履行行政职能而进行的一种抉择、对策和做出决定的活动与行为。由此而论，关于行政决策方面所作出的一切具体的行政行为的决定均称之为行政决策。

决策有广义和狭义之分，广义的决策指为了达到某种组织目标而制订方案，下定决心努力实现的全部过程；狭义的决策指在几种备选的行动方案中作出最终抉择，也就是拍板定夺。而笔者认为，凡是针对行政行为所作出的决定皆为行政决策。

最早研究行政决策的学者是美国行政学家古立克，他于1937年在《组织理论》一文中，提出了决策是行政的主要功能的观点，并进行了论述；其次是美国管理学家巴纳德，他于1938年在《行政人员的作用》一书中也提出了决策概念，同时提出了与决策必不可分的"动机""沟通""目标"及"组织关系"等概念，并对其相互关系进行了系统的分析。但真正奠定行政决策理论框架的还是美国学者西蒙,他在1944年发表的《决策与行政组织》一文和1947年出版的《行政行为——行政组织中决策过程的研究》一书中,勾画了现代行政决策理论的轮廓,并提出一系列行政学的概念,创立了现代行政管理学的决策学分支,形成了行政管理学的决策学派。随后,西蒙又广泛展开了管理决策和行政决策过程与技术问题的研究,为行政决策科学的发展做出了巨大的贡献。为此,行政决策在公共管理系统中具有重要的地位和作用,行政系统的作用和成效如何关键在于行政决策的正确与否。

## 第二节 行政决策的特性与分类

我们学习和理解行政决策的科学理论,首先要了解和掌握行政决策的特性和分类。

行政决策的特性可以概括为:一是目标的社会性,即任何决策都是为了实现一个特定的目标,没有目标则无从决策。而任何目标都是处于一定的社会环境中,都是为了实现一定的社会目的而制定的。二是预见的科学性,即任何决策都是在行动前进行的,它着眼于未来,因此需要有尽量准确的预见性。预见是决策的基础,没有科学的预见和预测,就没有科学决策。三是抉择的慎重性,即任何决策都要求占有全面准确的信息和资料,需要对各种备选方案进行认真的分析和比较,一旦选出最佳方案,就要马上付诸实施。所以方案的选择必须慎重,不能掉以轻心。四是实践的必须性,即任何决策都必须最终付诸实践,若没有经过实践的过程,就无从检验一个决策的正确与否。同时也只有通过实践,才能给决策者提供一个对组织目标重新评价的机会,从而通过跟踪决策的方法不断修正目标,以达到决策的最佳效果。

通过实践活动,一般应检验出决策的四个特征。一是决策主体的权威性:行政决策是处理国家和政府事务时作出的决定,只能有管理国家公共事务行政权的组织和个人，才能成为行政决策的主体，因此其所作出的每一个抉择都必须对国家和人民负责。二是决策依据的法律性：行政决策是对国家最高立法机关意志的具体执行，它必须代表国家的意志和利益，其决策必须根据国家的法律和法规来制定，只有严格依法办事才能使决策具有普遍的约束力。三是决策实施的强制性：行政决策是国家行政机关代表国家行使管理社会的一种职能，它以国家权力为后盾，一旦做出，所有在行政管理区域内的机关、团体、企事业单位和个人都必须无条件地遵照执行。四是决策目标的非营利性：行政决策以公共事务为决策对象，目的是实现对国家和社会的有效管理，所以在任何时候都不以营利为目的，这和其他决策截然不同。由此可见，行政决策的正确与否直接影响和决定着行政管理工作的成败，若决策失误，必将严重影响行政职能的履行和行政目标的实现，甚至会影响到整个行政管理区域内乃至整个国家的社会经济、政治文化的安定和发展。

为此，行政决策应根据不同情况进行分类。按照决策的方法可以将其分为程序决策和非程序决策：程序决策又称规范化决策，是针对一些经常反复出现的问题进行的决策；非程序决策也叫非规范化决策，是对过去没有出现过的一些问题，或是较为重要、较为复杂的问题进行的决策。按照决策的性质可以将其分为战略决策、策略决策和战术决策：战略决策是指带全局性、方向性的重大决策；策略决策指对带有局部性问题的决策，战术决策指保证实现策略决策的具体方法和步骤的决策。按照决策主体的决策方式可将其分为经验决策和科学决策：经验决策是指领导者根据个人的思想、学识、经验等而作出的决策；科学决策是指经过系统思考、科学预测和计算后所作出的决策。按照行政决策本身的形式可将其分为确定型决策、风险型决策和非确定型决策：确定型决策指决策信息完备，决策目标唯一，环境和条件变化不大，从专家提出的多个初步方案中选出最佳方案的决策；风险型决策指决策时备选方案产生的后果不止一种，而只由决策者随机作出的决策；非确定型决策指在决策没有或只有一些零散的资料,无任何概率可循,无任何经验可依,毫无把握情况下的冒险决策。

## 第三节 行政决策的意义及方法

行政决策的科学性对于实现决策的科学化具有十分重要的意义。首先,决策的科学化有利于行政管理活动的科学化。一般说来,行政决策是行政管理过程的中心环节,没有行政决策就没有行政活动,行政决策科学化的直接效应是带动整个行政系统的运转进入科学化的轨道。其次,决策的科学化有利于提高行政领导者的素质。衡量行政领导者称职与否的重要指标之一是决策能力,如果领导者都能掌握科学化的决策方法,那将会大大增强领导者的判断力和分析水平,从而使领导者的素质同步提高。再次,决策的科学化有利于实现社会经济、政治、文化的顺利发展。行政决策中包含着对社会经济、政治、文化等重要领域的建设和发展方面的重大抉择,实现了决策的科学化,将会使政府部门的决策者在决定类似重大事项时实现优化原则,从而保证社会经济和政治文化事业的健康发展。

我们在充分认识行政决策科学性重要意义的同时,还应注重行政决策的实践性,即认真研究和探讨行政决策的有效方法。行政决策具有多种多样和多重划分方法,但一般情况可归纳为两大类:一是定性决策的方法,二是定量决策的方法。

定性决策方法:国际上称之为"软技术"方法,它主要是靠决策者应用社会科学的原理,根据个人的经验和判断能力,从对决策对象本质属性的研究入手,通过定性研究,了解方案的性质、可行性和合理性,然后进行决策方案的选择。在具体实施过程中,行政决策"软技术"方法也被称为专家创造力方法,即主要依靠专门人才在决策过程中的分析判断来进行决策。决策"软技术"包含了一系列如何运用专家创造力的基本理论和方法。现代行政学认为:在行政决策的所有步骤中，无论是确定目标、拟订方案还是选择方案，专家的意见都是极为重要的，因为专家不但具有专业性的知识和技术，还常常能超越某些程序规范或传统性习惯的束缚，能够较为客观、冷静地作出分析和判断。因此，如何有效地组织、吸收专家就决定了问题发表意见是决策"软技术"的重要环节。

定量决策方法：国际上称之为"硬技术"方法，它主要是运用数学模型和计算机技术解决决策问题，实质上是在定性分析的基础上，对决策对象进行数量研究和计算，用它来比较和进行方案选优。决策"硬技术"主要包括数学模型和决策模拟两大类。数学模型是行政决策数学化、模型化和计算机化的核心内容。数学模型要求用数量关系表示出变量之间以及变量同目标之间的关系，并用计算机的算法语言编成程序模型，以供计算机程序随时管理使用。数学模型方法一般适合于重复性的常规决策。但是，在行政过程中，由于政治的、社会的、人际的各种复杂因素，很多问题都不可能或不能简单地付诸数量化，因此数学模型方法有一定的局限性。决策模拟是行政决策的另一种"硬技术"，它是在决策方案拟订之后，给其创造一定的条件，通过某种方式的试验，以有形的结果，对方案进行分析、评估和修改，最终付诸实施。决策模拟是一种专业性和技术性都很强的决策方法，它是未来决策技术化的重要内容和必然趋向。

事实上，上述两种决策方法并不存在谁优谁劣的问题，真正科学的决策者应该把两种方法结合起来，使之相辅相成，相得益彰，从而取得更好的效应。

## 第四节　行政决策的科学程序

所谓科学决策程序，就是科学决策的过程，指由科学决策的提出到拍板定案所经过的重要步骤。综观国内外有关行政决策的研究成果和经验总结，对决策程序的概括和表述各有异同，笔者通过学习和研究认为，科学决策程序总的来说要经过五大基本程序。

## 一、组建智囊

组建行政决策的智囊体系指由承担决策各项任务的行政机关和行政人员所组成的组织体系。它具体负责科学决策相关资料的搜集、信息的获取，资料和信息的归纳整理等。决策智囊系统主要由专家学者、专职人员和咨询机构所组成，主要任务是为科学决策提出建议、拟订方案、当好参谋、分析利弊，积极为决策机关和行政领导搞好服务，向他们提供科学的决策依据和可靠的决策方案，并充分发挥决策过程中的辅助性作用。

## 二、确定目标

行政决策是为了解决行政管理活动中存在的实际问题，决策目标是根据所要解决的实际问题而确定的。因此，发现问题、确定目标是行政决策程序中首要的步骤。所谓"问题"，就是在实际工作中表现出来的客观状态与人们在工作中确定的主观期望值之间的差距。为此，决策前必须找准问题，针对问题进行认真的分析，确定问题的性质，界定问题出现的时间、地点、范围和程序，然后有针对性地制定一个总体的设想，分别提出必须达到和希望达到的目标，细分综合目标和单项目标，区别最终目标和阶段目标，这就是决策目标的确立。

## 三、拟订方案

拟订方案是指对决策目标进行深入具体的分析、假设、推理和判断，为实现决策目标而准备一系列行动方案的过程。它要解决的是"做什么""谁来做""什么时间做""什么地点做"和"怎么做"等具体问题。因此，拟订方案必须围绕决策目标提出多种备选方案，所拟订的方案必须具有预见性。在拟订方案的同时必须开始对方案的检验和审定，特别是要注重精心设计，准确估计和实施细节的明确规定。只有这样，所拟订的方案才能有效可行。

四、最佳抉择

就是对各种备选方案进行综合分析和评价，确定最优方案的阶段。这是整个决策程序中最关键的一步，包括两个紧密衔接的环节：一是对所有方案进行分析论证，作出评价；二是权衡各种方案的利弊，从中选优，拍板定案。在具体抉择中应坚持四个原则。一是全面性原则，即：一方面对每一个备选方案都要进行分析评价，绝不遗漏；另一方面对每一个方案的各方面都要作出分析评价。二是客观性原则，即对方案进行分析评价时应实事求是，一切从实际出发，不能一味地夸大其优点，忽视不足。三是可行性原则，即拍板之前必须根据现有的人力、物力、财力等主客观因素对决策方案进行周密的可行性分析和慎重的论证评估，通过仔细对比后加以择优选择。四是集体性原则，即在最后拍板定案时绝不能一个人说了算，而要实行严格的集体表决制，充分听取各方面的意见，切实体现集体决策，民主决策。

五、追踪决策

就是在决策方案付诸实施后加以严密的监控，随时观察其发展的趋向与方案是否相一致，若发现在施行过程中出现异常或偏差，甚至出现可能危及决策目标实现的异常情况时，应对原方案进行及时的修改或再行决策。要做到这一点，信息反馈是前提。反馈一词原来是控制论中的一个基本概念，指一个系统输出信息，作用于被控对象后产生结果，再把结果输送回来，并对信息的再输出发生影响的过程。行政学上使用"反馈"概念，意在强调决策者对某一决策方案的执行情况或结果的必要了解和掌握，以作为修改和完善决策方案的必要前提和再行决策的经验积累。追踪决策的根本目的在于注重决策的科学性和实践性,追踪就是及时发现问题,善于分析问题,积极修正方案,有效解决问题。

综上所述,行政决策的科学程序可归纳为图23.1。

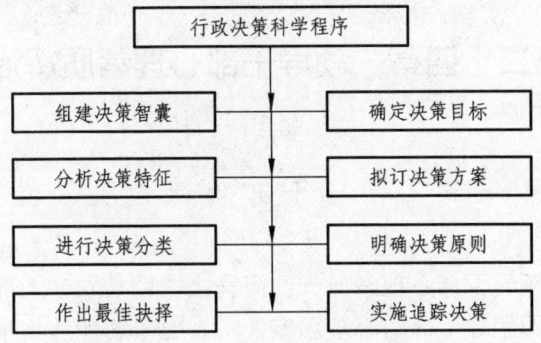

图 23.1 **行政决策的科学程序**

# 第二十四章 领导干部心理素质矫治

## 第一节 领导干部心理素质简介

什么叫领导干部心理素质呢?简言之,就是领导干部的心理素质的修炼,即领导干部的心理思维能力、对事物的认识能力、心理素质接纳能力、心理分析能力、心理承受能力以及人的表情与情绪结合的素质,这些是领导干部整个素质的组成部分,是在先天素质的基础上,经过后天的培养、教育和影响而形成的具有个性特征的心理活动方式。

领导干部心理素质问题是管理心理学研究的重要问题。管理心理学是领导干部真正做好管理工作的必修课,是随时掌握和了解被管理者的心理活动,及时了解他们需要什么,想干什么,从而才能因事利导地做好管理工作、实现管理的最终目标。根据管理心理学家分析,一般被管理者具有五个需要:权力的需要、合众的需要、成就的需要、尊重的需要和自我实现的需要。

## 第二节 领导干部常见的心理障碍分析

美国心理学家伯斯认为,人们在工作交往中出现的常见的各种心理问题,与能采取的不正确的交往态度有关。伯斯把人们交往的态度分成以下四种模式:一是我不好我不行,你好你行,这是一种卑者与他人的交往关系;二是我好我行,你不好你不行,这是一种认为自己了不起，自己处处都比别人强，认为自己对别人好，而别人对自己不好，从而产生愤怒不平或自高自大的不良心理；三是我不好我不行，你也不好你也不行，这种人总认为自己能力低，不如人，但同时也认为别人不比自己高明，其心理态度是不相信自己，也不崇拜别人，既不去爱别人，也不接受别人的爱，陷入一种"四面楚歌"的境地；四是我好我行，你也好你也行，拥有这种交往态度，能完成体会到自己拥有强大的理性能力，对生活价值有恰到好处的理解，是爱人爱己、信人信己的一种表现，能客观地悦纳自我，正视现实，接受他人。

一些领导干部人际关系上的障碍，实质上是心理素质上的障碍，人际关系的紧张，除客观原因外，主要与其自身的认识、情绪、人格等心理因素有关。各种不良心理并非彼此孤立，而往往相互交错、相互作用于不同的交往过程中，外界因素的不确定对领导干部的人际交往有着重大的不良影响，严重影响着他们的身心健康，也给工作带来诸多不便，不能等闲视之。

下面我们不妨来分析一些领导干部在人际交往中常见的心理障碍。

## 一、自私自利的心理障碍

"先天下之忧而忧，后天下之乐而乐"，这是宋代政治家范仲淹留给后人的千古绝句，它既反映了作者大公无私、心系天下的伟大人格，也给后人留下了如何做人的道理。俗话说：人敬人越敬越高，人压人越压越低。作为领导干部，想要别人支持自己，必须要有良好的人际关系，而建立良好的人际关系，则必须具有与人为善、助人为乐、大公无私的品德。现实生活中人们相信人不为己、天诛地灭的信念，有着这种自私自利心理的领导干部不计其数

## 二、嫉贤妒能的心理障碍

一名领导干部要想成就一番事业，必须心胸宽广，为人大度，

宽以待人。然而，由于嫉妒心理的作祟，心胸变狭窄的干部为数不少，突出的表现就是度量小，容不得人，导致个人名誉受损，事业受挫。

《三国演义》中的周瑜，在三国众多贤才当中，可谓一位出类拔萃的人物。但他虽是个将才，却没有将才应有的度量；他虽聪明过人，才智超群，却妒忌心极强，容不得超过自己的人。他对诸葛亮一直耿耿于怀，几次想害诸葛亮却没有得逞：赤壁之战，周瑜损兵折将，费尽钱粮，却叫诸葛亮图个现成；周瑜用美人计骗刘备去东吴成亲，被诸葛亮将计就计，最后是"赔了夫人又折兵"，气得周瑜大叫一声，"金疮迸裂"。最后，周瑜用"假途灭虢"之计，想谋求荆州，被诸葛亮识破，四路兵马围攻周瑜，并写信奉劝他，周瑜仰天长叹："既生瑜，何生亮！"连叫数声而亡。可见，周瑜度量之小，无怪东吴的鲁肃要说："公瑾量窄，自取死耳。"

在21世纪的今天，在我们身边，也发生过类似的事情。

### 三、自高自大的心理障碍

平等待人是搞好人际关系的基础，有些领导干部在交往中过度地估计自己，总觉得自己优于别人，盛气凌人，自以为是，甚至不愿与人为伍。这种自大心理必定导致人际关系紧张，在失去朋友的同时失去自我。有自大心理的人，还特别喜欢指手画脚，发号施令。

要克服自高自大的毛病，关键在于正确对待自己，做到"吾日三省吾身"，自省是一面镜子，也是一种修身的方法，坚持自省，就能多一点谦虚，少一点盛气；多一点成功，少一点失败。

### 四、偏心袒护的心理障碍

为人出于公心，一视同仁，是中华民族的传统美德，也是一个领导干部的立身之本，更是成就个人事业的基础；偏袒待人，是领导干部的一大忌讳，也是会给人留下一种于心不公，于理不容的印象，最终造成离心离德，甚至众叛亲离。

在现实生活中，很多领导干部在提干时，也讲求亲疏、讲求地域、讲求出身；有的单位在评优时讲关系、论亲疏，讲情感、论资历等等……都是褊狭心理的突出表现。

### 五、冷漠无情的心理障碍

许多事实告诉我们，不关心不支持别人的人，自己也难得到别人的关心和支持，事业成功的把握更小。冷漠心理的表现形式很多，但对一个领导干部来说，待人不热情就是其中的主要表现形式。热情待人是维持人与人之间友好关系的基本原则，平时见面问声好，握握手，谈谈家常。有人到单位找你，迎进办公室倒杯水或递支烟，这些都是热情待人的具体表现。对同志像春天般的温暖，是社会主义大家庭人与人之间热情友好的真实写照。

缺乏同情心是冷漠心理的另一种表现形式。面对他人的灾难，有的大发慈悲，热情帮助，有的熟视无睹，漠不关心，这反映了截然不同的两种心态和行为。现实生活中，许多领导干部虽然懂得"以人为本"的道理，但在工作中目中无人。下级的生活是否有困难，子女上学是否需要帮助等等，有的上级从不过问。以这样的方法去从事领导工作，想必一定调动不起下属的积极性。

## 第三节 领导干部的心理调适

### 一、讲究社交礼仪

什么叫礼？礼者理也，讲的是做人的道理，即与人合作的道理，合作就要讲道理。做人就要做事，做事必先做人，作为管理者不会做人就难有做事的机会。智者善听，愚者善说，来说是非者，必是是非人。智慧的人会把嘴放在心里，愚蠢的人会把心放在嘴上。

怎样与人合作？首先要有阳光心态，要学会欣赏他人。古罗马西富罗说，愚蠢者之所以愚蠢，做事忘了主次，与人相遇时，他往往注意挑剔别人，而忘了要与人合作。我们与合作者的关系如何，往往是由我们自己看问题的出发点决定的。君子独善其身，世界具有多样性，竞争是必然的，但是要微笑竞争，携手同行。

其次要有开朗的胸怀。快乐是我们送给自己最好的礼物，凡事调整好心态，你就不会烦恼，让大家都喜欢你，那是永远不可能的。

再次要换位思考。尊重差异、不挑剔、不嫌弃；人与人的相处，贵在包容、贵在理解；肯定自己的选择，接受和对方之间的差异。在实践中注重沟通有效，交往应努力以对方为中心，尽量说对方感兴趣的话题，特别应多说对方擅长的话题，多为对方创造表现自我行为或长处的机会，这才是聪明人。总之，以礼相交，以礼待人，这就是做人的教养，这就叫礼。

什么叫仪？仪也，现也，即表现显露之意，也就是我们与人交往中的行为举止。如在外面、在公共场所与五湖四海的朋友相聚时讲方言土话，说话让人听不懂就会认为是一种排斥，就会产生被排斥感。比如在公共场合交往中不能大声喧哗，在餐桌上不让菜不夹菜，敬酒不压酒等都是仪的表现。由此理解，礼是教养，仪是表达，有身份、有地位、有修养的人在公共场合是不会随便打电话和接电话的。

古希腊一位哲人曾说，知己者胜，知人者慧。与人合作的能力是第一能力，凡是成功者皆善于与人合作。凡事不主观臆断，不以我为中心，要理解和尊重别人。仪的技巧性在于我们的行为得当，恰到好处。总是，礼仪就是阳光心态、开朗心理、换位思考、尊重为本。

## 二、学会做人做事

我们现处的时代实际上是先做事后做人的时代，也就是做人必先做事，先做好了事才能有资格做人，这就要求我们的领导干部要学会做事。要想做事，必须先学会做人，只有做好了人，才能做成事。成大事在胸怀，成小事在德才。在现实生活中，利益上的情感是永恒的，情感上的利益是暂时的，没有永久的感情，唯有永久的利益。理性做事，感性做人；做事用心，做人用情，既原则又圆润，既正气又和气；做事如水，做人如山，柔韧圆润，方毅刚勇要恰到好处，关键在于度。做事要脚踏实地，敢为人先；做人要无私无畏，甘为人后。

总之，有人把做事比喻为物质文明，把做人比喻为精神文明，物质文明和精神文明是相辅相成的。

### 三、学会用理性统领情绪

人类的天性有两种截然不同的层面：一是理性，二是情绪。大多数人认为，人性这两个层面相互分离，毫无关联。其实不然，它们应是互相作用的，在互相冲突的时候，理性应占统治地位，这是我们在实践中应努力做到的。每个人都有七情六欲，遇到不顺心的事都会有情绪，这是一种正常的心理反应。但是一个人如果过分情绪化，就会影响到理智甚至失去理智，造成无法想象的后果。与人交往和合作中，不良的情绪会影响到我们对来自对方信息的误解，还使我们无法进行客观的理性的思维活动。在任何领域，成功者与失败者的行为之间存在巨大的差异，差异就在于如何用理性控制情绪，以免决策和行事的情绪化。自我控制是一种美德，只有有自制力的人才能抓住成功的机会。成功的最大敌人是自己缺乏对自己情绪的适度控制。人的一生是判断的一生，特别是领导干部，无时无刻不处在判断之中。判断准了，行为选择才能对头，判断错了，行为选择就会错位。判断分为两种：理性判断与直觉判断，对于一名领导干部，万万不能凭直觉做事，也绝不能情绪化。我们正在重点实施工业强州和城镇化带动战略，面对激烈市场竞争，对每一件事都应作出正确的判断，才能作出正确的决策，如果决策失误，将会造成重大的损失。

对于普通人来说，情绪化的人容易因小事而发脾气，也容易因情绪而手舞足蹈，这样就很难处理好上下级之间或与同事朋友之间的关系。虽然人是感性动物，人的情绪化是由多种因素促成的，但如果普通人特别领导干部不能有效地控制自己的情绪，在关键时刻就很难作出理性的判断和正确的选择。

情绪化如一匹脱缰的马，让人盲目判断和选择，给他人和社会带来的是更多的危害；而理性如马的缰绳，能帮助我们去摆正方向，分析问题的症状所在，从而处理和解决好问题。所以希望我们的领导干部一定要学会用理性控制情绪。

### 四、学会理解他人

领导干部要学会永远地理解他人，更要学会永远地理解他人的不理解，这是理解的深层次意义。

在我们现实的改革开放实践中，理解他人就是胜利，理解他人的不理解就是人生的幸福与快乐。领导干部的心理调试在于千方百计地做到：一切从实际出发，讲究社交礼仪；培养阳光心态，保持开朗心情；学会换位思考，磨炼做事做人；更要理解他人，特别要永远地学会理解他人的不理解！走自己的路，让他人去说吧，我们的明天将会更加美好！

# 第二十五章 "仇和式"行政管理创新经验值得借鉴

## 第一节 "仇和式"经验简介

仇和是一位有争议的政界强势人物，他曾在江苏省苏北地区担任沭阳县委书记、宿迁市委书记，后任江苏省副省长；2007年12月调任云南省委常委、昆明市委书记。

他刚到昆明时就说过：没有落后的地区，只有落后的制度。他到任后就在昆明发起了一场"学习革命"，提出"每月至少4个半天或者2个整天"对全市领导干部进行集中培训。到2008年年底，昆明市共开展了56次领导干部集中培训，真像一次"洗脑风暴"，共有2.6万人次参加了培训。

他到任后所进行的189项制度变革被民间传评为"戳了官员们的懒骨头"。针对"官员的懒骨头"，他要求公布昆明市领导干部的电话，辞退打瞌睡的公务员，明令用1/3的公务员去招商，用1/3公务员去创业，余下1/3的公务员照样能把行政管理方面的工作做好。

他组织出台实施的领导干部党风廉政建设责任制和机关单位招商引资目标责任制等，深受社会各界的好评。他从公布领导干部电话号码和职务分工，让"一把手"公开作出服务承诺，到行政审批事项从506项精简到140项，行政审批时间压缩了一半，使昆明市成为继沈阳市之后行政审批最少的省会城市。正如人们看到的一样；"软环境软的是官员的身段，硬的是客商和百姓的腰杆"。

他从"目标倒逼制度,时间倒逼程序,社会倒逼部门,下级倒逼上级,督察倒逼落实"的"倒逼法",到昆明市委、市政府向社会作出投资建设工程项目坚持做到"8个百分百"的承诺:百分百公开招投标,百分之百不转包,百分之百工程监理到位,百分之百不留重大质量隐患,百分之百不出重大安全事故,百分之百行政监察到位,百分之百工程预决算审计到位,百分之百不出腐败案件。这使人们看到"把自己逼到绝对廉洁的道德制高点上"的法治政府的前进轨迹。

他从"治湖先治水,治水先治河,治河先治污,治污先治人,治人先治官"的书记与市长,到担任滇池入湖河道的"河长",到邀请中央驻滇和省、市主要新闻媒体为"新闻舆论监督员",到出台《关于建立重大党务政务信息公开接受新闻舆论监督制度的意见》,使人们看到的是"透明行政,慎用公共权力"的明智政府的自我约束之路。

他从"一线工作法""市长接待日"颠覆昆明官场传统的行政模式,到问责力度的加大,给官员戴上一道"紧箍咒";从"勤廉公示"成为昆明大小机关最热闹的话题,到职工群众最想看的是贴在墙上,挂在网上的领导干部述职述廉报告。189项制度变革给昆明官场带来了前所未有的冲击,使民意逐渐成为政府决策的一种制衡力量;使官员们"感到压力大,官难当了";使百姓和客商们"感到事难办,但找政府就好办了"……。

"仇和式"经验及其管理创新,震动了昆明官场,引起了广泛争议,可以说是众说纷纭,褒贬不一。但笔者认为,像金州这样"欠发达、欠开发"的两欠地区,若要实现"科学发展,促进跨越"的目标,不发展不行,按部就班发展不行,发展慢了更不行,只有加快发展,才能实现跨越!为此,州委、州政府在学习实践科学发展观活动中,结合实际,查找问题,在认真分析州情的基础上,提出了"一二三四"的科学发展思路。这完全符合金州的实际,体现了全州人民的共同愿望,是金州科学发展的希望所在。但关键是"好思路要能实施,重在大举措支撑",否则,思路再好也会束之高搁。对此,我们金州的行政管理工作应从制度建设入手,乘中央领导批示肯定我州抓制度建设所取得的成绩之机会,认真分析总结我州制度建设方面的经验教训,继续抓好我州在制度上的"废、改、立"工作,巩固和拓展已有的成果,努力从"仇和式"行政管理创新中得到启示并大胆借鉴。

## 第二节 "仇和式"经验值得借鉴

一、官场领导者清正廉明,问心无愧,理应实行勤廉公示,清清白白做好官

"当官不发财,发财不当官"。没有奉献,不愿付出,就得不到广大人民群众的拥护和赞扬。作为一名领导干部,国家公务员,理应严格遵守党纪国法和相关的法规制度。"公生明、廉生威",正人先正己,只有官员自身正了,才能在人民群众中树立威信。官员理应是人民的公仆,其职责就是全心全意为人民服务。对此,必须身先士卒,为人师表,要求别人做的,自己首先做到;要求别人不做的,自己坚决不能做。只有这样,才能带领广大干部群众干事创业,也才能想干事,不懈怠;能干事,不谋私;干成事,不居功。贪赃枉法不可取,勤政廉政才最佳。勤廉公示,公开透明,让勤廉者受到褒奖;让懒贪者受到贬斥。

二、外出招商者目标明确,重任在肩,必须发扬亮剑精神,攻坚克难招好商

没有耕耘,就没有收获。无论接受的招商任务轻重,外出招商者都必须走出家门,竭尽全力。一开眼界,看看外面的世界多精彩,发达的地方发展有多快,变化有多大;二学别人,学学别人是怎样在工作,是怎样的"白加黑""五加二";三练自己,练自己的

游说能力、交际能力和宣传本事。必须竭尽全力,用真心,讲实干,讲效率;必须千方百计,千言万语,千山万水,千辛万苦,才能招好商,否则在有限的时间内只能空手而归,甚至失位失荣。品尝招商的艰辛,督促在家服务者优化环境,优质服务,让辛苦招来的项目资金能落地生根、开花结果,这对在家服务者也是一种期待和监督。这样相互期待,就是一种相互的约束、相互的促进。

## 三、在家服务者尽职尽责,优质服务,不断提高工作效率,转变作风履好职

仇和同志坚信:"这么多的公务员,用 1/3 去招商,1/3 去创业,剩下的 1/3 照样能把行政管理方面的事情做好。"这符合压力弹性理论,对人力资源实行重新组合和优化配置,有利于充分发挥人的潜能和显能。这样不是三个和尚没水吃,而是一个和尚挑水吃了;现在不是悠闲时代,而是必须快马加鞭了。人员减少,职能不变,任务不减,不转变作风、改进方法,不尽职尽责、兢兢业业,显然完不成任务。所以必须竭尽全力,讲执行力,讲落实力,讲质量第一,讲效率第一,一人干三人的活,一天做三天的事,养成主动工作,全力工作,今日的事今日毕,昨天的事昨天清的习惯。让那些油、懒、疲、软者很难混日子;让那些平庸无能者,得过且过者很不好过日子。

## 四、一方主政者思路清晰,优化资源,全力加强行政管理,无私无畏主好政

"当官不为民做主,不如回家种红薯"。任何一个地方,无论大小,都有一些诟病,包括历史的、现实的、环境的、队伍的。如何激活一潭死水,如何破冰前行?需要"领头羊"有胆识,需要有一批"狮子型"的干部,更需要找准突破口。在内陆地区,往往源头没有活水来,投资、消费、出口三驾马车都十分受限,难以发挥后

发优势，这让一方主政者也倍感压力。要发挥后发优势，成迎头赶上、后来居上之势，须采取非同寻常的对外开放举措。这是一个不言自明的道理：有一个系统自身活力发挥到极限，要实现更好、更快、更高层次的发展，必须借助外力，才能在这个封闭系统内产生新的突破。借助外力，就是要招商引资，扩大开放，在增强投资方面做足做好文章。在内陆地区，在我们金州这样的"两欠"地区，消费、出口方面很难找到突破口，即使有突破也必须依靠投资才能实现。仇和把招商引资作为经济社会发展到一定阶段的第一要事、第一政绩来对待，就是让投资这驾马车成为当地经济社会发展的第一引擎，强力拉动当地经济社会的跨越式发展。他在宿迁是如此，到了昆明也是如此，看似偶然，实则必然，理应令人深思。

一方主政者权倾一方，有条件、有资源、有权力、有舞台去导演一出好戏。制度的创新与落实都需要一方主政者无私无畏，大刀阔斧，理直气壮。"仇和式"行政管理创新特别是招商引资方略，触及了许多人的直接利益，涉及利益格局的调整。"懒骨头"们心里是很不爽快的，"平庸者"们也是很不习惯的，所以必然出现杂音，肯定会有阻力。不过，主政们只要有胆识，有勇气最终必会事半功倍，独树一帜。

## 五、芸芸旁观者雾里看花，少说多思，既看动机更重结果，摆正位置裁好判

构建社会主义和谐社会是一个伟大的奋斗目标。现今，和谐社会还不是结果，也不是现实。我们之所以要深入学习实践科学发展观，正是因为很多地方很多方面还没有科学发展，还没有和谐局面，要通过科学发展去实现和谐社会。要实现科学发展，就必须要强力推进行政管理体制的变革。因为行政管理体制还有很大的转变空间，建立小政府，实现大服务，打造服务型、效能型政府是必然的趋势。创新行政管理体制，着力转变职能，理顺关系，优化结构，提高效能，把政府主要职能转变到经济调节、市场监管、社会

管理、公共服务上来，把公共服务和社会管理放到更重要的位置，才能为人民群众提供方便、快捷、优质、高效的公共服务。

"仇和式"经验即行政管理创新的目标是：把昆明打造为西部乃至全国"创业最宽松、社会最文明、人居最安全的低交易成本、低生产成本、低行政成本、低社会成本"的地区，倾力打造成为"富强、活力、文化、生态、和谐"的昆明。这样的目标，看似高不可攀，是理想主义的愿景，但回顾仇和在宿迁工作期间宿迁的变化，你又不得不承认，那也就是现实主义的风景。正如昆明市市长如此评价："有人说仇和是理想派，我觉得他是个实干主义者，是一个现实主义者。他自己身先士卒，自己参与到整个决策、执行的过程中，带来一种非常开明、开放的思想、理念和非常高的效率。"

总之，科学发展看成败，考核干部论实绩。无论勤政廉政者，还是外出招商者、在家服务者、一方主政者或出去创业者，都应竭尽全力，磨合适应、融通整合。最终将会创新形成一套科学有效的行政管理制度，将会打造出一支能干高效的一流团队，更将会创造出令人称羡的一流业绩。鉴于此，对"仇和式行政管理创新"不该非议，应当肯定与支持，学习与借鉴，以此找准我们的抓手，全力实施好"一二三四"的科学发展思路。力争在"科学发展，促进跨越"上，力争在努力建设"天蓝、地绿、水清、人和、业兴"的和谐黔西南的进程中取得更加优异的成绩。

# 第二十六章　金州文化管理的内涵与定位

## 第一节　金州文化管理的内涵

一、金州文化管理是打造一种促进全州各族人民奋发进取的新型文化

文化是人类认识世界和改革世界的总成绩，是人类物质文明、精神文明、政治文明、生态文明和社会文明成就的总概括，是人类全部思想和行为的总记录。文化是一个国家、一个民族、一个地区的根基和灵魂，具有凝聚、整合、同化、激励、规范其社会群体行为和心理的功能。而这样"欠开发、欠发达"金州文化管理的目标应是打造一个包含价值取向、文化认知、进取精神、交往方式以及生产、生活方式等在内的，能够促进全州各族人民在实施"两大战略"中奋起直追的新型文化形态。

金州是一个地处内陆、交通闭塞、文化落后的多民族聚居的西部少数民族自治地区，其文化管理的任务比一般地区更为艰巨，其文化管理的内涵与定位既有普遍性又有特殊性。

从普遍性讲，金州文化应包括物质文化、精神文化、政治文化、生态文化和制度文化等层面，这是金州与全国各省（市、自治区）及各市州地共同体长期传承积累而形成的；从特殊性看，金州文化具有其特定的区域属性，受特定的地理环境、民族结构和经济基础等制约，是生产方式、生活习惯、认知程度、价值观念、民风民俗、宗教信仰、语言符号、知识技能、行为规范、组织架构、劳动创造等内在的文化积累的总和与特质。具有显著的民族性、多样

性、封闭性、传承性等特点，对金州整个社会起着"塑造人格、实现社会化"，"规范行为、整合各方"，"民族融合、社会导向"的特殊作用。

因此，金州文化管理就应定位于金州各族人民的价值取向、文化认知、心理习俗、语言文字、生产方式、生活习惯以及精神的创新与重塑。其内涵应包括：能够适应金州加快发展需要，并能够提高金州发展能力的文化；能够满足金州各族大众日益增长的文化需求与文化权益的文化；能够塑造金州整体形象、促进金州经济社会又好又快、更好更快发展的文化；能够保存、延续、弘扬、创新金州各民族传统文化精髓并融合现代文化精神的文化。金州文化是一种存在于金州各民族之间，流淌于金州各民族内部的相互合作的文化，是一种和谐的、现代的、原生态的、有创新的、民族民间的特色文化形态。

## 二、金州文化管理应是现代与传承的对话与互融

金州文化具有的特质，决定了金州文化管理应立足于全州各民族传统文化的弘扬、传承与现代文化的互相融合这一高度来认识金州整体文化管理的性质和意义。实施"两大战略"中的金州文化管理，是存在于金州大地的传统民族民间文化与现代文化的一次融合、碰撞与创新的历程。就是要充分挖掘、弘扬、传承各民族文化，培育新的现代文化，推动民族文化与现代文化形态融合的具有我州文化特色的文化形态的构建。通过构筑具有现代意识、科学精神、人文理念的金州文化空间，使之成为创新和发展先进文化，提高全州整体发展能力，培养金州在实施"两大战略"中的开拓创新人才的孵化器。

中华优秀文化的根系深深地植于各民族和民间的土壤上，各民族和民间比较完整地蕴藏、沉淀着中国的传统文化。这不但反映在大量的物质和非物质文化遗产上面，而且通过融合各民族间的特色文化习俗、仪式、服饰和民族风情等呈现，这就是文化的独特存在

方式和独特魅力之所在。客观地看，民族文化与现代文化的对话与交融是在改革开放以后，大量发达地区的、国外的先进科学技术、知识产权、思想观念、行为方式的引进，使金州各民族的传统文化在受到一定冲击的同时，又使得各民族的原生态的特色文化得以挖掘、彰显和弘扬。如近年来"多彩贵州"和金州"布依族文化""彝族文化"等少数民族的文化宣传，倍受外界乃至世人的青睐。

由此可见，实施"两大战略"中金州文化管理的命题，不仅是金州文化建设的需要，而且是在经济全球化境遇中的中华传统文化、民族文化与西方文化、现代文化的碰撞、交融、对话的命题；是现代社会如何吸纳外域价值、传承传统价值的命题；是如何吸收外域文化，弘扬中华传统文化和挖掘传承民族民间文化的命题；是海纳百川，共同建设中华民族共有的精神乐园的命题；是金州结合实际，"加速发展、加快转型、推动跨越"的命题。这理应是金州文化管理和建设的目标走向。

## 第二节 金州文化管理的定位

### 一、金州文化管理的定位，应是以人为本的"人的建设"

金州各族人民是金州这一区域内生产、生活的主体，是金州文化管理的参与主体、创新主体和受惠主体。为此，金州文化管理的目的就是由金州各族人民共同参与、共同管理、共同建设和共同享受。因此，坚持以人为本、全面协调可持续发展的科学发展观，在金州文化管理和建设中的一个重要意义就在于科学构建关注民生、培育民智、增强民力的机制，通过切实可行的文化建设，不断培养和造就"有文化，懂技术，会经营，善管理"的具有新素质、新观念、新精神的新型各族社会大众，这是加快金州文化经济社会发展的最本质、最核心的内容和最迫切的需要。如果忽视了这一主体，再好的硬件投入、再美的自然环境，也会失去金州建设和发展的最终意义。所以，实施"两大战略"中金州的文化管理，说就底就是以人为本的"人的建设"，这符合马克思主义关于"人是一切经济社会发展的主体，人的自由而全面发展是人类社会发展的终极目标"这一科学论断。

重点实施"两大战略"的目的就是加快金州在十二五期间经济社会发展的步伐，努力实现"不能老是垫底、也要奋力爬高"和"正视落后，不甘落后，奋起直追，迎头赶上，后来居上"的开发建设目标。要实现这一目标，"关键在党、关键在人"。因此，实施"两大战略"中的金州文化管理和建设，就是要在全面提升人的整体素质、综合素质上下工夫，就是要在着力加强各级党组织和党员领导干部的领导能力和管理水平，着力提高全体社会成员的综合素质和文化修养上下工夫。只有这样，金州经济社会建设才能实现"又好又快、更好更快"的发展，从而通过量的积累和质的不断提升，最终实现历史性跨越。对此，金州文化管理连的核心就是要千方百计抓好"人的建设"，努力提升人的素质。毋庸置疑，在实施"两大战略"这样一场宏大的经济社会建设潮流中，肯定会获取许多成功的经验，但也会出现一些失败的教训。总之，在金州的文化管理中，以人为本的"人的建设"，人的综合素质的提升既是历史任务和最终目的，也是一个必然的历史过程。

## 二、金州文化管理应是金州各民族精神与各民族文化价值观的重构

民族价值观和价值体系的重建，是金州文化管理的重心。那么，金州广大社会成员的价值观和价值体系到底是什么呢？就是符合金州客观实际和发展要求的社会个体发展与社会、自然和谐发展的共同理想，是体现金州广大社会大众价值观诉求、符合社会主义市场经济规律和以人为本、科学发展要求的价值理念。在这一基础之上构建的金州民族文化价值观是重塑金州各民族"魂"的关键，是金州民族精神和民族文化认同所在，也是金州各民族本土文化赖

以延续的核心素质。

传统的民族地区以地缘、血缘为纽带而形成的"寨老""酋长"等民间组织构架是传统文化认同和行为的一个基本单位,它通过酋规家规、村规民约与儒家伦理、村寨舆论等规范和强有力的地方共识,对村寨的生产、生活、祭祀、治安等公共事务发挥组织、协调作用,从而形成了情系村寨传统的文化体系和互相间的依存关系。因此,加大构建以社会主义新农村为基础的乡村社区,通过乡村社区之魂——村寨人共同体意识的重塑,通过乡村内生力量的激发和调动,消除由于工农大众生活的"原始化"和被现代生活的边缘化所带来的文化认同的缺失和人心散乱的问题,从而有效解决乡村中"人和"的问题,这是我州基层文化建设的重要内涵之一。首先,通过塑造新的乡村文化和传承文化认同,来激发村(居)民的村本意识和文化身世的觉醒;其次,通过乡村社区公共文化空间的构建和培育来凝聚村(居)民,使之在此基础上自发地参与各项文化娱乐和社会交往,在满足其文化消费需要的同时培育属于乡村社区自己的文化;再次,通过对乡村传统习俗、乡村文化生活的认同感和幸福感的增强,使广大村(居)民重建人生的价值观和增强加快发展的信心。

## 三、金州文化管理应是乡村文化生态的优化建设

金州乡村文化生态主要包含三个层面的含义:第一,乡村文化的形式、载体和内涵等生存、发展、继承的土壤和环境,以及乡村各种文化关系之间的和谐,如乡村的物质文化、精神文化和制度文化之间的和谐;第二,乡村文化的多样性,以及乡村文化的再生、创新、化合的能力;第三,乡村传统民族民间文化与现代文化、都市文化的对话,融会与和谐。前两个层面,属于乡村文化生态的内循环系统的建设;后一个层面属于乡村文化生态的外循环系统的建设。

在实施"网大战略"中,金州文化管理的重点、难点应在乡村

生态文化建设上。因此,金州乡村文化建设不但要在健全乡村公共服务体系、加大培育乡村公共文化空间等方面下工夫,而且要从保护乡村文化的多样性和培育乡村文化再造能力入手;不但要建设乡村文化生态的内循环系统,而且要积极构建乡村文化生态的外循环系统。其中关键在于如何认识乡村文化的价值问题,只有从思想上解决乡村文化立场的问题,才能在实践中正确认识乡村文化的价值与局限,从而正确处理好乡村文化关系间的矛盾和冲突,以维护乡村文化和谐与乡村文化的多样性。

乡村文化是我国现代化建设重要的、不可缺少的组成部分,乡村文化的多样性和乡村文化的张力与活力,是发展和谐文化的重要因素和源泉之一。乡村文化与现代文化、都市文化的关系应该是互补互融的、互相激荡、互相化合的,而不是以"彼"文化取代和湮没"此"文化的。因此,我们一定要站在构建乡村大众文化和维护乡村文化生态良性循环的立场,进一步创新和构建多元的、开放的、民族的乡村文化传播理念和建设理念,从而激发乡村文化发展的活力和村(居)民对于乡村文化创造的热情。

总之,探讨实施"两大战略"中金州文化管理的内涵与定位,就是要切合实际加快推进全州文化产业的大发展,就是要加快推进金州经济社会"又好又快、更好更快"发展。实施"两大战略"中金州文化管理的内涵与定位,目的在于重点实施"两大战略"的同时,注重加快全州文化产业的发展,目的在于紧紧围绕着"传承传统文化,引进外来文化,弘扬现代文化,挖掘民族文化"的工作思路,注重培植创新的、多元的、民族的新型文化形态,充分发挥和调动广大群众文化创新的主体性、积极性和智慧性。只有这样,金州的文化管理才能服务于重点实施"两大战略",才能符合全国全省文化大发展、大繁荣的需要和全面建设小康社会的实际。

# 第二十七章　金州公务员管理的激励机制

公务员作为国家公共行政、社会公共管理的载体和实施者，其积极性的发挥直接影响着政府实施公共管理的效果。经过多年的改革创新，我国公务员管理的激励机制有了很大发展，但鉴于我们金州的实际，特别是受观念、环境、体制等因素的影响，其管理的激励机制还存在诸多不适，亟待进一步完善和创新。

## 第一节　激励的概念及类型

所谓激励，就是激发和强化的过程，即在管理过程中，采用激励的理论与方法对国家公务人员的各种需要予以不同程度的满足或限制，以此引起他们心理状况的变化，从而达到激发动机、引起行为的目的。然后通过正反两方面的强化，对其行为加以控制和调节。"激励"一词从词意上理解，就是指激发鼓励的意思。激发就是通过某些刺激使人发奋起来。在组织行为学中的激励主要指激发人的动机，使人有一股内在的动力，朝着所期望的目标前进的心理活动过程。因此，激励也就是充分调动一切积极性的过程。管理心理学认为，激励就是通过一定刺激促使某种思想、愿望和行为产生的心理过程，它使个人为实现目标而产生的行为处于积极状态，表现为高昂的情绪、坚定的意志、顽强的信心和冲天的干劲。它能最大限度地发挥人的潜能，从而创造出更大更有效的价值。

根据不同划分标准可以有不同的类型。激励从内容上划分，可分为物质激励与精神激励。前者是对人们物质需求的满足,后者是对人们精神需求的满足。从性质上划分,可分为正激励与负激励。正激励就是当一个人行为表现符合社会需要时,通过奖励的方式,强化这种行为,以达到调动工作积极性的目的;负激励是一个人的行为不符合社会需要时,通过制裁的方式,来抑制这种行为。从形式上划分,可分为内激励与外激励。内激励是通过启发诱导,激发人的主动精神,使他们的工作热情建立在高度自觉性基础上,充分发挥内在潜力;外激励是运用环境条件来调节人们的动机,以此来强化或削弱各种行为,进而提高工作意愿和做好工作的期望。

## 第二节 现行公务员管理激励机制的问题与原因

随着我国公共管理制度的不断完善,为适应社会的发展,党中央、国务院相继出台了一系列的激励机制,解决了一些问题,推动了公务员管理工作的有序进行,使整个公务员管理呈现良性发展的大好局面。但就我们金州的客观情况看,还不同程度地存在一些不足,特别是管理的激励机制不尽完善,这主要表现在以下方面:

### 1. 精神激励不到位

一方面,思想政治工作方法简单。在实际工作中,一些单位只注重集体教育和批评帮助,忽视了经常性、针对性地对个体开展谈心活动,对个体的思想掌握的少,不善于及时发现苗头和倾向性问题,暖人心、聚人心的工作做得不够,导致在公务员队伍中缺乏一定的凝聚力和战斗力。另一方面是表面化、形式化的精神激励在一定程度上扭曲了公务员对精神激励的认识,产生了负面影响。在市场化的今天,公务员的社会地位和经济地位有所下降,这种下降必然使得传统的精神激励机制失去其原有的激励效用。

### 2. 物质激励手段单一

随着市场经济体制的建立和不断完善,我国公务员工资开始与市场接轨，经过多次的加薪，公务员的收入越来越具有吸引力。但现行的工资制度不能很好地反映公务员的工作业绩与实际才能，难以通过工资来体现激励机制；难以奖勤罚懒，激励能干的、高效的、有才的；难以充分调动公务员的积极性。"论资排辈，凭借机会，干多干少、干和不干一个样"的现象凸现。

3. 绩效考核机制不全

近几年我国一直在不断完善各种绩效考核机制，但是这是一个系统而庞大的工程，不是一蹴而就的事，需要我们在实际工作中不断地发现、研究和解决问题，不断地去补充完善。在现行绩效考核机制中，仍有很大一部分考核的结果没有真正与公务员的任用、交流、培训挂钩，加之由于"官本位"思想的影响和"形式主义"的盛行，许多考核的结果也难以做到客观公正。

4. 纪律惩戒力度不够

现实中公务员监督制度执行时松时紧，尤其是对公务员8小时外行为管理的力度相对缺位，监控缺乏有效的措施，组织掌握情况少，教育督促不力，错失了及早发现问题、解决问题的时机；对问题和矛盾处理心软手轻，一些单位对违反制度的行为迁就照顾，出现问题遮遮掩掩，大事化小、小事化了，甚至不了了之的现象突出，纪律惩戒力度缺失问题表面化。

5. 沟通反馈渠道不畅

我国现行的党委和行政组织是五级党委、五级人大、五级政府、四级政协的层级多、等级森严的党委和行政组织、机构。上下级之间沟通交流往往通过文件、会议的方式，"会议传达会议、用文件贯彻文件"的方式已成普遍行为，反馈不够、信息不畅、监督乏力的问题严重。

上述问题虽然仅在金州表现，但若广而视之，在全国也具有普遍性。存在上述问题的主要原因有四点：

（1）"以人为本"的管理理念淡薄。由于体制、历史和文化等诸多原因，我国现行的党政组织中，特别是公务员队伍中的人事管理仍然难于摆脱传统的人事管理方式,没有真正地树立"以人为本"的现代管理思想,人本管理理念淡薄。

(2)管理心理学知识匮乏。管理心理学又称行为管理学,是研究人的行为心理活动规律的科学。它是用管理学、行为学、心理学、社会学等原理,以研究人们的心理行为、人际关系和人的积极性为对象的一门综合性的学科,是管理者必须具备的基本知识,是提高管理水平的必备教科书。当前我国公务员管理者中恰恰缺乏管理心理学的基本知识。

(3)行政管理文化欠缺。当前,我国公务员对组织缺乏认同感和主人翁精神,缺乏主动性和积极性。行政文化的不足,使行政部门内部、部门之间缺少凝聚力,党政部门人心涣散,习惯于遵循"事不关己、高高挂起"的办事原则,导致了部门之间互相推诿、扯皮现象,从而导致了行政效率不高的恶果。

(4)考核配套制度滞后。如现有公务员职务晋升制度还远远达不到稳定、健全、科学的程度;公务员考核制度不完善,可操作性不强;公务员工资制度没能很好地与绩效挂钩,不能全面反映公务员实际工作能力和收入的联系;对公务员的提拔使用没有真正形成能上能下、能进能出的激励机制,等等。

## 第三节 完善现行公务员管理激励机制的对策措施

### 一、树立激励理念,不断提升满意度

观念是行为的先导,转变观念是改变行为的前提,因此要完善我国公务员管理的激励机制,必须首先从更新观念、树立激励理念、不断提升满意度这一根本问题做起。

(1)树立竞争意识。科学的激励机制必须内含着一种竞争精神。在我国公务员的激励机制中,由于政府组织本身的封闭性和长期以来的"人治"的人文传统,无论是考核还是职务任免,在实际

操作中，在很大程度上都是领导说了算。"官大就是真理"被普遍运用，导致了我国公务员队伍缺乏足够的活力，因此只有在公务员激励机制中注入竞争活力，才能真正唤起公务员内在的积极性。

（2）坚持公平原则。公平不仅包括外部公平，也包括内在公平和自我公平，要体现激励作用就要打破平均主义。美国管理心理学家亚当斯的公平理论从一个新的角度来审视激励问题，具有独特的理论见解。它认为，报酬公平与否决定了报酬对人们的行为的影响。人们会将自己的贡献与所得和他人的贡献与所得进行比较，衡量公平与否。如果比较的结果是对己方的不公平就容易产生不满情绪，影响工作效率。这就提示了管理者在管理的过程中应充分意识到：被管理者不仅在乎收入的高低与否，还在乎是否公平。公平是一个不容忽视的方面，要有效发挥公务员管理的激励机制，就必须在激励过程中坚持公平原则。

（3）树立"以人为本"管理理念。我国传统的人事管理模式是在几十年计划经济体制下形成的，它视事为重心，把人降格为"执行指令的机器"。管理活动局限于给人找位置，为事配个人，而不着眼于人的开发利用，没有认识到人是一种重要的资源。为此，必须打破传统的人事观念，在管理者中树立正确的"人本管理"激励理念。现代人力资源管理的最终目标是通过各种管理手段达到人与人之间、人与事之间相互联系的最佳状态，借此最大限度地释放人体内潜在的生产能力，从而产生最大化效益。因此，我国公务员管理的激励机制的有效发挥首先要在理念上摆脱传统的人事管理理念的束缚，更新观念，树立"以人为本"管理理念，将公务员作为一种稀缺的资源加以开发利用，提倡尊重并重视满足组织成员的利益需要和成就需要，追求人性的回归及其个人价值的实现。

## 二、优化行政文化，营造激励环境

行政文化和激励环境对公务员具有导向、激励和约束的功效。行政文化和激励环境，一方面可使决策者以极大的工作责任心，从切实维护群众利益、节省行政成本出发，作出科学、可行的行政决策；另一方面又可激励普通公务员以高度的工作热情参与公务活动，以高效、快捷、灵活的方式完成组织目标，从而建立一个所有公务员共同信守的基本信念、价值标准、职业道德及精神氛围，创造一个良好的行政文化环境，以此提高公务员工作的积极性和主动性，增强公务员的主人翁精神、团队协作精神和党政部门的凝聚力、战斗力，使公务员的潜能得到最大限度的挖掘，使各种党政资源得到最佳配置。

（1）完善行政决策程序，优化行政决策文化。应按照行政决策的科学程序，建立健全决策智囊机构，完善决策的智囊体系，遵循"确定目标，拟订方案，最佳抉择，追踪决策"的顺序进行决策，确保决策的规范性、民主性和科学性。

（2）健全行政管理制度，优化行政管理文化。应切合实际规范管理者的职责、权利和义务，用制度促使管理者尽职尽责，确保方方面面的管理工作落实到位。

（3）要完善公务员培训制度，优化行政学习环境。学习培训是优化行政文化，提高行政管理水平和公务员履职能力的重要途径，应切实保障管理者和被管理者均能定期培训、按需培训，以确保公务员的知识更新和能力提升。

## 三、深化体制改革，打造激励平台

（1）稳步推进政治体制改革，确保政务公平公正。在继续推进经济体制改革的同时，要着力推进政治体制改革，完善政务公平公正的相关制度。在我国现阶段，政务公平公正只是在一些部门和地方试行，往往流于形式。对此，应在建设高效、廉洁、务实的公务员队伍上下工夫，着力推进政治民主化进程，切实搞好政务公平公正，以确保各项政务工作廉洁、高效运转。

（2）加大管理心理学知识的培训。要结合实际将管理学知识，特别是管理心理学知识作为领导干部教育培训的内容之一，列入各级党校、行政学院及其各类公务员培训机构的教学日程，不断提高各级领导干部（管理者）的管理水平。

（3）积极推进公务员内外监督体系建设。要结合内外监督实际，设立常设监督机构，保证激励功能的有效发挥。在内部监督上，要对公务员激励的各个环节都严格执法，加大执法监督力度；在外部监督上，要扩大公务员工作的公开性与透明度，做到制度公开，程序与条件公开、结果公开、身份公开，把公务员的履职和廉洁情况置于社会各界和广大群众的监督之下，提高公务员管理的民主化和公开化程度。

四、健全激励机制，完善制度规章

（1）健全公务员级别晋升制度。应增加公务员级别设置，可考虑在不增加职数的前提下，增加现行公务员级别总数设置，增加每一职务对应级别，从而充分调动他们的工作积极性。应加强岗位交流，可考虑在公务员与事业单位人员岗位中进行流动，扩大轮岗晋职的机会。应建立公务员退出机制，创造公务员队伍能进能出的竞争、择优环境。

（2）完善公务员考核制度。目前，国家公务员考核方法过于注重"简便易行、宜于操作"而忽视了考核方法的科学性，使考核流于形式。对此，应考虑运用计算机等现代手段对公务员"德、能、勤、绩"进行全方位的细化、量化考核，而不是人为的主观评判；应考虑将考核结果与奖金、工资、职务升降、进退、轮岗、辞退等相结合。

（3）完善公务员工资晋升制度。为适应经济和社会发展需要，应考虑建立科学合理的工资结构和工资晋升制度。使工资晋升与公务员的工作实绩挂钩，并在一定程度上体现出公务员劳动效益的差别性。

（4）发挥培训激励机制的作用。公务员培训激励已基本形成机制，已将培训作为重要的激励方式，可以视为物质激励和精神激励的有机结合,以促进公务员能力和素质的提高。这种激励方式,一方面是对工作表现突出、成绩优异者的奖励;另一方面是对工作表现差者的一种鞭策,以提高他们的工作能力,增强其责任感和使命感,适应现任岗位或转岗后的工作需要。

总之,公务员管理的激励机制,是加强对公务员队伍的有效管理、提高行政工作管理效能的有效机制。金州应结合本地实际,在实践中充分认识激励的内涵及其重要意义,分清激励类型,正视存在问题,分析具体原因,研究有效对策,制定有力措施,并切实抓好落实兑现。坚持在制度面前人人平等,严格按制度办事。只有这样,金州乃至全国公务员管理的激励机制才能有章可循,违章必纠,守章受奖,良性发展。

# 第四部分 金州开放管理论

# 第二十八章　国外先进经验借鉴——以美国为例

## 第一节　美国的城市建设简介

为了学习和借鉴美国的先进经验，扩大贵州省开发区招商引资的领域，作者有幸随贵州省贸易合作厅商务代表团，于2002年6月6日至25日赴美国进行了历时19天的商务考察。按照省政府的要求，在美国期间，代表团一行14人在团长余文春同志的带领下，重点考察了美国的城市规划建设、科技园区的开发建设等，并适时展开了招商引资活动。一路走来，感受颇多，深感美国的先进经验值得借鉴。

美国的城市建设理念，围绕经济支柱产业规划、建设和经营城市。美国成立至今仅230年的历史，是世界上历史较为短暂、年龄较为年轻的国家，同时也是世界上经济文化最发达、城市建设既古老又年轻的国家，其城市规划建设具有"古今结合，四方结合，自成风格"的特点，值得我们学习和借鉴。

我们代表团一行此次重点考察了美国的夏威夷、纽约、华盛顿、洛杉矶、旧金山市等大城市和拉斯维加斯、圣地亚哥、好莱坞等中等城市，所到之处，感受颇多，受益匪浅。

夏威夷——这座位于太平洋西部，由1 000多个小岛组成，拥有250万人口的世界性海中旅游城市，享有"阳光好，水好，空气好"的美誉，更有"城市规划好，建筑风格好，人居环境好"的人文美称，堪称世界环球旅游胜地。夏威夷岛上最早居住着波利尼西亚土著民族，后从日本、韩国、马来西亚等国涌进了大批移民。20

世纪初,美国用武力占领并建州后,美国联邦政府利用夏威夷独特的区位优势,丰富的旅游资源,优美的自然风光,围绕着旅游业这一经济产业支柱,采取市场运作的方式,筹集大额资金规划建设了这座无工业、无污染、建筑群多以豪华别墅为主的旅游城市。整个城市的规划和建设都紧紧围绕着旅游业这一经济支柱做文章。建筑群充分体现了旅游度假的个体风格,吸引了世界上近百个国家或地区的数十万名富商到此建房定居,投资兴业,走出了一条靠旅游业兴城兴市的城市建设之路。

纽约——这座位于美国东海岸线的港口城市,历史悠久,美国建国后,并没有将首都设立在此,而是根据纽约的优势和特色,将其规划建设成为工业基地、商贸和金融中心,整个城市规划建设都紧紧围绕着工业、大贸易这一经济支柱,使城市建筑群充分体现了大工业、大贸易的建筑风格,吸引了世界上许多国家的上百万名商家到此投资和贸易交往,走出了一条以工业和贸易兴市的城市建设之路。

华盛顿——这座以美国开国元勋的名字命名的首都城市,起初称为哥伦比亚特区,位于波托马克河东岸,是波托马克河的航运起点,临近大西洋,是美国50个州以外的一个直辖市,现有70余万人口。华盛顿这块地方,在美国未设都之前,并非城市而是一个仅有几万人口的农村小镇,是华盛顿当选美国第一总统后,出于国家的经济文化中心与政治中心相分离的考虑而选定的,总统府——白宫和国会大厦的筹建工作也都是在他的主持下进行的,整个城市的规划和建设都紧紧围绕着国家的政治中心这一主题,建筑群充分体现了办公机关(外来使馆)的建筑风格,严禁有烟工业的进入,走出了一条以搬迁或旋风、定政治中心拉动城市健身术的成功之路。

洛杉矶——这座位于美国太平洋沿岸的第一大城市,是美国在20世纪初实施西部开发时扩建的新兴城市,因其地理位置处于地震带,整个城市的规划建设均以两层楼以下木结构建筑群体为主模式,它是世界上唯一没有高楼建筑的城市。整个城市占地面积较宽,由80多个中小城市组合而成,其中拉斯维加斯市和好莱坞市被称为这座城市的窗口或眼睛。整个城市的规划建设紧紧围绕着博彩业、电源业和旅游业,充分体现了观光玩乐、旅游度假的建筑风格,其中拉斯维加斯城、好莱坞电影城、迪斯尼乐园等建筑群都是世界一流的,既有独特的建筑风格,又有极佳的经营效益,每天都吸引着世界上众多的游客到此消费。

旧金山——这座美国太平洋沿岸的第二大城市,工业发达,是美国对远东贸易的重要港口和西部金融中心,是新兴的世界上最大的科技园区。因其地理位置也处于地震区,整个城市的规划建设均以中低楼层的木结构建筑为主,紧紧围绕着工业、港口贸易和高科技园区这三大经济支柱产业,充分体现了旧金山规划布局合理、建筑风格别致、经营效益极佳的风格和特点,走出了一条围绕经济支柱建设城市,建好城市促经济的城市建设的良性循环之路。

## 第二节 借鉴美国的先进经验

通过考察美国的城市建设,作者感受最深的是,美国每座城市的规划建设都贯穿着一条经营城市的经济理念,都考虑在围绕某一或某些经济支柱产业的前提下经营建设城市,这是值得我们学习和借鉴的。在我们的城市规划建设中,作者建议应力求做到以下两点。

一是进一步树立经营城市的理念。经营城市是区域经济转型期的一种政府行为方式的变革,这种变革是从将城市资产和经济产业的资本化、市场化运作开始的,也就是要将城市各种资源要素的综合性、系统性和相关性联系起来进行通盘考虑,以一种全面系统的市场经济运作理念,统筹城建、工业、商贸、科技、旅游文化等产业,全方位、立体化、综合化地经营城市,从而实现城市建设与经济发展、社会进步、人民生活水平提高的一致性。

二是进一步坚持多轮驱动的建设城市的原则。建设城市是一个包括建立经济支柱产业的系统工程,要在结合实际,因地制宜的前提下,在建设城市中发展工业、商贸业、旅游业等,也就是要在加快城市建设步伐的同时加速生产力要素的聚集，形成具有一定辐射半径的人流、物流、信息流、技术流、资金流的贸易中心，注重抓好多层次要素市场和特色市场的规划建设，重点抓好综合性大市场、专业性批发市场、专业要素市场等的规划建设。总之，就是要借鉴美国的经验，突出以商业兴城、以产业兴城、以项目兴城的思路，在实践中找准位置，发挥优势，该多轮驱动的要多轮驱动，该专轮驱动的要专轮驱动，从而达到建好城市与促进发展、维护竞争、优胜劣汰的一致性。

美国科技园区的成功经验可概括为："产学研"结合，风险投资和退出机制结合，政府支撑系统和游戏规则结合。

针对贵州省开发区的现状，考察和了解美国的科技园区，是我们本次考察工作的重点。到达旧金山市后，我们认真考察了世界上最大的科技园区——硅谷。先后走访了硅谷的 IBM 公司、英特尔公司、惠普公司和斯坦福大学，通过导游介绍和查阅有关资料，我们对美国的硅谷等科技园区有了初步的了解和认识。

硅谷——这座世界上首屈一指的科技园区，位于美国西部加利福尼亚州的圣弗西斯半岛向帕拉托延伸到圣何塞南郊的长约 70 公里、宽约 15 公里的条状地带上。据介绍，目前硅谷约有 65 000 多家公司，其中从事高新技术产业研究和开发的公司约 5 000 多家，IBM 公司、英特尔公司、惠普公司名列前茅。其中有 150 多家上市公司的产值总额达 75 000 亿美元，另 3 000 多家公司主要从事商贸活动，与高科技无直接关系。硅谷是世界历史上第四次工业革命的圣地，有世界高科技首都之称，全球约有 20% 以上的电子和软件公司诞生于硅谷。硅谷地区一年的外贸金额为 300 亿美元，比纽约市还多出 20 多亿美元。因硅谷的科技公司集中，所以成为美国的投资热点。目前，硅谷吸收的资金已近 20 000 亿美元，占全美科技投资总额的 40%。

通过查阅资料，作者还了解了美国的第二科技园区——南加利福尼亚科技园区，它位于圣巴巴拉到圣地亚哥之间的 400 公里的沿海地带上，以洛杉矶为轴心，在奥兰治县扩展最快。目前，这里有

2 200多家高新技术公司，雇用员工近50万人，如此幅窄的地缘界定，充分体现了这里高科技园区的密集程度。

美国的第三个科技园区——波士顿128号公路，这是继硅谷之后兴起的第三科技园区。128号公路共联结着20多个传统工业制造的重镇，这一科技园区的兴起是在原有工业废墟上兴起的工业技术革命。据记载，这里的传统工业经历了两次冲击，第一次是20世纪50年代至60年代，这里主要是生产与军事航空相关的精密仪器、航空电子导航和电器机械等，越南战争之后美国的军费支出减少，使这一地区的工业转向萧条。第二次是1968—1975年，这里的工业临近倒闭，制造业失去了25.2万人的就业机会。直至1980年，高新技术的注入才使这里重新获得22.5万人的就业机会，也就是从这时开始，新的科技园区位在128号公路两旁蓬勃兴起，很快发展到900多家高新技术制造公司和700多家三产服务公司的规模。波士顿曾一度领先于硅谷，但因产业结构单一，进入20世纪90年代后便落后于硅谷。

考察发现美国科技园区的经验具体有三点。

第一，"产业研"结合的综合大学是美国科技园区的基础。我们得知，激烈的竞争和创新环境，使得硅谷地区每年有数百家公司诞生，同时也有数百家公司倒闭，与工业界密切结合的"产学研"综合性大学是美国科技园区的支撑系统，斯坦福大学"学以致用"的办学宗旨就是硅谷科技园区兴起的基础。1951年，斯坦福大学工业园的创办，使大学与高科技公司、教学与科研合为一体，相得益彰。值得注目的是，斯坦福大学从没有"校办工厂"和"校办企业"，它办的工业园区都以象征性的价格——1美元——出租给了高科技公司。在硅谷，斯坦福大学的师生个人创办的科技公司占硅谷科技园公司的60%以上，这样，大学与高科技公司就在双向互动中实现了真正意义上的双赢。同硅谷一样，128号公路的科技园区也同样有麻省理工大学"产学研"系统的支撑。

第二，风险投资和退出机制是美国科技园区的保障。硅谷等科技园区的发展壮大，迫切需要风险资本市场的有力支持，然而高新技术本身又不能直接产生经济效益。所谓"风险投资"指投资者把风险资本投向快速成长中的中小型高技术,高科技企业在承担风险的基础上,为投资者提供长期股权投资和增值服务,孵化企业快速成长,再通过上市、兼并或其他股权转让方式,投资者得到高额回报后撤回资金的一种投资方式。可见,风险投资是高新技术产业化的必要手段。在硅谷,就有200多家风险投资公司,为硅谷创业公司创造了融资的诸多有利条件,同时风险投资公司既是硅谷科技园区起飞的翅膀,又是其安全着陆的支撑架。

第三,开明的政府支撑系统和透明的游戏规则是科技园区的催化剂。从硅谷科技园区的成功,可以看到个人积极性和创造性全面发挥的作用。硅谷等科技园区的成功,并非计划经济的产物,而是市场运作的结果,新知识来源于创造者,来源于实践。政府鼓励、引导和支持创新,使硅谷科技园区成为一个多元化的社会,具有海纳百川的胸襟。政府支持创新,支持发展高科技,所能做的就是制定游戏规则,保证游戏规则的兑现落实,调动和保护创业者的积极性,如放宽政策、明确产权、允许技术入股、允许企业转让、允许成功、容纳失败等等,这些就是美国各级政府的高明之处。由于政府支撑系统的开明、游戏规则的透明,旧金山市政府与硅谷中的大学、企业、创新者、投资者建立起一种平等的互动联系,形成了政府与民间、政府与大学、大学与产业界之间的密切合作,形成了融资渠道与创新产业畅通的造福人类的互利互惠、互动互进的硅谷效应。

## 第三节 在美国推介金州顶效开发区

招商引资是我们此次考察的重要任务,但更多的是为了推介顶效经济开发区。到了美国后,我们除适时抓住机会进行一些招商宣传活动外,还在旧金山市的《世界日报》大厅召开了由省贸易合作厅、美国亚联创投股份有限公司、《世界日报》工商部门联合举办的"贵州省招商引资座谈会"。此次会议受到了当地商界人士的热情关注,包括近百家企业和美国加州政府、旧金山市政府等有关部门的官员、记者和商家共 200 余人参加了会议。座谈会由《世界日报》社工商部主任主持,我国驻旧金山市领事馆商务参赞,我们代表团团长等领导和商家分别致辞。省贸易合作厅外资处负责人和 8 个开发区管委员出席会议的负责人,分别限定 5 分钟时间,就贵州和各自开发区的招商条件进行演讲,将我省的产业投资重点和各自开发区情况作了介绍。

演讲结束,紧接着各开发区分摊设点,与客户进行面对面的交流和发放招商资料。据统计,仅短短的一个多小时,8 个开发区共接待洽谈了商家 100 多人次。不到一个小时,作者带去的 50 多套招商资料发完了。一盒(100 张)名片也发完了,收到商家,企业家名片 60 多张。招商座谈会结束后,我国驻旧金山领事馆金旭参赞把我们召集到一起,他满怀喜悦地说:"在美国,培养投资者对贵州的兴趣很不容易,通过这次招商活动,我们应该看到贵州的未来,贵州的开发区是对外开放的窗口、招商引资的载体。贵州美丽宜人的自然环境和良好的投资条件,会在加州引起强烈的反响,旧金山是华人集中区,多数是成功的企业家,他们一定能慧眼识贵州。我们贵州要把握好自身的优势和产业特点,找好合资合作的切入点,建立招商引资的信心和良好的运作机制,这样就能找到合适发展贵州优势产业的合作伙伴。一定要心往一处想,劲往一处使,把贵州和加州两州(粥)放在一锅熬,不仅要熬好,而且要熬香,要熬成八宝粥,只要有信心,我们贵州的招商是会充满希望的。"

金参赞的一席话,给予我们极大的鼓舞和支持,同时对我们的这次招商过度进行了概况总结。我当即感受到,充分利用在异国他乡考察的机会,按国际惯例筹划和开展招商引资活动,是宣传贵州,宣传开发区和提高开发区知名度,宣传我们开发区产业投资优势和投资重点的有效形式。为此,在今后的招商工作中我们应该努力做到:

一是要按国际惯例认真进行项目的包装和储备。要有准备地提前论证一批质量高、规模大、有特色、上档次、效益好的项目进入项目库，并注重适时将项目推向市场，寻找合作伙伴。

二是要注重引人和发挥国际性中介结构的桥梁作用。通过国际中介服务机构来实现我们招商引资的目的。因为只有中介机构才是招商者和投资者所共同信任的，有中介结构的牵线搭桥，项目和资金才会友好结合。

三是要注重造就和培养一支高素质的招商队伍，特别是要建立一支高素质的外向型的招商引资队伍，同时要结合实际改革我们的招商体质和机制，改变我们的招商形式。只有这样，才能确保我们的招商引资工作落实到实处，收到实效。

回忆短短19天的考察历程，我们的收获是：此次赴美考察和招商引资，使我开阔了视野，拓宽了思路，交结了朋友，增强了信心。加重了危机感，使我深深地感受到：美国的法制健全，管理科学，竞争激烈，经济发达，创新欲强。值得我们学习和借鉴。

# 第二十九章 赴日本、韩国考察的启示

为了加快我省开发区对外开放步伐,提高开发区吸收和利用外资的能力,我在开发区工作期间有幸随省商务厅组织的全省开发区系统商务代表团,于2004年12月7日至22日赴日本、韩国进行了历时16天的商务考察。按时任副省长包克辛同志的要求,在日、韩期间,我们代表团一行14人在省商务厅开发区管理处的带领下,重点考察了日本、韩国的部分城市建设、旅游商贸业和农业产业化经营等,并适时展开了招商引资活动。总体看来,日、韩一行,感受诸多,收获颇丰,受益匪浅。

## 第一节 感受与收获

### 一、日本概述

我们先后考察了日本的大阪、神户、奈良、京都、名古屋、滨松、富士山、横滨、东京和韩国的汉城、济州、釜山等大中城市。

日本这个东亚岛国,位于太平洋西北部,领土由北海道、本州、四国和九州四个大岛及附近3 900多外岛屿组成,国土面积37.8万平方公里,人口约1.28亿,多信奉神道和佛教,全国划分为1都1道2府43县即47个省级区划。

整个群岛位于环太平洋火山地震带上,是世界上火山、地震活动频繁的地区之一,同时也是世界上经济发达的资本主义国家之一。其加工制造业、高科技产业、国际贸易、金融业和信息产业都位居世界先进行列。主要工业部门有电子、家用电器、汽车、造船、钢铁、化学、纺织、精密机械等,其工业品在国际市场上具有很强的竞争力。目前日本国内生产总值仅次于美国和中国,居世界第三位。

大阪、神户、横滨、名古屋、东京等五座城市,均为我们那次考察中的重要工业城市。其城市规划建设紧紧围绕着大工业、大贸易这一经济支柱,城市建筑充分体现了大工厂、大市场的建筑风格。整个建筑井然有序,土地资源的利用十分节省,无过高的楼房、宽大的道路和广阔的广场等等,给人以精致、紧凑、亮丽、整洁、舒适、和谐的印象,整个建筑风格充分体现了中国的唐式建筑文化,兼容吸收一些西方建筑文化,充分展现了东西合璧的建筑韵味。

奈良、滨松、富士山等三座城市,是我们此次考察的重要旅游城市。其城市建设规划紧紧围绕着旅游业、商贸业这一经济支柱,整个建筑多以宾馆、寺庙、别墅等建筑群为主,充分体现了旅游、休闲、购物、娱乐为一体的建筑风格。特别注重发挥富士山的品牌效应,充分利用其独特的区位优势、丰富的旅游资源、优美的自然风光,采取市场运作的方式,筹集大额资金围绕富士山规划建设了一座旅游城市群,吸引了世界上近百个国家或地区的数十万名富商到此建房定居、投资兴业、休闲度假、旅游观光。

## 二、韩国概述

韩国位于朝鲜半岛南部,面积9.9万平方公里,人口4 500余万,民族为单一的朝鲜族,多信奉佛教。全境有9个道、1个特别市、5个直辖市,即15个省级区划。韩国经济增长速度位居世界前列,被誉为"亚洲四小龙"之一。有丰富的自然美景和独特的历史文化遗产,旅游业发达,名胜古迹众多。

首尔是韩国的首都,政治、文化中心,是一个高度现代化与丰富古代遗产和谐并存的特大城市。历代皇朝的宫殿众多,素有"皇宫之城"的美誉。整个城市规划建设都紧紧围绕着工业基地、商贸中心、皇宫宝殿这一经济支柱，城市建筑群充分体现了大工业、大贸易、大宫殿的建筑风格，吸引了世界上许多国家的几十万名商家到此投资办厂、创办公司和建房定居，成为韩国乃至亚洲的经济文化中心。

济州、釜山两座城市，是我们此次考察的重要旅游城市。济州是韩国在黄海中的旅游城市，由10多个小岛组成，虽仅40多万人口，却素有"亚洲的夏威夷"之称，享有"阳光好、空气好、森林好"的美誉。釜山是韩国的南大门，市内教堂、寺庙林立，拥有韩国最大的海浴——海云台。整个城市规划建设紧紧围绕着旅游业和港口贸易这一经济支柱，城市建筑群充分体现了休闲度假、商贸交易的独特风格，充分展现了靠旅游和贸易兴城兴市的经营理念。

三、几点感受

（1）日本、韩国的城市建设有着共同的特点，他们对每座城市或每座城市群的规划建设都贯穿着一条经营城市的经济理念，都考虑围绕着某一或某些经济支柱产业来规划和经营建设城市；他们对城市的规划建设都并不十分注重"高大宽"，而是十分注重节省资源、合理利用一切可以利用的空间；他们对城市建设的规模和挡次都并不十分讲究，而是十分注重对城市的科学管理；他们对城市建设和规划都并不十分强调大额资金的投入，而是十分注重将大额资金投入到教育设施和研发中心的规划建设上。

（2）日、韩的旅游和商贸业都很发达，他们都将旅游和商贸业融为一体，注重资源整合，通盘考虑，统一规划，综合利用，优化经营，科学管理；以旅游业带动商贸业，用商贸业促进旅游业，形成互助互动，共同发展，提升效益的良性循环格局，注重有效地推动旅游和商贸业的健康发展。

诚然，日、韩旅游和商贸业也有其各自不同的经营特点。其中日本表现为：注重特色，突出品牌，弘扬民族文化，即注重发挥日本最具特色的民族民间旅游文化的效应,突出打造旅游品牌。如以富士山为品牌的旅游城市群,就是突出宣传富士山这一品牌,吸引更多的人向往富士山,对富士山的奇秀神秘和优美的自然风光等进行广泛宣传,让游客心不由己地产生一种"到了日本,非到富士山不可"的欲望。整个旅游业注重弘扬民族文化,注重推出日本民族的历史文化、自然文化、寺庙文化、神道文化、民族民间文化等等。每个旅游景点或旅游城市都规划建设有大型商贸市场,旅游纪念品都是日本的文化特色产品,让游人喜好欲购。如在富士山的宾馆内,均设有日本生活方式的房间和相应的服务:"穿和服""睡榻榻米"等日本民族民间生活方式,让游人享尽新奇有趣之乐。而韩国表现为注重炒作,敢于投入,突出消费文化,即注重对旅游文化、旅游景点的宣传炒作,敢于引进外国资金、吸纳民间资金投入旅游设施建设,如大型游乐城、赌场、浴场等设施配套齐备,并突出渲染旅游消费,尽力吸引游客吃喝玩乐等等。

(3) 日、韩都是无城乡差别、基本实现了城乡一体化发展格局的国家。他们的农村地区多种产业形态日益发达,农村剩余劳动力基本进入到工业和第三产业领域,在国家统一实施"新农村建设"后,多数农户委托、出让土地使用权等,农业耕种方式基本实现了机械化作业、规模化经营;农村所有村庄均实现了统一规划建设,所有道路全部油化硬化,公路四通八达,基础设施全面完善;农村的房屋与城市一样,都分为两种建筑,即木结构的"两层一户"建筑和高层钢筋混凝土建筑。

(4) 日、韩的环境都保护得很好,基本实现了人与自然相对和谐。他们都十分重视科学制定循环经济发展规划,大力推行产品设计革新和产业链条革命;他们都十分注重实施促进循环经济发展的优惠政策,坚持用法律法规体系来推进循环经济建设;他们的全民环保意识都很强,坚持用法律制度确保全民参与环境保护,鼓励全社会大力研制和推广使用新能源等等。

## 第二节 启示与思考

### 一、城市化是现代化的必由之路

日、韩对每座城市或城市群在规划建设中都贯穿着一条经营城市的理念,都考虑围绕某一或某些经济支柱来规划和经营建设城市,这是值得我们学习和借鉴的。笔者经思考认为,加快城市化进程,必须要有正确的战略指导和寻求有中国特色的,特别是寻求有我们自治州民族风格的城市化模式。我们的城市化要坚持以人为本,保证人的全面发展,促进人的能力和素质的提高;要坚持实事求是,强调城市化模式的多样性,坚持大中小城市和小城镇协调发展,不断提高城镇化水平;要坚持科学发展观,力求符合我们的国情和我们黔西南的州情实际,走低成本、节约型、紧凑型、集约化和高档次的协调发展之路;要坚持循序渐进,合理布局,合理发展大城市,积极发展中小城市,科学建设小城镇的城市化建设之路。总之,要牢固树立经营城市的理念,切实将城市各种资源要素的综合性、系统性和相关性联系起来通盘考虑,以一种全面系统的市场经营运作理念,把涉及城市经营的城建、工业、商贸、科技、旅游、文化、物流等产业融为一体;在充分发挥比较优势的前提下,全方位、立体化、综合性地经营城市,从而实现城市建设与经济发展、社会进步、人民生活水平提高的一致性。

### 二、商贸和旅游业是"欠发达、欠开发"地区又快又好发展的朝阳产业

我们一定要进一步增强加快发展商贸和旅游业的观念,充分认识搞好这一产业的重要性。要切合州情实际,将商贸和旅游业融为

一体通盘考虑，力求做到统一规划，加大投入，整合资源，完善设施，优化经营，科学管理；努力做到用商贸业带动旅游业，用旅游业激活商贸业，积极形成良性互动的格局。要注重加大对旅游资源的系统规划、包装整合，科学管理，宣传推介的力度，要像抓工业经济、抓农业经济那样扎扎实实地抓好旅游经济，以尽快将我州建设成为旅游大州。

### 三、加快推进社会主义新农村建设是缩小城乡差距的根本途径

我们一定要在加快工业化和城市化进程的同时，扎实推进社会主义新农村建设，抓紧取消对农村劳动力进城就业的限制性规定，逐步统一城乡劳动力市场，建立健全城乡劳动者平等就业的制度。我们一定要充分认识到提高农村劳动者素质的重要性，千方百计加大投入，加快对农村剩余劳动力的教育培训，不断提高其寻求进城就业的本领，广开其就业的门路。我们一定要认真贯彻落实党的十七大精神，积极关注我州的"贫民、灾民、移民"的生产和生活；切合实际认真研究和尽快实施农村的医疗、养老、适龄儿童入学等社会保险制度，奋力推进我州的城乡一体化建设进程，努力缩小城乡差距。

### 四、节能减排、生态保护是实现可持续发展的根本保证

我们要在国家完善污染排放、节约资源、保护生态环境法规政策的前提下，在积极推广清洁能源、可再生能源的同时，要求基层单位和个人，一定要认真学习借鉴发达国家的先进经验，进一步增强节约能源和环境保护的意识，要自觉地从我做起，从身边小事做起；尽快建立健全一级抓一级、层层抓落实、人人有责任的节能和环境目标考核责任及责任追究制，努力形成层层负责任、处处有人抓，积极推进垃圾分类、节约各种资源、保护身边环境的良好氛

围。倡导在全社会形成以节约能源和保护环境为荣，以浪费资源和损坏环境为耻的社会风气。

日、韩两国的法制健全，机制灵活，管理科学；竞争激烈，危机感强，创新欲强，值得我们学习和借鉴！我们应该加快发展，加倍重视教育科技投入，加快改革创新。

面对现实，虽然我们新中国成立后才短短的几十年，但在许多方面已经走世界的前列。然而我们也要清楚地看到，我们与先进发达国家的发展差距是显而易见的。对此，我们既不能盲目乐观，骄傲自满，又不能泄气悲观，丧失信心；我们一定要看到成绩，看到光明，进一步增强信心；我们一定要紧密地团结在以胡锦涛同志为总书记的党中央周围，认真贯彻落实科学发展观和党的十七大精神，奋力推进社会主义和谐社会和全面建设小康社会的伟大工程，努力实现中华民族的伟大复兴。

# 第三十章　构建和谐顶效经济开发区

## 第一节　构建和谐开发区的路径

构建社会主义和谐社会,是党中央作出的一项重大战略部署。近年来,顶效经济开发区以科学发展观统揽全局,坚持以人为本,注重建立长效机制,走出了一条在加快工业化进程中构建和谐开发区的有效路子。

加快工业化是现代化建设的核心要求,开发区作为改革开放的前沿、产业聚集的高地、经济发展的龙头,必然成为推进工业化的重要载体。

当前,全国各地的工业化和城市化进程不断提速,工业化和城市化在现代化建设中的作用越来越大。随着全球第三次城市化浪潮的到来,我国城市化进程也进入了加速发展阶段。2006年中国城市化率达到45%,2010年将达到60%。开发区处在改革开放的前沿,以其良好的体制优势,迅速成为各地经济发展最快,工业化水平最高,辐射带动能力最强的经济区域,这就决定了开发区必然成为各地加速工业化和城市化的主阵地。

顶效经济开发区是金州当时唯一的省级经济开发区,地处黔、滇、桂三省区结合部,距贵阳300公里,距昆明300多公里,距南宁400多公里,处于三座省会城市的经济辐射圈内;又是兴安兴"半小时经济圈"的轴心,南昆铁路、324国道、214省道在区境内交汇,加之南昆铁路贵州段的客货大站——兴义站设在区内,使顶效成为大西南南下两广、东出福州、西进昆明及东南亚最便捷的出海通道及前沿阵地，随着汕昆高速公路的启动建设，区位优势更加凸现，十分有利于工业化和城市化的快速发展。顶效开发区是1995年9月经贵州省人民政府批准设立的省级开发区，辖1个镇（4个居委会、4个村）总面积为107.7平方公里，首期规划开发建设面积为9.2平方公里，现有总人口50 000余人。1992年9月顶效开发区正式启动之际，金州州委、州政府对开发区提出了"三年出形象，五年见雏形，十年成规模，二十年建成兴义市的现代化新城区"的目标要求。目前，前三步目标已经实现，建成兴义市现代新城区的战略目标指日可待。

从发展速度看，2006年顶效经济开发区GDP完成16.023亿元，与1992年相比年均递增48.3%；财政总收入完成1.602 3亿元，与1992年相比年均递增46.7%；14年的开发建设，在一个镇的基础上，创造了一个相当于金州州内的中等县的经济规模。从工业规模看，2006年顶效经济开发区完成工业总产值8.4亿元，与1992年相比平均递增41.3%，完成工业增加值1.94亿元，与上年相比增长33.5%；14年的开发建设，突破了顶效工业从零到平均增长40%左右的快速发展，基本建成了金州的一个新兴工业园区。

从城市设施看，截至2006年，顶效经济开发区累计投资4.6亿元，高起点高标准修建了"两纵八横"道路网络，高水平实现了区内基础设施的"六通一平"，规划的"四个工业园"和"四个交易市场"正在加快建设，城区公共设施建设面积已达30万平方米，一个功能齐全、设施配套、环境改善适宜人类居住的现代化新城区的框架初步形成。

从失地农民的生活现状看，顶效经济开发区农民的就业方式已由过去的以务农为主转变为以务工经商为主，多数从事运输业、建筑业、服务业和进厂务工等；2006年全区农民人均纯收入达3 500元，建成区内的失地农民人均纯收入达5 000元，分别是建区时的3.0倍和4.9倍。总体上讲，广大失地农民基本上告别了传统农业生产方式,基本实现了由农民向市民的转变。

## 第二节 构建和谐开发区的关键

在加速工业化进程中如何构建和谐社会是各地遇到的共同问题,解决该问题的关键是建立各社会阶层、各社会群体的利益均衡机制。

从本质上讲,工业化的过程是一个各社会阶层、各社会群体之间利益重新调整、重新分配的过程;是一个工业带动农业、城市带动农村,进而实现城乡互动发展的过程;更是维护农民利益、提高农民生活水平,让更多的农民变市民的可持续发展过程。落实科学发展观,在加速工业化进程中构建和谐开发区,必须牢牢把握"利益均衡"这一核心问题,妥善协调各方面利益关系,保证弱势群众能分到更多的"利益蛋糕"。近年来,顶效经济开发区注重建立长效机制,走出了一条构建和谐顶效经济开发区的有效途径。

(1)建立统筹协调机制,促进城乡互动,让广大群众更多地享受工业发展的成果。统筹城乡发展是科学发展观的基本要义。我们在实践中探索了统筹城乡的"三个互动机制",初步形成了"以工哺农,以城带乡,城乡互动,和谐发展"的良好局面。一是依托工业园,借势发展,促进城乡互动;二是依托龙头项目,建设基地,促进城乡产业衔接;三是出台政策,扶持就业,促进农民增收。近几年来,我们共筹资2 000余万元投入农村基础设施建设,实现了村村通油路或水泥路,组组通公路,60%以上的农户修通了进户路,先后培植和发展种植养殖基地20余处,每年解决失地农民就业300余人,使开发建设成果惠及千家万户。

(2)建立政府调控机制,优化公共资源配置,让城乡群众利益得到最大限度的保护。建区以来,我们不断探索完善政府主导土地市场的调控机制,按照经济和社会事业发展的需要,合理配置土地收益,较好地保护城乡群众的利益。建立政府调控机制主要是坚持

"三个让利于"：一是让利于入区客商。在严格土地出让制度的同时，政府适时控制土地价格的增长幅度。二是让利于区内居民。最大限度地降低农民搬迁建房的成本，先后为拆迁户新建农民中心村四处，确保了拆迁农民全部住上了新房。三是让利于工业工人和个体工商户。制定实施了开发区税收优惠政策，落实了劳动保障等相关制度。

（3）建立配套服务机制，营造良好投资环境，让入区客商获得更高的收益和回报。我们坚持向投资商公开承诺"五个环境"：一是治安环境，确保客商的人身和财产安全；二是效益环境，确保客商进得来，留得住，能发展；三是服务环境，确保工管委有领导牵头，有专业部门和人员为客商提供便捷、优质服务；四是生活环境，确保客商生活方便，工作舒心；五是自然环境，确保企业周边自然不遭受人为的破坏，不被人为污染。截至目前，入区企业或个体工商户已有580余家，总投资超过40余亿元，一批规模以上企业落户顶效开发区后，都获得了良好的经济效益。

（4）建立长效保障机制，妥善安置失地农民，确保失地农民失地不失居、不失业、不失利。在推进工业化进程中，我们探索建立的"经济补偿，就业扶持，居住安置，社会保障"四位一体的失地农民安置机制，取到了良好的效果。一是建立和坚持了征地拆迁补偿机制，确保失地农民和被拆迁农户一次性受益。二是建立就业扶持机制，增加失地农民的可持续发展能力，确保失地农民永久受益；成立了开发区就业服务中心，制定实施了失地农民就业优惠政策，发展各类职业技术培训学校，强化就业培训；按比例留给村组一定的土地，帮助其引资上项目，为其子孙后代留下了"金饭碗"。几年来，先后有4 000多名失地农民在开发区找到了就业门路，基本实现了充分就业。三是建立拆迁安置机制，确保失地和被拆迁农户能有宅基地，建好房，住得起。四是建立社会保障机制，从根本上解除失地农民的后顾之忧。我们先后制定和实施了"失地农民优惠办法"、基本生活保障制度、村集体养老补助制度、农村合作医疗制度等，从今年元月起将把失地农民转为居民，并纳入城市低保体系，使失地农民基本生活得到保障，幸福感逐步增强。

　　总之，顶效开发区在加快开发建设、构建和谐经济开发区的具体实践中进行了一些有益的探索，取得了一定的实效。但这仅仅是刚刚起步，整个工作的开展还任重而道远。今后，还必须始终坚持把群众利益放在构建和谐社会的首位；必须始终坚持把发展作为构建和谐社会的基础和根本条件；必须始终坚持把发扬民主，扩大公众参与作为构建和谐社会的关键；必须充分发挥政府构建和谐社会的主导作用，最大限度地提供公共服务，履行公共职能，扎实做到"权为民所用，情为民所系，利为民所谋"，努力确保开发区构建和谐顶效的各项工作扎实推进，取得实效，用实际行动取信于民，取信于客商，必须不断总结经验，大胆开拓，扩大开放，加快发展，后发赶超。

# 第三十一章 顶效经济开发区集约用地与高效发展

## 第一节 开发集约用地的重要性

土地在开发区经济社会发展中占有举足轻重的重要作用，是开发区的"第一财政"，是经济要素中最基本的生产要素。应怎样进一步提高开发区土地的集约利用程度，真正体现土地的资源配置型功能和资产性价值，一直是我们开发区积极探索和研究的重大课题。

最近，金州州委、州政府主要领导到顶效经济开发区调研时，将推进顶效经济开发区土地集约利用问题重点提出，要求我们将其作为转变经济增长方式和建设节约型社会的紧迫任务予以落实。为认真贯彻落实好州委、州政府领导的指示精神，顶效开发区工委、管委将按照科学发展观的要求，坚持围绕土地集约发展，树立挖潜求突破的理念，最大限度地提高亩均土地的产出率，最大限度地促进顶效经济开发区土地的集约利用和优化配置。加强对土地的调控管理和用途管制，让有限的土地资源发挥出最佳的效益，切实为顶效经济开发区经济社会的全面、协调和可持续发展提供用地保障。在实践中努力做到："掌握现状与修编规划相结合，注重筑牢基础，着力构建土地支撑保障的潜力开发区。"

为切实掌握开发区内现有土地资源现状，结合土地利用总体规划修编，开发区一定要从摸清自己的"家底"入手，通过土地利用更新调查、开发区规划扩展调查、城镇地籍调查、农村集体土地登记发证和基础测绘等，取得翔实准确的国土资源数据和资料，将土地管理的"地根"不断筑牢。

(1) 要以地籍管理为根本，尽快实现地籍管理的规范化。要积极探索使用新航拍技术对所属土地利用现状进行一次全面更新调查，全面查清区内土地的权属界线、地块面积、用途及各区块土地的类型数量、分布利用和权属状况，形成土地更新调查成果资料，夯实土地利用更新的相关地籍基础工作，实现地籍资料现势性，为开发区合理规划，统筹城乡和集约用地提供基础性资料。

(2) 要以土地利用规划修编为契机，尽快实现土地利用的合法化。为保证今后顶效经济开发区土地利用的前瞻性、科学性和合法性，要统筹考虑顶效开发区与兴义市区的规划关系，开发区用地与产业发展之间的关系，开发区扩展与周边地区的关系以及开发区远景基础设施的战略性安排，借助新一轮开发区规划修编的机会，着力在总结提升开发区规划建设经验的基础上，重点围绕区域整合、市场开发和统筹发展，加快开发区土地利用总体规划修编步伐，为实施新一轮开发区的扩大建设争取主动。与此同时，在土地利用总体规划修编过程中，要注意坚持"四查清、四对照"，即查清规划期内新增建设用地总量并与"十一五"规划目标相对照；查清闲置土地和低效用地数量并与开发区总体规划确定的节约用地目标相对照；查清耕地和基本农田保护量并与土地利用总体规划目标相对照；查清违法用地数量和处理情况并与相关违法违规用地的处理要求相对照，切实把土地利用总体规划作为土地利用管理的重要基础和依据，真正实现土地利用的合法化。

## 第二节 保护农民利益的重要性

保护农民利益，要在实践中努力做到："依法征地与保护农户利益相结合，立足安民为本，构建与民共生的和谐开发区。"

随着到开发区落户的企业逐渐增多，基础设施建设不断加快，征用土地数量日益增加，越来越多的失地农户面临拆迁安置等问题。为此，开发区要积极探索，勇于创新，依法征地，努力化解拆迁安置的矛盾，力争走出一条"阳光征地，兴区扩城，置换用途，拆迁致富，长效保障"的集约用地新路子。

（1）完善配套法规，规范补偿标准。为更好地适应现实征地工作的需要，要认真总结前些年工作的经验教训，根据《中华人民共和国土地管理法》（简称《土地管理法》）等相关法律法规，结合省、州的相关文件，从区情实际出发，研究制定具备较强可操作性的配套措施和办法，力求做到既关心千家万户的整体利益，又关心一家一户的具体利益；既关心失地农民的眼前生活，又关心失地农民的长远利益；既保证重点项目用地，又尽量减少因征地工作带来的不必要的麻烦，最大限度地实现经济发展和社会和谐。

（2）公开征地程序，推行"阳光工程"。为克服征地工作中的随意性，一定要牢记群众利益无小事，建立严格的征地工作制度，出台一套完整的实施方案，内容包括项目协议、立项审批、征地依据、工作流程、补偿标准、补偿办法、公示程度、相关责任等，并在实施方案的指导下有条不紊地开展工作。在征地前，要向被征农户进行告知，充分尊重其知情权，然后按照程序，进行调查摸底，在获得准确的数据后，依法公开、公平地进行征地补偿，切实保护被征地农户的合法权益。

（3）注重挖潜土地资源，实施拆迁富民工程。要结合开发区新城区建设和社会主义新农村建设，采取"拆旧房换新房、拆平房换楼房、用宅基换社保"的办法，最大限度地保护被拆迁农户的利益，以农促居，拆迁富民。在村寨改造过程中，运用"农村建设用地减少和城镇建设用地增加相挂钩"的政策，通过对开发区规划范围内的村寨撤并和用地布局的调整利用，将村寨用地整理新增的耕地面积等量核定为城区建设占用耕地的指标，用于拆迁居民点和新城区建设，以提高土地集约利用度，缓解用地矛盾，改善村寨环境。通过科学规划，统筹安排，精心打造"农民新居"，分期实施村寨大搬迁，通过对零星村寨的拆迁整合，归并集中整理建设用地，努力使土地利用率和环境效益体现最大化，实现人与自然、环境和谐与资源保护,经济发展与社会进步双赢的目标。

## 第三节 科学发展的重要性

实现科学发展,要在实践中努力做到:"依法用地与提高投资强度相结合,力求节约为先,构建科学发展的效益开发区。"

当前,顶效经济开发区正面临用地指标越来越紧和用地需要越来越大的矛盾,如何化解这一矛盾呢?应多措并举,充分挖掘存量建设用地潜力,善于在整合土地资源上打"组合牌",以提高项目的科技含量,带动和提升产业的科技水平,促进土地的集约利用。

(1) 严格控制新增用地促集约。考虑到顶效今后的发展趋势和潜力,立足于长远,以提高亩均土地的投资额和产出率;适度提高新增用地的单位成本,严格按照有关法律法规办理,对未经批准、越位土地投资额低、征地手续不齐全、不完备等违法违规行为,要充分发挥国土执法监察职能的作用,坚决依法纠正和查处。

(2) 抓好产业集群保集约。尽快改变以往建设用地零星分散、项目用地过量的弊端,要通过集中用地指标、优化规划布局等方式来促进集约用地;要坚持整合资源,区域"一盘棋"的思路,用市场行为优化资源配置,均衡利益关系,杜绝投资者急功近利、项目遍地开花的现象;要积极倡导标准厂房向高空发展,探索"借天增地"的集约用地新途径。

(3) 提高项目准入门槛逼集约。要在确保重点项目用地需求的同时,尽量少用地,把有限的土地指标紧紧握在手中,着力引进税源型、科技型企业,出台相关规定,严格项目的准入门槛,力争亩均投资额和产出率接近国家要求的标准;要严格项目的准入条件,走项目准入须经规模、额度、成本、能耗、收益等专业评估关,确保用地指标向投资额度大、产出率高、科技含量高的企业和项目倾斜,以不断提高全区集约用地的水平。

## 第四节 盘活存量的重要性

注重盘活存量,要在实践中努力做到:"依法管地与盘活存量相结合,主动'腾笼换鸟',构建土地优化整合的活力开发区。"

结合当前正在进行的土地利用总体规划和城市建设总体规划修编,要把严格执行《土地管理法》、建立土地集约评价体系作为土地用途管制和宏观调控的重要手段,使开发区集约用地在管理体制、运行机制、法律制度上真正做到有法可依,执法必严,监管到位。

(1)进一步加大闲置土地的规范清理力度。要顺应国家加强土地管理的形势,加快调查研究,尽快摸清掌握区内各类闲置土地的准确数量,对超过规定时限、征而不用、购而不建、长期闲置甚至私下倒卖的,对虽已建但产业层次偏低、建筑档次落后、远远达不到规定要求的土地,一定严格执行《土地管理法》和《闲置土地处置办法》的规定,该收回的收回,该调整的调整,该收取闲置费的收取闲置费,以确保土地的依法有效利用。

(2)尽快建立土地集约利用的科学评价体系。要结合区情实际制定详细的土地集约利用指标体系,建立并完善各项制度,改变过去那种由客商要多少给多少的做法,要以单位资源消耗所产生的经济价值或单位经济价值所消耗的资源为考核指标,对以破坏资源为代价的经济效益坚决实行一票否决制。在具体供地中要增加土地容积率、建筑密度、投资额度等条件;供地后要严格跟踪督查和定期评价,对达不到条件要求的,限期整改;对不愿整改或整改不达标的,要依法收回多余的土地。

(3)认真抓好已使用土地的置换整合。要主动"腾笼换鸟",不断提高已使用土地的效益,努力实现土地利用率的最大化,对那些发展缓慢、效益较差甚至长期停工停产的企业,要尽快规劝其转产或退出，使土地资源向具有技术优势、品牌优势、市场优势的企业倾斜，主动"腾笼换鸟"，在不增加土地占有量的基础上，翻倍提高开发园区内土地的产出率。同时，还应注重研究探索城区建设用地指标的增加与农村建设用地指标的减少相互置换的政策措施，根据耕地占补平衡项目库，做好废坑、废沟、荒坡等地的综合整治复垦工程，积极利用临时用地弥补用地计划的不足，对那些不需要建永久性建筑物、构筑物的一般加工性或农副产品项目用地，可考虑按临时用地办理手续，从而缓解开发区用地指标紧张的局面，以努力构建和开创开发区集约用地、高效发展的美好前程。

# 第三十二章 顶效经济开发区跨越式发展

2005年春节期间，时任中共中央总书记胡锦涛同志在视察贵州时的重要讲话中强调："科学发展观是我们党以邓小平理论和'三个代表'重要思想为指导，从新世纪新阶段党和国家事业发展全局出发提出的重大指导思想，无论对发达地区还是对欠发达地区，都具有十分重要的指导意义。我们一定要坚持以科学发展观统领经济社会发展全局，使贵州的经济社会发展始终沿着正确的航向前进。"学习和贯彻落实胡总书记的讲话精神，就是要结合实际，认真落实科学发展观，努力推进区域经济社会跨越式发展，从而实现历史性跨越。

2004年，顶效经济开发区GDP总量达到8亿元，同比增长56%，财政总收入为824.2万元，同比增长59%。目前，顶效开发区作为我州探索贫困地区跨越式发展之路的经济开发区域，在认真总结十余年开发建设经验教训的基础上，制定了新一轮开发建设的发展目标，即：到2010年全区GDP总量达到30亿元以上，财政总收入达到3亿元以上，人民生活总体上达到全面小康水平。要实现这一目标，必须坚定不移地落实科学发展观，必须坚持"实施四大战略，明确四个定位，建成四园四场，夯实两个基地"的发展思路。"四大战略"即：坚持实施科教兴区、工业强区、商贸活区和环境立区战略；"四个定位"即：把顶效建成全州最大的工业园区，建成黔滇桂三省区结合部重要的商贸物流中心、建成全州新兴的教学园区、建成兴义市城市副中心；"四园"即：建成以水泥为龙头的建村工业园、以农产品为主的加工工业园、以矿产冶炼为主的冶金工业园、以制药为主的高新技术工业园；"四场"即：建成煤炭交易市场、农产品交易市场、重型物资交易市场、建筑材料交易市场;"两个基地"即:夯实以贵州龙地质公园为品牌的旅游服务基地,以绿化桃为品牌的10万亩果园基地。具体地讲,要重点抓好以下四个方面的工作。

## 第一节 认真抓好"三农"工作,加快调整农业产业结构

胡锦涛同志在讲话中指出,落实科学发展观,要下大力气解决好"三农"问题。我们要把解决好"三农"问题作为开发区经济工作的重中之重,以市场为导向,以增加农民收入为目标,进一步加大结构调整力度,发展优质高产高效农业和特色农业,推进产品标准化、生产规模化、经营方式产业化、生产者智能化,促进传统农业向现代农业转变,提升农业总体水平。

"三农"工作是基础性工作,我们应继续按照党中央的要求,加大对"三农"的扶持力度,取消农业特产税征收,对农业税实行全免,进一步加大对"三农"的投入,每年投入"三农"的财政资金要增加30%以上;要加大农村基础设施的投入力度,大力改善农业基础设施和农民生产生活条件,启动通村水泥路或油路工程,力争实现村村通油路;要充分发挥社区居委会和村级组织的作用,通过探索推行村干部工资制度,最大限度地调动其工作积极性;要努力加快农业产业化进程,以增加农民收入为核心,大力调整农业产业结构,注重发展观光农业、特色农业、精品农业。要以绿化水果公司为龙头,通过实施公司加基地带农户的市场运作模式,推进开发区的10万亩果园基地建设,认真落实好胡锦涛同志视察绿化水果公司时提出的"要扩大种植,加快发展,尽快带动周边更多的农户致富"的要求;要继续抓好贵州龙地质公园项目的申报和引资建设工作,努力推动以农家乐为主的旅游业的发展,不断增强其自我发

展能力；要认真实施好优质玉米和良繁基地的建设，全面组织和实施好退耕还林和封山育林工程，融生态建设与经济效益为一体；要加快畜牧养殖业的发展，以肉联厂为依托，培育和壮大支柱产业；要积极发展农产品加工业，大力培植加工型、基地型农业龙头企业，不断提高市场的占有率，以全面加快开发区城乡统筹发展的步伐，促进全区三次产业结构的良性调整，不断促进农民增收，努力探索推进城乡一体化进程有效路径。

## 第二节　切实抓好招商引资工作，推动二、三产业快速增长

要进一步转变观念，切实做到"重商、亲商、护商、爱商"，形成人人都要招商引资、处处都是服务窗口的良好氛围。进一步完善"一站式"办公服务制度，简化办公程序，增加工作透明度。认真借鉴区外好的招商引资经验，超前做好对外宣传和软环境治理等招商引资基础性工作。充分发挥管委会信息中心的作用，加强招商引资信息收集、发送工作，通过互联网等方式，全面了解区外经济发展形势，为制定更加科学合理的招商引资项目和抢抓招商引资商机服务。加大内引外联力度，再引进一批示范带动作用强、高附加值的高新技术产业项目，建成一批能带动农民致富、财政增收的龙头企业，为区域经济发展增添后劲。

要认真落实重点项目领导联系制度和招商引资责任制，建立健全招商引资与工作业绩挂钩的综合考核评价制度，依据招商引资成绩，实行重奖重罚；制订实施方案，开展创建最佳投资环境先进单位、个人和最差单位、个人的评选活动，营造人人都是投资环境的浓厚氛围。积极扶持现有龙头企业进一步发展壮大，继续抓好区域支柱产业链建设，使企业、基地、农户三者关系更加紧密，利益分配更加合理，实现"三赢"。不断充实和完善招商引资项目库，坚

持以市场为导向,以科技创新为动力,努力形成"竣工投产一批、开工建设一批、跑办争取一批、谋划储备一批"科技型、环保型、效益型项目建设的层次推进格局。要以传统工业为基础,冶金工业为支撑,加工工业为着力点,高新技术工业为后劲,重点扶持水泥、铁合金、电石、制药等产业的发展,不断延伸产业链,增强关联度,提高附加值。积极促成瑞安水泥厂启动建设第二条生产线,大力支持有条件的小水泥厂实施技改和环保升级达标,力争近期全区的水泥生产能力达到 100 万吨左右,使水泥成为开发区的工业支柱;要积极支持武汉威龙电石厂 12 万吨电石项目的建设投产;大力支持云南燃二玻璃瓶厂等加工项目的建设投产;继续支持渝生制药厂的建设投产和经营管理,积极扶持苗药厂的生产和营销,加快中药饮片厂的建设,从而壮大开发区的制药产业,带动高新技术产业的建设和发展。

要加快所有制结构调整,放手发展非公有制经济。在"市场准入"前提下,适当降低准入门槛,扩大准入领域,实行公开、公平、公正的市场竞争。集聚民间闲散资金和鼓励非公有制经济进入和参与到法律、法规未禁止的基础设施、公益事业及其他行业、领域。支持具有一定经济实力的个体、民营企业积极参与国有企业改组改造。制定促进非公有制经济发展的政策和措施,保障个私、民营企业在公司注册、投融资项目审批、税收等各方面与其他企业享有同等待遇,切实为非公有制经济搭建发展平台。强化服务意识,严格项目审批程序,减少项目审批环节,为非公有制经济发展提供优质、高效服务,在全社会形成重视、关心、支持非公有制经济发展的浓厚氛围,实现非公有制经济持续快速增长。

要扎实推进"商贸活区"战略,加快发展第三产业。要认真抓好市场规范和整治,在充分发挥好现有的铁路煤焦货场和集装箱货场作用的同时,力争建成电石货场、散煤交易市场、顶效农贸市场、机动车交易市场等;力争启动顶效客运站建设,紧紧围绕"汽车",注重依托南昆大动脉、发达的交通网络和居于"兴、安、兴半小时经济圈"轴心的交通优势和区位优势,扩大物流、搞活商贸,提高人气指数、带动服务业、壮大第三产业。要大力发展新兴服务业,积极采用新兴的流通方式,努力扩大开发区的吸引辐射面。充分发挥消费拉动效应,紧紧围绕进一步放开搞活开发区的三产贸易市场,积极探索假日经济、旅游经济、文化娱乐及社区服务等新兴服务业的发展之路,以此拉动第三产业的发展,在引导刺激外地消费、流动消费、预期消费向开发区实现购买力的转化上取得实效。

## 第三节 继续抓好基础设施建设,不断改善投资硬环境

贯彻落实科学发展观,要继续抢抓西部大开发的历史机遇,积极争取国家项目,扩大投融资渠道,不断加强以城市为重点的基础设施建设,为区域经济跨越式发展奠定坚实的基础。

坚持"搭框架、重绿化、强管理、抓经营"的思路,提升开发区的城市品位和档次。近期要加快迎宾大道、兴仁路、兴义路下段、工业路、普安路上段、站前路、个体商业城道路的建设,完成顶效老街、册亨路、晴隆路的人行道建设及绿化和路灯安装;认真抓好开发区医院、交通物流中心、顶效客运站、污水处理厂、顶效星级宾馆等项目的招商引资和启动建设;继续积极做好兴义城市过境高速路建设和兴顶公路改造的协调配合工作;积极支持黔西南民族师专顶效校区的启动建设;努力争取开发银行贷款投入城市道路骨架建设,着力推动开发区投资硬环境的不断改善。要努力解决大项目的运输、供水、供电方面的暂时困难;组织相关部门对供水、供电问题进行全面调研,拟订解决全区供水、供电暂时困难的具体方案,通过专家论证后,尽快加以解决,将城区电网改造和农村电网改造通盘考虑,建立长期供电的城乡电网体系,为大项目的引进和发展创造良好的条件。要大力实施"绿化、净化、美化、亮化"

工程,积极创建卫生城市。要进一步强化经营城市理念,充分发挥土地储备的职能作用,盘活区域土地资源,吸引民间资本投入城镇公用基础设施的开发建设和经营。要进一步深化户籍制度改革,逐步放开户籍限制和淡化城乡人口界限,鼓励有条件的农村人口向城镇有序转移。

## 第四节 认真落实以人为本要求,努力构建和谐社会

贯彻落实科学发展观必须坚持以人为本,坚持统筹城乡发展、统筹区域发展、统筹经济社会发展、统筹人与自然和谐发展、统筹国内发展和对外开放的"五统筹"的要求。

(1) 坚持可持续发展。要稳定计划生育政策和低生育水平,建立计划生育利益导向机制,实行农村部分计划生育家庭奖励扶助制度,加强城市流动人口计生管理,推进人口和计划生育综合改革,治理出生人口性别不均衡的问题。要推进生态城市、卫生城市、环保城市建设,加强污染源治理。要加快建设资源型社会,努力为可持续发展提供可靠的资源保障。要进一步强化资源管理,把保护资源放在突出位置,重点保护好矿产土地等不可再生资源。

(2) 认真做好就业和社会保障工作。落实各项优惠政策,加大就业岗位开发力度,坚持在发展中解决就业问题。强化社保基金扩面征缴和清欠,努力扩大社会保险覆盖面。切实保障劳动者合法权益,加强对建筑企业工资支付情况的监控,解决好拖欠农民工工资问题。建立健全城乡低收入困难群众社会救助体系,切实保障困难群众的基本生活。深入实施"明天计划",关心孤残儿童成长。全面落实优抚政策,安置好随军家属和城镇退役士兵,妥善解决好老烈属、老复退军人、老伤残军人的困难。认真做好人民内部矛盾的排查调处工作,积极预防和妥善处理群体性突发事件;切实解决好

与群众切身利益相关的热点、难点问题，努力把各种矛盾化解在基层，解决在萌芽状态；高度重视并抓紧抓好安全生产工作，确保人民群众的生命财产安全。

（3）高度重视社会稳定。强化社会治安综合治理，努力建设"平安顶效""和谐顶效"。建立健全各种突发事件应急机制，提高保障公共安全和处理突发事件的能力。

（4）加大生态环境保护和建设的力度。保护和建设生态环境就是保护和发展生产力。顶效开发区生态环境相对脆弱，尤其是马岭河峡谷北岸的生态治理和污水处理迫在眉睫。我们一定要高度重视并大力加强生态环境的保护和建设。扎实推动峡谷沿岸和开发区9.2平方公里城市规划区内的生态建设和保护，努力促进和推动城市净化、绿化、美化和亮化；扎实推进顶效农村的环境保护和生态家园建设，努力将顶效建设成为环境优美、生态良好、经济发展、人民富裕的新兴开发区，用实际行动贯彻落实科学发展观，努力推动顶效开发区的跨越式发展，从而实现顶效经济开发区的历史性跨越。

# 第三十三章 顶效经济开发区成立十五周年回眸

## 第一节 十五年的主要成就

2007年9月的顶效，生机盎然，丹桂飘香，丰收在望。在这硕果累累、满载收获的季节里，顶效人民迎来了顶效经济开发区成立15周年纪念日。

1992年9月，在邓小平同志南方谈话精神的春风沐浴下，在南昆铁路开工建设的隆隆炮声中，顶效经济开发区宣告成立了。首期总体规划开发建设面积为9.2平方公里。1995年5月，被省政府批准为省级经济开发区；1996年10月，州委州政府为进一步理顺开发区管理体制，将顶效开发区升格为正县级单位，并明确开发区工委、管委分别为州委、州政府的派出机构，在州内实行计划单列。

斗转星移，岁月如歌，顶效经济开发区已走过了15年不平凡的历程，取得了令人瞩目的新成就。

全区经济快速增长，综合实力显著增强。生产总值从1992年的654万元增长到2006年的16.02亿元，2007年预计完成20亿元，是1992年的305.8倍，年均增长46.45%；财政总收入从1992年的58万元增长到2006年的1.6亿元，2007年预计完成2亿元，是1992年的344.3倍，年均增长47.63%。

累计投入资金7亿多元进行基础设施建设，使城市基础设施有了明显改善，先后建成了开发大道、迎宾大道、兴义路、工业园区路等一批城市干道，城市道路网络骨架已具雏形；建设和完善了供水、供电、通信等设施；将原顶效镇14个村2个居委会整合为4个村4个居委会，将规划范围内的失地农民转为城镇居民，使顶效的城镇化率从1992年的6%上升为2006年的45%；实现了村村通水泥路或油路，有效地推动了城乡一体化进程。

全区累计引进各类资金67亿元，引进各类项目540多个，项目涉及建材、煤焦、制药、化工、加工、贸易等产业和领域，其中集装箱货场、渝生制药厂、丰源铁厂、威龙化工、中药饮片厂、澳森木业、兴义一中顶效分校等投资在3 000万元以上的项目有50多个，为经济发展带来了活力，增添了后劲。

突出实施"工业强区"战略，重点发展建材、冶金、化工、加工、制药等主导产业，先后建成了瑞安水泥厂、燃二玻璃瓶厂等100多家工业企业，培育了新的经济增长点。全区工业总产值从1992年的460万元增长到2006年的6.94亿元，2007年预计完成工业总产值9亿元，是1992年的195倍，年均增长42.16%。

全力推进"商贸活区"战略，大力发展以铁路货运为龙头的沿铁三产贸易，目前，全区共有贸易型企业207户、个体工商户987家。三产贸易增加值从1992年的52万元增长到2006年的8.36亿元。2007年，全区三产增加值预计完9.87亿元，是1992年的1898倍，年均增长65.41%；2006年，三次产业结构比例为4.5：43.5：52。

高度重视"三农"工作，加大对"三农"的投入，加强农村基础设施建设，改善农村生产生活条件，努力提高农民收入，提前两年在全省率先免除农业税；大力推进农业产业化，建成了绿化2万亩桃园基地，培育和扶持了飞龙雨公司、鸿利肉联厂、绿化水果公司、奥森木业等农业产业化龙头企业，带动了农村经济的发展。2006年，城镇居民人均可支配收入达8 500元，2007年预计可达9 300元，是1992年的10.34倍；2006年，农民人均纯收入达3 500元，2007年预计可达3 800元，比1992年增加3 220元。

始终坚持以人为本、以民为先的理念，立党为公，开发为民。

精神文明建设、党的建设进一步加强，干部素质不断提高，干部人事制度改革不断深化；教育事业蓬勃发展，"普及九年义务教育"工作取得新成绩，在全州率先对义务教育阶段学生免除学杂费和书本费，高中教育、幼儿教育、职业教育、成人教育得到协调发展，初步形成公办、民办教育共同发展格局，幼儿园、小学、中学、大学一条龙教育体系正在形成。人口、计生、卫生、文化、体育、广播电视、民政、消防等工作稳步推进。全区社会稳定，民族团结，人民安居乐业，经济社会协调发展。

## 第二节 十五年的主要经验

15年的实践经验证明：

一、要实现经济社会的跨越式发展，必须解放思想、结合实际、真抓实干

在开发区建区之初，拓荒者们明确提出了"配套改革，总体推进，综合开发，持续发展，科教兴区，自费开发，真抓实干"的开发建设思路，努力探索贫困地区创办开发区的新路子。2000年底，开发区工委管委在制定"十五"计划时将顶效规划定位为：实施科教兴区、开放带动和可持续发展战略，突出了工业现代化、城市规模化、商贸市场化三个重点，明确将顶效建成全州重要的工业园区、南昆经济走廊的龙头、黔桂滇结合部的商贸物流中心、贵州西线旅游重要服务基地。围绕发展定位，把加大工业发展力度、加快工业化步伐作为顶效工作的重中之重。随后，按照"培育支柱产业、扶持骨干企业、发展优势产品、产生规模效应"的思路，加大了推进工业化建设力度。党的十六大报告以后，面对新的发展机遇，为进一步推动开发区的跨越式发展，开发区工委管委经过反复研究论证，将开发区的发展定位调整为：实施科教兴区、工业强

区、商贸活区和环境立区战略,把顶效建成全州最大的工业园区,建成黔滇桂三省区结合部的现代商贸物流中心,建成全州新兴的教学园区,建成兴义市的新城区。重新确定的这四个发展定位,又进一步突出了工业和商贸业在全区经济建设中的主导地位。15年开发建设的实践告诉我们,开发区的发展过程就是开发区人不断结合实际、解放思想、真抓实干的过程。只有不断用新的思想来指导实践,不断结合实际调整新的发展思路,才能获得新的开发建设成果。

要实现经济社会的跨越式发展,必须与时俱进、改革创新、开拓进取。

开发区既是改革开放的产物,又是改革开放的先行区、试验田。开发区的诞生,冲破了旧的计划经济的体制束缚,为市场经济的发展探索了重要途径;开发区的管理,突破了传统的政府管理经济的模式,为经济快速发展构筑了新的服务平台;开发区的发展经历和运行轨迹总是伴随着对传统观念和思维方式的超越。15年开发建设的实践告诉我们,要实现开发区的崛起,必须同小富即安、得过且过的思想决裂,才能做到发展有新思路、改革有新突破、开放有新局面、各项工作有新举措;必须彻底摒弃只唯书、不唯实的教条主义,大力倡导敢闯敢冒、开拓创新的精神,才能克服目光短浅、亦步亦趋的行为弊端,切实做到以政治的眼光审时度势,以战略的眼光抢抓机遇,以求实的作风谋求发展,以科学的态度制定战略,最终才能收到良好的开拓创新效果。

## 二、要实现经济社会的跨越式发展,必须团结协作、艰苦创业、无私奉献

15年前,顶效经济开发区的拓荒者们在缺水少电无住房的艰苦环境中,靠借来的20万元开办费艰苦创业。面对建设资金严重短缺、远离城区生活不便、对外交通不畅以及经济运行中的诸多制约因素等困难和挑战,靠的是团结协作、锲而不舍、任劳任怨、艰苦奋斗的精神!15年的成就,饱含着一批批创业者的不懈追求和无私

奉献。15年来，顶效经济开发区变化日新月异，然而，艰苦奋斗、无私奉献的精神已深深地根植于开发区的土壤，成为一笔宝贵的精神财富。开发区人正是凭着这种精神，迎难而上，顽强拼搏，负债前进；正是依靠这种精神，敢于牺牲，敢于开拓，创造了值得铭记的功勋和业绩。今天，我们要把开发区的伟大事业继往开来，传承下去，必须进一步弘扬这种精神，才能获取新的、更加辉煌的建设成就。

### 三、要实现经济社会的跨越式发展，必须招商引资、突出工业、加快发展

15年来，顶效开发区一直坚持把招商引资作为经济社会发展的"生命线"，坚持把推进新型工业化进程和大力发展三产贸易摆在经济发展的主导地位，实现开发区经济发展的新跨越。在三产贸易上，坚持以专业市场为平台，积极探索"储、运"加"一体化"的运营机制，加快构筑以仓储运输为重点、专业化为特色的现代物流体系。实施"十一五"规划以来，继续围绕"四个定位"实施"四大战略"，扎实推进"四个工业园"和"四个市场"的建设。只有不断培育和壮大工业支柱，加快发展第三产业，进一步提升工业化和商贸市场化水平，积极创造条件加快发展，才能实现开发区经济的跨越式发展。

## 第三节　过去的不足与未来目标

在回顾顶效经济开发区不平凡15年的时刻，我们也清醒地认识到，虽然经济发展得到快速增长，但与省级开发区应有的地位和作用相比还存在一定差距；虽然基础配套日臻完善，但与产业快速集聚的承载要求相比还存在薄弱环节；虽然服务环境不断优化，但与进一步加大招商引资的要求相比还不尽如人意；虽然城市建设有了

一定的基础，但与城市化的要求相比城市建设和管理的任务还很繁重。对此，我们深感肩负的使命神圣，责任重大，唯有将庆祝15年的成就作为我们新的起点，唯有将开放型经济的大旗插向新的高度，唯有将科学发展、加快发展的指导思想贯穿于建设开发的美好未来，唯有将州委、州政府关于资源整合的政策付诸实践，落到实处，推广开来，我们才能无愧于历史的重托，无愧于领导的厚望，无愧于人民的期待！

为此，今后一段时期，顶效经济社开发区经济社会发展的总体思路是：继续实施"四大战略"（即科教兴区、工业强区、商贸活区、环境立区），明确"四个定位"（即把顶效建成全州重要的工业园区，建成黔滇桂三省区结合部的现代商物流中心、建成全州新兴的教学园区、建成兴义市城市的新城区）；建成"四园四场"（即建成以水泥为龙头的建材工业园、以农产品为主的加工工业园、以矿产冶炼为主的冶金工业园、以生物技术为主的科技工业园；建成煤炭交易市场、农产品交易市场、重型物资交易市场、建筑材料交易市场）；夯实"两个基地"（即夯实以"贵州龙"为品牌的旅游服务基地，以优质桃为龙头的10万亩果园基地）；实现"一个目标"（即到2011年，全区生产总值达到45亿元左右，财政总收入达到5亿元左右，其余各项经济指标年均保持30%左右递增速度，在全州率先实现全面小康）。具体来讲，就要以更加扎实的作风、更加有力的措施，通过全区上下的努力，使顶效开发区在以下四个方面走在全州的前列。

一、建设开放顶效，在解放思想、开拓创新上走在全州前列

要进一步增强开放意识、市场意识、机遇意识、创新意识和竞争意识，树立"大开放、大发展"的理念，全方位、宽领域、多层次扩大对外开放，让内外资金的投资活力竞相迸发，努力把顶效建成全州对外招商引资的窗口和最佳创业园。

二、建设富强顶效，在落实科学发展观、实现又好又快发展上走在全州的前列

大力实施"工业强区"战略，尽快将顶效建设成为全州新兴的工业园区；大力实施"商贸活区"战略，加快建设现代物流中心，将顶效打造成人气兴旺的商业园；大力实施"环境立区"战略，努力把顶效建成干净、整洁、文明、有序的新城区。

三、建设文明顶效，在加强精神文明建设、推进城乡一体化进程上走在全州前列

坚持社会主义物质文明、政治文明和精神文明协调发展，深入实施公民思想道德建设工程，不断营造文明健康、积极向上的社会风气；有序推进社会主义新农村建设，努力把顶效建成全州"三个文明"建设的平台。

四、建设和谐顶效，在维护群众利益、推进民主政治建设上走在全州前列

突出解决好就业、贫困群众和失地农民生活保障、教育、医疗、环保以及安全等问题；努力营造公平的社会环境；切实关注社会弱势群体，给他们创造充满关怀和温暖的环境；切实加强党的建设，进一步提高党组织的凝聚力、吸引力和战斗力；妥善处理各类社会矛盾，不断巩固和发展已有的大好局面，努力把顶效建成全州和谐社会建设的典范。

# 第三十四章 完善开发区体制与加快发展

在新形势下进一步完善我省开发区管理体制是经济社会发展的要求，也是各级党委政府不容回避的问题。因为我省开发区经过十多年的发展，已形成不可替代的优势，如投资环境优势、管理体制优势、产业积聚优势、各类人才优势等，这种优势不仅提高了我省在对外开发中的竞争力，使得我省能在更大范围、更广领域、更高层次上参与对外经济合作，而且对于推动区域经济发展、城市化进程、提供社会就业等方面也起着十分重要的作用。

省委、省政府对开发区的发展方向和发展定位为：开发区是聚集区域优势产业发展、加快工业经济建设的重点区域。开发区建设必须全面贯彻落实科学发展观，坚持集约、节约用地，提高土地集约化水平，加大基础设施建设，不断优化投资环境，发挥能源、矿产资源、生物资源、劳动力资源和交通区位优势，承接国际国内产业梯度转移，加大改革力度，扩大对外开发，把开发区建设成为我省改革开放的先导区、体制创新的试验区、循环经济的示范区、发展外向型经济的聚集区；建设成为我省工业、高新技术产业、生物资源、绿色食品、现代服务业和高素质人才聚集的经济区域和经济发展的增长极。

根据上述发展方向和定位，顶效开发区作为金州改革开放的试验田和先行区，已经在体制改革、制度创新等方面作出了一些有益的尝试，取得了明显的成效，完全有责任在走新型工业化道路、转变经济增长方式等方面创造出新的经验，为实现全面建设小康社会的宏伟目标做出应有的贡献。

本章拟针对我省开发区管理体制中存在的一些不足，结合实际提出进一步理顺或完善的探索性思考。

## 第一节 加快法制建设，使开发区管理法制化、规范化

目前，我省开发区管理中最大的问题就是不够规范。其原因是缺乏相应的法律、法规。在开发区创建之初，由于知识经验不足，对国内外开发区形成的历史背景、发展状况、管理体制的建立过程及其运作程序缺乏了解，因此难以为控制和管理开发区制定出相应的法律法规。然而，经过十多年的开发建设，应该说相应地积累了丰富的经验和教训，对国内外开发区也有了较为深刻的认识和了解。现在，有条件也有必要制定相应的法律法规，为开发区的健康规范发展提供保障。

法制化建设的重点应包括三个方面。

一是应以立法的形式来确定开发区的审批程序和开发区的性质、功能与任务，以便对开发区实行统一的规划布局，避免开发区之间的无序竞争及出现"开发区热"。

二是应从法律上确认开发区管委会的行政主体地位，具有独立的行政执法资格，使管委会对开发区的统一领导和管理纳入法制化轨道。

三是应在法规中明确开发区的组织体系，主要管理职能、权限以及发展的政策，从而确定开发区组织管理的有效性、权威性以及开发区发展的稳定性和连续性。实践证明，对开发区的授权范围，实际上是一个开发区管理机构与当地政府的关系问题，按照国家级、省级开发区的不同类别规定统一的授权范围，以利于开发区之间的平等竞争，以利于上级政府对开发区的统一管理，以利于开发区管理机构与当地政府的责权分明等，这就迫切需要有相应的法律

法规来进行规范，迫切需要通过法律形式来明确开发区的法律地位。

## 第二节　严格政企分离，积极扶持社会中介组织的发展

现行的开发区内总公司与管委会"合二为一"的管理模式，在开发区的早期发展中确实起到了积极的作用。管委会通过总公司来实施开发意图，总公司借助管委会的行政力量，在土地征用、拆迁安置、招商引资等方面发挥其独有的作用。两者的结合有利于提高决策效率，有效地降低了协调成本。但这种体制混淆了两者的职责和功能，其运行也导致了管委会行政管理效率的下降和总公司的经营缺乏活力，导致了开发区区域经济的不公平竞争和政府官员腐败等副作用的产生，与社会主义市场经济体制的目标不相适应。所以，严格实行政企分离就应从人员编制、经费收支、权利职责等方面使管委会与总公司彻底分开，使总公司真正成为产权明晰、自主经营的市场主体。条件成熟的地方，还应当使管委会投资的总公司逐步退出，引进社会资金，引入竞争机制，以进一步提高开发区的开发建设效率和效益。

在开发区，社会中介组织作为政府、企业、市场之间联系的纽带和桥梁，具有政府行政管理不可替代的服务、沟通、协调、自律、公正、监督等方面的职能和作用，是保证开发区经济社会健康发展的必不可少的重要组织形式。针对我省开发区目前存在的中介组织数量少、资质级别不高、职能和服务范围不够明确等问题，今后应着重抓三个方面的工作。

一是进一步理顺开发区管委会与中介组织的关系。把那些原来由政府承担的大量具体琐碎的有关落实政策的职能、行业管理的职能以及社会监督的职能等尽快交给中介组织，为中介组织的发展让出应有的空间，改变现有的中介组织"官办""半官办"或"官民

合办"的架构,督促各类中介组织尽快与挂靠单位彻底脱钩,将其改制成为自主经营、自负盈亏、自担风险的合伙制、股份制或个体中介机构。

二是进一步加强对中介组织的管理。重在加快行业协会建设,引导行业管理组织制定行业的执行准则、技术标准及后续教育等制度;结合实际建立健全职业道德,质量监督等制度。政府相关部门要注重加强对行业协会和中介组织的监管,以确保中介机构能健康、有序的发展。

三是要不断提高中介组织从业人员的素质。注重有计划、有步骤地对从业人员进行专业技能培训,以不断提高他们的业务能力和管理水平。

### 第三节 面向市场,不断创新开发区管理体制

现有开发区管理体制的创立,是为适应当时社会历史条件的需要,特别是为了实现"计划经济体制外循环"的需要,其本身就是当时条件下的一次制度创新。当时各级政府对开发区管理体制的关注度和宽容度比较高,形成了比较简单而有效率的管理体制。但随着政府职能部门与开发区的利益博弈的加剧,开发区管理体制出现了"多变"的倾向,就贵州开发区管理体制而言,已出现了三种模:贵阳、遵义、安顺开发区走的是向行政区划过渡,实行"一套人马两块牌子",既是行政区又是开发区的模式;顶效、凯里、钟山开发区走的是划定范围,独立开发的模式;其余开发区均为县市政府的派出机构,相当于县市老城区拓展即新区开发的模式。显而易见,这种"多变"既制约了开发区的发展,又与社会主义市场经济体制的要求相悖。开发区作为社会主义市场经济的先行区,要改变现行这种体制"多变"的倾向,必须做好两方面的工作。

一是统一模式、科学设置。机构是职能的组织载体,职能是机

构的组织内容。开发区管委会的职能设置应相对统一模式,并确保满足对新辖区域的充分管理,避免政府部门的随意放权收权等现象的发生。同时开发区管委会也应面向市场,完善自我,要根据市场经济体制的要求,该终结的终结,该分离的分离,该提高的提高。要注重在科学设置的基础上,排除相关职能部门的干预,讲求效率、精简机构、科学设岗、避免人浮于事。就顶效开发区而言,目前可继续维持现有的管理模式,但要进一步理顺区市、区镇的一些关系(如计划、财政、统计和项目申报等均时有掣肘、不够顺畅);待发展到适当阶段,也应考虑向行政区划过渡,即实行"一套人马两块牌子"的管理模式,这样将有利于带动全州区域经济的快速发展。

二是统一标准,考核业绩。现行体制下,政府对开发区的考核评价标准是开发面积、资金投入、招商数量、经济产出、发展速度、增长幅度等指标,这些都具有平面和单向的特性,不能全面考核开发区的整体情况。对此,应引导开发区走内涵增长之路,注重对其发展质量、综合效益、增长潜力、发展后劲等方面的考核,如科技企业数、企业专利和名牌数、土地投资密度、土地产出率、经济增加值率、基础设施投资产出比、开发负债率、区内外企业配套率、技术转让和吸收率等。总之,就是要注重考核实绩,讲求实效。

## 第四节 打造环境,进一步增加对投资商的吸引力

现行开发区对投资商的吸引力主要是审批程序和优惠政策,开发区之间的竞争也主要是这两个方面。随着市场经济体制的成熟和行政行为的规范,开发区现行的这种体制优势正在消失,而环境打造已成为开发区吸引投资商的重点,其中软环境的打造显得更为重要。为此,在软环境打造中当前应着力抓好三个方面:

一是提开服务水平，提高办事效率。开发区与企业的关系是服务与被服务的关系，是管理职能的服务化。具体地讲，就是要在计划、土地、投资、规划、统计、工商、公安、财政、税务、质检等具体环节中做好全程的、全方位的服务；就是要为投资商提供清晰、透明、便捷的竞争环境。如对违法排污企业的处罚，是为了维持企业之间竞争公平，是为了大家都能共享蓝天碧水，这对其他企业来说就是服务。

二是注重产业聚集效应，提升区域竞争力。具有较强外部性的企业，企业创新在生产区位的选择上往往具有集中的趋势，这就是通常说的产业聚集现象。产业聚集有利于降低企业之间的交易成本，有利于企业之间信息的快速沟通，有利于科技研发，有利于物流配送。对此，开发区应充分利用自身独特的优势和已有的产业基础、在招商引资中注重引导产业聚集，这不仅可以提升本区域内的产业结构，也可以为更好地招商引资创造有利的条件。对此，我们应积极扶持现有的产业聚集区、注重引导和培育企业协作配套关系；根据企业聚集的目标，在招商引资中有选择地引进项目；重视发展中小企业，通过中小企业的聚集获得外部规模经济效应，利用其灵活多变，接近市场的特点激励创新，形成相当规模的产业聚集；为企业之间、企业与科研院校之间建立合作关系，当好媒介，以营造加快产业聚集发展的创新环境和市场环境。

三是加快人才队伍建设，为产业聚集提供保障。重点是要建设一支有管理能力、懂专业技术、会市场化运作的行政管理队伍和企业家队伍；建立一支具有一技之长、懂操作、能吃苦的专业技术工人队伍。并在实践中坚持择优录用，能上能下，能进能出的用人机制；坚持提高标准、严格要求，全面推行市场化运作体系，尽快形成符合国际惯例的市场化运作机制，严格遵循市场经济的发展规律，按照国际规则办事，不断提升政府和企业的市场化运作能力，全力推动开发区内的产业聚集，不断完善开发区的管理体制。只有这样，才能有效推进开发区的快速健康和可持续发展。

# 第三十五章　顶效经济开发区的经验与启示

顶效经济开发区的经验与启示，指以省级经济开发区即贵州顶效经济开发区为载体，以一个建制镇即兴义市顶效镇为区域，以三次产业综合开发、整体推进为目标的城乡一体化开发建设的运行机制、运转方式、发展重心及分配方式等综合运用的、具有区域特色的经济发展思路。

顶效经济开发区创建于 1992 年 9 月。在邓小平同志南方谈话精神的鼓舞下，随着南昆铁路的开工建设，金州州委、州政府紧跟时代潮流，抢抓发展机遇，在实践中锐意改革，开拓创新，毅然决策：在兴义火车站所在地顶效镇创办经济开发区，大胆探索少数民族地区努力实现跨越式发展的有效路径！从此，顶效经济开发区便成为金州改革开放的前沿阵地，招商引资的对外窗口，三次产业综合开发的试验田；成为金州改革开放 30 多年来成功经验的缩影，失败教训的总结，城乡一体化建设的试验示范点。

## 第一节　顶效综合开发的现状

在经济全球化和城乡一体化的市场经济条件下，一个乡镇的区域经济能否实现快速发展，关键取决于能否有效地坚持改革开放，能否有效地实现区域性突破。尤其是对一个少数民族地区即"欠发达、欠开发"地区的开发区而言，只有坚持科学发展观的指导，才能突破传统的思维方式和行政区划的束缚，从而以改革的精神，创新的思路、开放的姿态,站在市场经济理念的高度来谋划定位,实施开发,才能不断拓展自身的发展空间,迎来新的发展机遇。

18年来,顶效开发区坚持以改革开放促发展,"抢抓机遇,自费开发,自求平衡,滚动发展",在实践中大胆探索"城市支持农村,工业反哺农业,城乡协调发展"的三次产业综合开发之路,破解了西部地区即欠发达地区经济社会跨越式发展的多年困惑。

2010年,顶效开发区预计完成生产总值30亿元,完成财政总收入2.8亿元,城镇居民人均可支配收入达14 850多元,农民人均纯收入4 289元,分别是1992年创建开发区时的309倍、350倍、17倍、11倍;辖区内的4个居委会、4个村均实现了通电、通自来水、通电话、通电视、通油路,城镇化率从1992年的6%增长到了60%。

顶效开发区的成功崛起,不仅发挥了欠发达地区经济社会跨越式发展的试验示范、辐射带动的综合效应,而且为西部少数民族地区实现党的十七届三中全会提出的"城乡经济社会发展一体化"新格局提供了重要的探索与借鉴。

顶效开发区作为少数民族地区的省级开发区,其发展既有普遍性,又独有其鲜明的特性。随着第二轮西部大开发热潮的到来,随着金州"兴安兴"半小时经济圈的逐步形成,随着"兴安兴"城市群的逐步建设,顶效作为"半小时经济圈"的轴心,作为"兴安兴"城市群的中心的区位优势明显凸现!如何抢抓机遇,加快发展,科学发展,又好又快、更好更快地发展,成为州委、州政府和顶效开发区工委、管委高度重视并认真研究的一个重大课题。顶效开发区建区18年来,根据党中央、国务院和贵州省委、省政府的重大决策,在州委、州政府的正确领导下,连续保持跨越式发展的快速增长态势,使全区的三次产业良性互动、协调发展,三次产业结构从1992年的77:5:18调整为2010年的4.1:44.9:51;审时度势地在实践中创造了"五靠""四新"促发展的成功经验(即"发展靠增速,增速靠项目,项目靠招商,招商靠环境,环境靠服务"和

"体制机制新，经济结构新，招商举措新，城乡面貌新"），有效地推动了顶效开发区的科学发展、协调发展、可持续发展和跨越式发展，在欠发达地区成功地走出了一条"工业反哺农业，城市带动农村，农村支持城市，城乡互动谋发展的城乡一体化"的开发建设之路。这就是顶效开发区的成功之处，这就是"顶效综合开发模式"。

## 第二节 顶效开发区的成功经验

顶效开发区的成功经验可概括为五点。

### 一、改革："五靠"思路谋划全局

所谓改革，就是坚持用改革的办法，用开放的办法来大胆探索西部地区即欠发达地区的跨越式发展之路径；所谓"五靠"，就是在实践中大胆创新，坚持"一事一议，一厂一策，特事特办，好事快办"的服务理念，紧紧围绕"发展靠增速，增速靠项目，项目靠招商，招商靠环境，环境靠服务"的环环紧扣的思路谋划全局，加快发展。

1992年，邓小平同志南方谈话的春风吹遍了祖国的大江南北，也吹进了黔西南州这"少边穷"地区。为了探索西部少数民族地区经济社会跨越式发展的路径，州委、州政府于1992年9月作出决定，在顶效成立经济开发区，由两位州级领导带着州委、州政府的重托贷款20万元，带领一批创业者来到顶效这个典型的农业大镇创办经济开发区。1995年9月顶效经济开发区被贵州省政府批准为省级经济开发区。2006年3月，在全国的开发区清理整顿中，被国家发改委审核通过为省级经济开发区。

顶效经济开发区成立后，受上级委托直接管理顶效镇，总面积为107.7平方公里，开发区首期规划开发面积为9.2平方公里，是一个融"一二三"产业为一体的综合性开发区。1997年3月，州委、州政府将顶效开发区明确为正县级建制单位,开发区工委、管委分别为州委、州政府的派出机构,在州内实行计划、财政、统计单列。

建立开发区之初,顶效是兴义市的一个纯农业镇,当年全镇的生产总值仅500多万元,财政收入只有58万元,农民人均纯收入不到500元。经济总量小,基础设施差,融资投资难,自我开发能力弱。资源匮乏,除土地资源外,唯一的矿产资源就是石灰岩沙石;能源匮乏,全镇仅有两座小型水电站,总装机容量仅405千瓦;通信落后,未开通程控电话;供水能力弱,没有自来水厂;信息闭塞,没有计算机网络……这些都是顶效开发区的拓荒者们必须面对的现实。如此条件,要搞开发,而且是"自费开发",应该怎么办呢?拓荒者们不畏艰难,勇于探索,集思广益,仅凭借来的20万元信用资金,拉开了顶效的开发建设序幕。

序幕拉开了,发展靠什么?这是摆在一任又一任开发区人面前的重大难题!经过不断地探讨和思索,开发区人终于清醒地认识到:思路决定出路,思路影响未来,思路推动发展。

经过在实践中甚至在失败中大胆地闯,大胆地试;通过不断地探索,不断地归纳,不断地提炼、修改和完善,顶效最终总结出了"发展靠增速,增速靠项目,项目靠招商,招商靠环境,环境靠服务"的"五靠"促发展的开发建设思路。在"五靠"思路的引领下,顶效开发区的拓荒者们全力以赴打响了城镇基础设施建设的攻坚战,让城镇基础设施的"龙头"尽快舞起来。

要舞起城镇基础设施建设这一"龙头",需要大量资金作支撑。顶效作为自费开发的开发区,国家没有资金扶持,仅靠每年50多万元的财政收入,龙头何以舞动?于是全区上下广集智慧,不等不靠,本着"自费开发,滚动发展"的经营理念,大胆采取"集资贷款,以地换路,项目引资"等"借浆划船"的办法,使得一批过去想都不敢想的城镇基础设施项目相继建成。

1993年融资2 500万元启动长3.2公里、宽40米的开发大道建设,但因资金不足几度搁置,直到 1998 年又筹集了 1 500 多万元才将大道硬化并完善绿化、亮化等配套设施,终于建成使用;随后又融资 4 000 多万元建成了长 7 公里、宽 38 米的迎宾大道。南昆铁路兴义火车站设在顶效,但缺少广场等配套设施,又投入了 2 400 多万元,建成 10 000 平方米的火车站广场及相关的休闲娱乐设施,使兴义火车站的拉动效应日益显现。投资 2 000 多万元建成了装机容量为 800 千瓦的水电站一座、35 千伏的输变电站两座、110 千伏的输变电站三座,架设输电线路 100 多公里,并入了国家电网,加强了供变电能力。投资 1 400 多万元建成了日供水 6 000 吨和 50 000 吨的自来水厂各 1 座,铺设供水管道 70 多公里,形成了生活和工业用水"双管并进"的供水网络,多方筹措资金铺设了程控光缆,开通了程控电话、移动电话,实现了电话交换程控化、长途传输数字化,启动了计算机联网、上网等业务,迈进了信息快车道。

18 年来,顶效开发区先后多方融资 7 亿多元投入城镇基础设施建设,先后建成了城区道路 10 多条 60 多公里,建成各类市场 5 个,架设输电线路 200 多公里,建成通村油路或水泥路 40 多公里,架设农村输电线路 100 多公里,铺设农村自来水管 200 多公里。开通了农村移动电话,实现了村村通电、通自来水、通电话、通油路。使全镇 107.7 平方公里的范围内构成了城乡公路网、水电网、通信网的"三网合一"体系,真正舞动了城镇基础设施这一"龙头"。并使"龙头"与"龙身"连成一体,初步实现了城乡经济社会发展一体化的新格局。

"五靠"思路的最大目标和首要任务在于加快顶效经济社会又好又快、更好更快地发展,快速增效;核心战略在于推进工业化;主要依托在于项目拉动;基本途径在于优化投资环境;主要保障在于干部作风建设即提高服务质量。由此可见,"五靠"思路是一个系统工程,环环紧扣,缺一不可。

"五靠"的根本目的和任务在于加快发展,快速增效。这是顶效开发区过去、现在和将来最大的政治、最硬的道理和首要的任务,是一切工作的重点和关键环节,是全面建设小康社会和构建和谐顶效的重要前提,更是广大人民群众的迫切愿望。

"五靠"的战略核心在于大幅度提升工业化、全面推进城镇化。18年的实践证明,未来顶效开发区的经济社会发展要继续保持跨越式发展的速度,必须依托工业在国民经济中比重的提升,必须加快推进城镇化,开发区的继续崛起的进程必然取决于工业化和城镇化的进程。

"五靠"的关键依托在于项目拉动,特别是工业项目的重点拉动。这是经济工作的主抓手,是快速创造财富的有效途径,是促进经济又好又快、更好更快发展的动力源和支撑点。

"五靠"的基本途径在于优化投资环境。必须在不断改进基础设施等硬环境的同时,更加注重改善以行政效能为核心的软环境,全面优化人居环境,政务环境,市场环境,法制环境和社会环境,在全区上下进一步营造重商、亲商、安商、富商的良好氛围。

"五靠"的切实保障在于干部作风建设即提高服务质量。广大公务人员特别是领导干部,应是投资环境的创造者、建设者和维护者,干部作风即服务质量决定着投资环境的优劣。

顶效开发区成立18年来,特别是在探索、形成和实施"五靠"思路以来,经济社会取得了长足发展,持续保持着跨越式的发展速度。虽然近两年来受到结构调整和国际金融危机的冲击,顶效略放慢了发展速度,但按18年整体连续计算,各项经济指标的增幅仍然保持着年均增长37%左右的良好态势。

实践证明:"五靠"发展思路抓住了"顶效作为西部少数民族地区经济总量小"这一主要矛盾;抓住了"顶效作为西部少数民族地区的开发区缺少工业和三产贸易"这一矛盾的主要方面;抓住了"顶效作为欠发达地区的开发区经济拉动主要靠投资这架'马车'先行驱动"这一关键环节;抓住了"像顶效这样欠发达地区的开发区要优化吸引生产要素集聚的环境"这一迫切要求。可以说,顶效开发区是应用科学发展观指导全区努力实现跨越式发展的具体体现,也是顶效开发区人对西部少数民族地区的跨越式发展规律的积极尝试和成功探索。

## 二、创新：兴办工业助推发展

在西部少数民族地区普遍存在这样的矛盾和问题：社会需求大，经济总量小，发展速度慢，工业化水平低。同时，工业对经济发展最终要起着主导和支配作用。

顶效原是兴义市的"大田坝，吨粮田"的产地。这里的农民从古至今都是种粮，因为没有工业的拉动，丰富的农业资源无法实现加工转化增值，附加值和商品率几乎为零，农村经济发展举步艰难。加之没有工业经济支撑财政基础，匮乏的财力导致对农业的哺育不足，农业生产条件得不到改善，优势产业得不到发展，农村经济的发展一度成为难以破解的难题。

顶效作为传统的农业大镇，经济实力弱，弱在工业缺项；发展速度慢，慢在工业的支撑拉动能力弱。如何突破制约工业发展的障碍，探索促进工业发展的新途径，开发区的拓荒者和建设者们创办开发区、发展开发区的初衷就在于此。"五靠"思路的提出，着力点就是要解放思想，因地制宜，以崭新的理念谋划和促进工业的快速发展。

看到了问题的症结，便看到了发展的希望。面对区情实际，拓荒者和建设者们跳出就农业抓农业的封闭思维方式，以开放的立体的思维方式来审视顶效的农业现状，明确提出了实施"工业带动农业"的发展战略，用工业拉动农业的发展，走"工业强区"之路，以此壮大财源，做大蛋糕，反哺农业，实现工业农业联动发展。

思路一经形成，全区上下便积极行动，充分发挥自身的优势，结合实际谋划工业的发展。通过建设以水泥和新型建材为龙头的建材工业园，以农产品加工为主的加工工业园，以矿产冶炼为主的冶金工业园，以制药为主的高新技术工业园，把顶效建设成为黔西南州的新兴工业园区，并迅速拉开了大办工业的序幕。

招商引资大上工业项目,这是"工业强区"的首举。于是,吸引外资引进人才的优惠政策出台了,带着项目带着希望的招商引资队伍出发了,工作提速、服务提质、环境提优等吸引客商留住客商的举措出来了,全力打造投资"磁场",促进了投资"洼地"的较快形成。

以丰富的石灰岩砂石资源为原料,引进资金和技术,先后建成了兴渝水泥厂、南下水泥厂、绿荫水泥厂和全州的第一家外资企业——拉法基瑞安水泥厂等建材企业,使顶效的水泥生产能力超过了100万吨,撑起了建材工业支柱。

以农副产品为原料的农业产业化企业纷纷落户顶效。先后引进并建成投产了鸿利肉联厂、奥森木业、飞龙雨公司、希望饲料厂等一批加工企业。这些农产品加工企业,舞动了农业产业化的龙头,带动了全州农村种植、养殖业的发展。

实践证明:顶效开发区的成功与否取决于工业化的进程。18年来,顶效开发区人坚持以解放思想为先导,以推进工业化为主攻方向,大力实施"工业强区"战略,实现了工业发展的历史性跨越,创造了整个经济总量中,工业占据了近半壁江山的良好局面,以此带动了全区经济社会的全面协调可持续发展。位于区内的加工、建材、冶金、科技等工业园规划有序,基础设施日臻完善,项目建设相对顺利。顶效工业近乎从零起步,凭借对外开放、招商引资和稳步推进"工业强区"战略,重点发展建材、冶金、化工、加工、制药等主导产业。18年来,全区累计引进各类工业项目资金达50多亿元,引进各类项目200多个,其中投资达3 000万元以上的项目50多个。项目涉及建材、制药、服装、农产品加工等领域。先后建成投产了燃二玻璃瓶厂等100多家工业企业,培育了新的经济增长点,为全区经济的快速发展带来了活力,增添了后劲。全区工业总产值从1992年的100多万元增长到2009年的11亿多元,年均增长达40%以上。工业在全区经济总量中的比重逐年提升,支撑作用越来越明显。随着即将建成投产的打叶复烤厂和将要进场建设的黄盛记食品企业等20多个轻工业项目的先后建设和投产,工业将成为顶效社会经济跨越式发展的最主要的推动力。

顶效工业经济的突飞猛进,促进了财政收入的快速增长。1998年至2007年,顶效的财政收入连续10年保持了40%以上的增长速度,使工业反哺农业变成了现实。顶效从生存型的圈子中跳了出来,紧紧围绕农业资源优势,进行深度开发和系列加工,抓特色农业,建特色基地,开发特色产品,大力培育农业支柱产业。顶效及时将工业的收益适度反哺农业:2001年,顶效以开发区为单位率先进行了村级整合"撤并建"工作,将原来的14个村2个居委会整合为4个村4个居委会,率先对整合的村、居委会干部试行了工资制;2002年,顶效以镇为单位在全州率先免除了农业税;2003年,顶效以开发区为单位在全州率先实现了村村通油路或水泥路;2004年,顶效实施了"城乡统筹规划,公共设施统一建设,产业发展统一布局、协调推进"的城乡一体化的发展战略,初步形成了"工业反哺农业,城市带动农村,农村支持城市"的良好格局。

## 三、突破:依托"码头"搞活三产

顶效开发区的优势在于交通方便,区位优越。南昆铁路贵州段内规模较大的客货车站——兴义站设在顶效,公路320国道、210省道均在区内交汇,即将建成的"汕昆"高速和将要建设的"毕水兴"高速公路都穿越境内。因此,顶效被称为黔西南州的"旱码头"!良好的交通区位优势有利于物资集散和物流畅通。顶效离贵州的贵阳仅300多公里,离云南的昆明300多公里,距广西的南宁400多公里,就是到广西的北部湾经济区也只有500多公里,位于三座省会城市和西江上游经济区域的轴心地带。顶效不仅可以作为与三座省会城市和东盟自由贸易区、北部湾经济区联系的中枢,还可以作为西南地区资源与海外市场接轨的重要通道。顶效是物资流、资金流、信息流的交汇处,是区域交通便利的优位点,是形成新的经济中心、物流中心的最佳的结合点。

随着顶效基础设施的不断完善、投资环境的不断优化，"旱码头"的通关效应日益便捷，货源地逐渐拓宽，货物吞吐量逐年增长，顶效应该建成西南地区东出东南亚，南下"两广"的交通枢纽和商贸物流中心。通过上述分析，顶效开发区的拓荒者和建设者们，自开发区成立以来，就注重在大力发展工业的同时着力突破三产贸易，全力推进"贸易活区"战略，大力发展第三产业，为失地农民"退一进三"打造平台。在实践中注重充分利用地处南昆铁路兴义火车站、国家西部旅游最重要的中转站、南下出海的重要通道等优势，将搞活第三产业作为失地农民小康建设的支柱产业加以培育。大力发展物资转运、交通运输、商业饮食、建筑安装、汽车修理、公用事业等第三产业。目前，全区已建成转运能力超过百万吨的货场2个，其他各类专业市场6个，使近万名农民从农业转移到第三产业，扶持了600多户农民发展运输和汽车修理业，200多户农民从事饮食服务业，300多户农民从事金融和建筑业，既有效推进了当地农民"退一进三"，又推进了第三产业的迅速健康发展，为外来经商务工人员提供了岗位。据不完全统计，到2009年年底，全区已有贸易型企业200多户，个体工商户达1 000多家，三产贸易的生产总值接近13亿元，是1992年的1 800多倍，年均增长达58%，在全区的三次产业结构比例中排行第一，达到了51%，产业结构实现了"三二一"的良性排序。

## 四、转变：优化农业保障发展

顶效原本就是农业大镇，工业弱镇，商业落后镇。顶效经济开发区就是在这样的基础上启动开发的，因此被誉为三次产业共同开发的综合性开发区。综合开发，农业要示范，就要转变农业的生产经营观念和运作方式；就要优化农业，调整结构，走市场化运作，规模化经营，"种养加"一条龙的农业产业化道路。在上述思想指导下，建区18年来，顶效开发区人紧紧围绕农业资源优势，进行总体规划，深度开发，系列加工，抓特色农业，建特色基地，创特色产品，初步形成了"一村一特色，一村一产业"的良好格局。走出了一条优化结构，加大投入，规模经营，市场运作，"种养加，科工贸，产供销"一条龙的农业产业化道路，为全面推进社会主义新农村建设夯实了基础。

绿化村是典型的农业村，荒山资源丰富，土壤、气候均适宜种植优质桃和五星大枇杷等水果。为此，开发区先后在该村投入资金上千万元，采取公司加基地加农户的经营模式，以绿化村为龙头，在全区规划建设10万亩优质水果基地，培育了"绿化桃"品牌，创办了果袋加工厂等村办企业。如今，绿化村仅售桃收入就达600多万元，人均年种桃收入达3 000多元，走出了一条独具特色的农业产业化经营之路。

绿荫村旅游资源丰富，是"贵州龙"的故乡。开发区便将该村作为生态文明村进行规划建设，采取项目带资金的扶持方式，先后建起了贵州龙博物馆，建立了桉树育苗基地、金银花育苗基地、花椒基地和700多亩花圃园。300多户人家办起了小菜园，20多户人家创办了养殖场，30多户人家依托贵州龙博物馆创办了农家乐旅游业，年接待游客近5万人，旅游收入达10多万元。

楼纳村地处兴义万峰林景区的东风林，环境优美，山清水秀。但由于交通不便，发展相对缓慢，开发区工委便将该村作为主要负责人的扶贫工作联系点，一方面，多方筹集资金700多万元，为该村修通了12公里的通村水泥硬化公路，彻底解决了制约该村发展的"瓶颈"问题。并将该村作为新农村建设的试验示范点进行扶持，全面启动了全村的房屋改造和进组入户的道路建设，创造条件兴办旅游业；另一方面，积极进行技术培训，扶持该村大力发展晚丰梨、黄花梨等优质水果，建起了3 000多亩优质梨基地。同时还利用良好的水源条件，大面积种植反季节蔬菜，有针对性地培育了农民增收致富的支柱产业。

查白村是顶效开发区的贫困村，为了加快该村增收致富的步伐，一方面开发区积极筹集资金200多万元，为该村修建通村油路等基础设施,同时注重发挥"查白歌节"这一品牌效应,利用查白歌节大办农家乐;另一方面开发区利用查白村与绿化村荒山、土地相连的有利条件,发挥绿化村种桃的辐射带动效应,大力扶持该村连片种植优质桃。现种植面积已达3 000多亩,长远规划将使每户人家人均达到5亩左右优质桃,挂果后户均年收入达2万元以上,将优质桃建成与绿化村同样效益的产业支柱。

18年来,顶效开发区坚持在实践中做到实事求是,因地制宜,大胆试验和创新,走出了一条"工业农业联动发展,城市农村一并建设"的城乡协调发展之路。大胆采取公司加基地带农户的市场化运作方式,大力发展和壮大村级经济,先后建成了以绿化优质桃和楼纳优质梨为品牌的三万多亩优质水果基地;引进建成了牛羊加工厂、饲料加工厂、中药材加工厂和水果套袋厂等一批农业龙头企业;创办了农家乐、农村旅游公司等村办企业,出现了村村有企业、户户搞经营、年年在变样的社会主义新农村建设的新气象。农民人均纯收入从1992年创办开发区时的500多元增长到2009年的4 200元,使农民人均纯收入与城镇居民人均可支配收入的差距缩小,在改革开放的试验示范中创造了城乡统筹、协调发展的顶效模式。

### 五、探索:提炼"四新"指导发展

归纳提炼,18年的开发建设在顶效这块"贵州龙"的故乡之土地上出现了"四新"。

#### 1. 体制机制新

顶效经济开发区工委、管委分别是黔西南州委、州政府的派出机构,受兴义市委、市政府的委托直接管理顶效镇的行政区划;执行的是事业编制,赋予了企业管理和市场运作的职责,将管理和服务融为一体,使政府和企业既相互联系又截然分开,建立了"小政府、大社会、小机构、大服务"的管理体制;经历了"大马拉小车""中马拉中车"到现在"九马拉重车"的体制历程,形成了

"一个机构,多种职能,一帮人马,拉多套车"的格局。开发区建立之初,黔西南州委、州政府给予顶效开发区的财政政策客观实惠:实行的是"自费开发,不予不取,自求平衡,滚动发展"的财政政策,使财政蛋糕越做越大,为顶效的跨越式发展奠定了良好的基础。特别是用人机制十分灵活,可以打破区域界限,聚集各方和各类人才。干部管理实行聘任制,通过打破区域、部门、行业、所有制、人才类别和身份界限,不拘一格选贤任能,在全州党政机关中率先推行了聘任制,对开发区工委、管委机关的部门领导职务和专业技术人员实行公开招考、竞聘上岗,凡聘任期内考核不合格者一律解聘。引入的新的体制机制有效地推动了工作的开展,提高了行政效能,降低了行政成本,保障了开发建设,为政府机构改革和创建"六型政府"提供了借鉴。

2. **经济结构新**

从顶效开发区的产业结构变化的情况看,全区三次产业结构从 1992 年创办开发区时的 77:5:18 调整为 2010 年的 4.1:44.9:51;从当初的"一二三"顺序调整为现在的"三二一"排序,展现了良好的三次产业结构格局。从顶效的农业产业结构看,以优质水果为主的规模化种植基地已经建成,蔬菜基地建设、养殖基地建设正在有序推进,公司加基地带农户的"种养加、科工贸、产供销"一条龙的农业产业化体系已具雏形。从顶效的工业结构看,以水泥为主的建材工业支柱已经建成;以铁合金、生铁为主的冶金工业有一定规模;以金银花加工、牛羊加工、食品加工、烤烟加工等为主的加工业蓬勃兴起;以制药、信息技术为主的高新技术产业起步良好。从顶效的三产贸易结构看,以煤炭交易,交通运输和汽车修理等为主的第三产业发展较快,并正在朝着市场化、大物流、大旅游的方向发展。从顶效的所有制结构看,全区仅有 3 户国有企业,其余 500 多户各类企业均为非公有制性质,另加 1 000 多家个体工商户,在整个经济成分中,90% 以上的企业为民营性质,非公有制经济的总量接近 90% 左右。可以说顶效的市场经济发育良好,非公有制经济异常活跃,为多种所有制经济的融合共生繁荣闯出了新路。

### 3. 招商举措新

"靠作风,造环境""政府搭台,企业唱戏""情系投资者"等口号,均是顶效开发区人长期坚持和信守的招商理念。开发区建立之初,由于"自费开发,白手起家",开发区的拓荒者们一切从实际出发,推出了"以地换路,以路招商,以商生财"的招商引资新举措,大力推行BOT等招商引资模式,引得投资者纷至沓来,顶效一时间成为黔西南州招商引资的"洼地"。南昆铁路开通后,随着基础设施的逐步完善,顶效开发区人又本着与时俱进的指导思想,实施了"办节招商""走出去请进来招商""以商招商"等招商引资新举措,收到了良好的效果。近几年来,随着形势的变化和发展,开发区人又根据不断变化的形势,在招商引资的方式方法上不断创新,除坚持原有的有效方法外,还实施了"靠干部的作风招商,靠良好的基础设施招商,靠美好的投资环境招商"等新举措,审时度势地打出了环境是最具竞争力的这张"牌",充分认识到良好的投资软硬环境是加快发展的前提和基础,在资源和市场条件相差不大的情况下,环境显得至关重要。由于认识上的统一、行动上的一致,全区上下齐心打造环境,协力招商引资,从而为西部少数民族地区即欠发达地区的招商引资工作探索了便捷之道。

### 4. 城乡面貌新

通过18年的艰苦创业,18年的开发建设,18的快速发展,顶效开发区实现了跨越式发展的目标,也可以说是在一个镇的行政区域内实现了真正意义上的历史性跨越。预计到2010年底,全区的人均生产总值可望达到1 800美元,城乡面貌发生了深刻变化,基础设施实现了"从农村到城市,在农村建城市,将农村变为城市"的初步目标。城镇化率从1992年创办开发区时的6%发展到现在的60%左右;工业从当初的只有一家农机修理厂到现在的数百家工厂林立;基础设施从当年的仅有一条过境公路到现在的10多条城市大道;城区从当初的农村小镇变成了今天的兴义市新城区。与此同时,社会主义新农村建设整体推进,农村的水、电、路、庭院、房舍等基础设施焕然一新,城乡二元结构的差距相对合理,城乡公共设施的建设和共享度大幅提升,初步形成了城乡一体化建设的新格局,闯出了一条城乡共建,协调发展的新路。

## 第三节 顶效的可持续发展展望

回顾过去,道路曲折,创业艰辛,成绩斐然。是一任又一任开发区人创造了顶效的奇迹,谱写了顶效的华章;是开发区的拓荒者们创建了顶效开发区,拿到了省级经济开发区这块牌子;是第二任开发区人共同规范了顶效经济开发区,保住了省级经济开发区这块牌子。要想发展开发区,进一步提升和打响开发区这块牌子,历史的重任,理所当然地落在了新一任开发区人的肩上。我们完全相信,他们一定会不负众望!

展望未来,机遇与挑战并存,困难与发展相伴,成功与失败同在。这就在于新一任开发区人如何抢抓机遇,迎接挑战;如何克服困难,加快发展。只要开发区人不会就此歇息,顶效的明天就将会更加美好,顶效的明天源于创造!

笔者在总结顶效成功模式的同时,不访对顶效的未来、顶效的可持续发展略以展望。

### 一、要着力打造环境

环境是生产力,环境是生命力,环境是发展的根本潜力。这对于像顶效这样的开发区而言仍然至关重要。总体上说,顶效无论在大环境还是小环境,无论在硬环境还是软环境上,都有了良好的基础,但离发展的要求还有差距。首先是硬环境,还需进一步加大投入,加速打造和完善,方能再引客商,留住客商。其次是软环境,尚需进一步加大力度,建章立制,创新机制,完善奖惩。在硬环境尚未完全到位的情况下，顶效必须通过强化软环境来弥补。要在抓好人文环境、法制环境、政务环境、信用环境等软环境的建设中，着力抓好干部（包括村组干部）的作风建设，通过干部切实做好农民群众的思想工作，以尽快研究解决区、村、组和被征地农户与投资者之间的利益分配机制问题。可考虑将开发区、村、组和被征地农户的利益捆绑起来，形成利益共同体，一致努力，共同招商、亲商和安商。在实践中真正坚持以人为本，着眼于全面发展，立足于开发区人的良好作风和开放形象，以真正实现好、维护好、发展好广大人民群众和客商的根本利益，把思想统一到发展上来，把心思集中到发展上来，把力量凝聚到发展上来，在实践中努力做到"不唯书、不唯上、只唯实"；大胆地闯，大胆地试，有条件要上，没有条件创造条件也要上。正确处理好当前利益和长远利益的关系，以尽快解开当前"项目进场难"的死结，努力创造条件，抢抓国家继续推进西部大开发的机遇，用好用足国家关于西部大开发的相关优惠政策，强力推动顶效新一轮开发建设热潮的到来。

## 二、要加快建设城市

城镇化是有效聚集财富的重要途径，城市化建设的首要任务是提升人气。人气是活力，人气是生机，人气是加快发展的根本动力。这对顶效而言，必须引起高度重视。大家知道，顶效的开发建设是从农村起步的，是在农村建城市，是在经历一个将农民变为市民、再将市民变成纳税人的"三级跳"的过程。正因如此，顶效开发区至今的城市功能尚不配套，居住条件尚未完全具备，从而导致了人气不足。人气不旺制约了顶效的经济发展，影响了顶效的城市建设和对外形象。因此，应结合"十二五"规划的编制，将加快城市化进程提到重要日程，作好规划，找准定位，多方筹集资金投入城市道路、广场、公园、医院等城市功能的配套建设，着力提升人气指数，增添城市氛围，改善居住环境。当前，一要进一步加大对城市基础设施的投入力度，千方百计加快城市建设的速度；二要系统建设和逐项完善城市居住条件，尽快打造一个让人们感到"住在顶效和住在兴义市区一个样"的居住环境；三要着力引进和建设一批能尽快提升人气的相关项目，努力通过项目建设来促进人气兴旺，积极创造条件尽快将顶效建设成为兴义市100万人口的新城区和"兴安兴"150万人口的城市群的中心区。

### 三、要注重提升工业

工业是基础，工业是向导，工业是开发区的主导产业。创办工业是开发区的发展方向，这是根本原则，绝不能动摇，必须紧紧抓住。但就当前正在发生变化的情况而言，应本着与时俱进、科学发展、因地制宜、能快则快的指导思想，结合兴义市将要建成100万人口的城市和"兴安兴"150万人口的城市群的逐步形成，顶效的区位将发生变化的实际，科学调整顶效的总体规划和工业布局。应考虑进一步优化顶效的工业结构，提升工业档次，明确新一轮的工业发展定位；应考虑顶效工业用水相对短缺和兴义城区正在扩大、顶效将建设成为新城区的实际，将现有的冶金企业、化工企业逐步退出或异地搬迁，腾出空间来扩大城市和发展三产贸易。今后顶效工业的发展方向应重点引进和建设用水量少，无污染的轻工业、农副产品加工业和制药等高科技工业项目，努力创造条件将顶效建设成为全州最大的轻工业园区。

### 四、要大力发展三产

三产是活力，三产是动力，三产是提升人气的有效载体。顶效要活跃，要兴旺，离不开三产的带动。作为顶效开发区人应进一步统一认识、解放思想、拓宽思路，切实把三产放开搞活。当前，应结合"十二五"规划的编制，在充分论证的基础上，高起点、高标准地规划和尽快启动建设顶效物流园区，认真抓好沿铁三产贸易，加大力度，加快引进和建设相关的专业市场，充分发挥顶效"旱码头"的作用,大力发展"车站贸易"。要结合实际,出台政策,加强引导,充分发挥顶效"交通枢纽"的作用,大力发展运输业、服务业、饮食业;进一步规范和提升以汽车为主的机械修理行业。要充分利用"贵州龙"这块品牌,尽快启动建设贵州龙公园,注重发挥顶效地理区位优越、文化底蕴厚重、旅游资源丰富等优势,大力发展高档次,有特色的各类文化产业和旅游业,强力推进物流业和房地产业的迅速健康发展。要认真研究并用好用足国家关于实施第二轮西部大开发的优惠政策,积极创造条件,争取在开发区内创办出口加工区或保税区,着力将顶效建设成为黔滇桂三省区结合部的商贸物流中心。

五、要稳步优化农业

农业是保障,农业是根基,农业是一个地区稳定和发展的根本保证。这对顶效而言,无疑应继续给予高度重视。客观地讲,顶效农业面窄量小,但仍然比较重要,这是因为顶效开发区是一个融三次产业为一体的综合开发区的特殊性质所决定的。正因如此,高效农业、特色农业、观光农业、旅游农业等等,已是顶效开发区农业规划和发展的既定方向;整体推进社会主义新农村建设,着力夯实"两个基地"(以绿化优质桃为品牌的果园基地,以贵州龙公园为品牌的旅游服务基础),大力调整农业产业结构,引导农业向市场化、产业化和旅游业过渡,已是顶效农业发展规划的总体目标。为此,应一鼓作气,开拓创新,抓好落实;应一如既往地扎实推进顶效的城乡一体化进程,努力把顶效建成全州社会主义新农村建设的试验示范区。

总之,我们在认真总结顶效开发区成功经验的同时,对顶效的未来发展寄予了希望。回顾过去,鼓舞人心。是顶效开发区人在没有路的地方,用智慧与胆略,靠拼搏与奋进踩出了一条从农村到城市、从贫穷到富裕的路,他们从昨天走到今天,一路披荆斩棘,排难而进,在西部少数民族地区踏出了一条令人瞩目的康庄大道!展望未来,任重道远。需要新一任顶效开发区人面对现实,正视困难,继续开来,乘势而上;需要全体开发区人在新的历史起点上,在从今天走向明天的康庄大道上百尺竿头,更进一步!正值国家继续推进第二轮西部大开发的号角声中,我们回顾总结顶效开发区创造的成功模式,目的在于推而广之;我们展望顶效开发区的美好未来,目的在于鼓舞斗志,勇往直前。为此,我们真诚地希望并相信:新一任顶效开发区人一定会按照省委书记栗战书同志最近在金州调研时对全州经济社会发展的总体要求,结合顶效实际,创造性地开展工作。顶效的事业将会更加灿烂辉煌,顶效的明天将会更加美好!

# 第三十六章 金州扩大开放与加快开发

## 第一节 金州当前经济发展形势分析

按照美国经济学家惠特曼·罗斯托在《政治和成长阶段》一书中提出的经济发展阶段论，一国或一地区经济发展过程可分为"传统社会阶段、准备起飞阶段、起飞阶段、走向成熟阶段、大众消费阶段和超越大众消费阶段"的依次上升的六个阶段，即在不同的发展阶段，发展速度是不同的：低级阶段的发展速度较快，但经济不成熟、不平衡、基数低；而步入成熟阶段后，发展速度将会逐渐下降。这就是经济发展阶段论的一般规律。为此，把握大势，就是要把握金州经济发展所处的阶段性特征及其规律这个大势，以达到顺势起飞、实现跨越、后发赶超目标之要求。

根据上述经济发展阶段论原则的划分，金州当前的整个经济发展形势恰逢起飞阶段。进入起飞阶段的经济区域，一般具有经济发展速度保持高位增长、基础设施和基础产业投资拉动成为经济增长的巨大活力的特征。这就是当前我州整个经济运行所处的发展阶段。因此，我们必须因地制宜，因势利导，把握大势，顺势起飞。

州发改局、州统计局的相关数据显示，金州经济形势总体运行平衡向好，彰显了州委、州政府提出的"扩总量、调结构、拼速度"的总体要求，呈现"稳中求进、跨越发展"的良好态势，并顺利步入了经济发展的起飞阶段。截至2013年10月底，全州新建和在建项目341个，总投资达2 284亿元。投资项目按行业类型分为：

农林水利项目52个,总投资144亿元;城市建设项目95个,总投资360.3亿元;交通运输项目25个,总投资351.4亿元,基础设施项目82个,总投资722亿元;能源项目25个,总投资609.1亿元;社会发展项目29个,总投资34.4亿元;公检法司项目10个,总投资2.8亿元;经贸流通项目13个,总投资49亿元;其他项目10个,总投资10.9亿元。

截至2013年第三季度,金州主要经济指标完成情况为:生产总值完成334.7亿元,同比增长15.5%;农民人均纯收入完成3 703元,同比增长16.9%;工业总产值完成359.89亿元,同比增长16%;工业增加值完成127.42亿元,同比增长16%;固定资产投资完成458.31亿元,同比增长38%;社会消费品销售总额完成104.10亿元,同比增长13.9%;财政总收入完成79.47亿元,同比增长9.71%。

根据上述数据分析,金州经济总体上显现出投资拉动的活力强劲、经济发展快速增长的良好态势,但同时暴露了经济运行本身结构不合理的三大问题。一是从"投资、消费、出口"三驾马车拉动经济发展的角度看,唯有投资拉动这驾马车活力强劲,而消费、出口两驾马车(特别是出口这驾马车)拉动经济的力度严重不足;二是从基础设施和基础产业的投资比率上看,投资于基础设施的项目占70%以上,而投资于基础产业的项目不到30%,这充分体现出全州的基础产业发展不足;三是从工业化和城镇化两大战略的投资上看,投入城镇化的资金远远大于工业化。特别是从实施工业化、城镇化两大主战略的现状上看,城镇化建设的势头和力度远远大于工业化,这充分彰显出当前全州城镇化进程快、工业化进度慢的明显态势,凸现了工业化和城镇化两者间"一条腿短、一条腿长"的现状。

关于"产城互动"问题,经济学家的观点是"先有产后有城",而我们当前的发展现状恰恰是反其道而行之。据不完全预测,全州当前的城镇化进程约揭前了10年,而工业化进程约滞后了10年。

金州管理战略论

如此一前一后，若不引起重视，长此以往，势必受到经济发展规律的制约。

解决"三驾马车"均衡有力地拉动经济发展问题，需要有一个顺应规律、遵循经济发展阶段性特征的渐进过程。当前我州的经济发展刚进入起飞阶段，主要靠投资拉动经济发展完全符合经济发展阶段性特征要求。对此，我们只能把握大势，因势利导，顺势发展，不能操之过急。

解决基础设施和基础产业投入比例不均问题，需要切合实际，因地制宜，注重比例，适时适度进行调整。因为基础设施是发展基础产业的前提条件，没有基础设施的完善，基础产业就难于引进和发展。对此，我们应该深入实际，调查研究，针对问题，协调推进。

解决工业化与城镇化发展进程中的前后问题，必须引起高度重视，切实采取措施，尽快加以落实。工业化和城镇化本是同根生，要相互协调发展。努力把兴义建设成为"三省区"结合部最大的商贸物流中心，这是我州处于"三省通衢"的区位优势所在，无可非议。但建设商贸物流中心并非只重视物流业、旅游业而忽视工业，更不能只重视城镇化而忽视工业化。再者，城镇化建设也应科学规划，因地制宜，稳步推进；不能盲目攀比，贪大求洋，一哄而起；更不能孤立地造城建镇，理应与工业化、产业化相配套。这是市场经济的一般规律。

时任金州州委书记的张政同志在招商引资工作中大力推介和宣传我州具有的三个"独一无二"的优势，但如何通过发挥优势来弥补我州的劣势也是至关重要的。金州目前也同时存在着三个"独一无二"的劣势，即在全国30个民族自治州中，人均生产总值最低是独一无二的，同步小康难度最大是独一无二的，市场体系建设和市场化水平低也是独一无二的。特别是学习贯彻党的十八届三中全会精神，"充分发挥市场配置资源的决定性作用"，更需要我们更加重视工业化和大力发展工业。

## 第二节 对金州当前经济发展的思考与建议

### 一、加强领导,重视工业

工业化是经济社会发展不可逾越的历史阶段,工业化是我国现阶段经济建设中推进"工业化、信息化、城镇化和农业现代化"的排头兵,工业化是贵州省和金州实施"两大战略"中的首要战略。为此,建议州委、州政府进一步加强领导,整合人才,重视工业。

加强领导应成立金州工业发展领导小组,由主要领导担任组长,分管领导任副组长,聚集州人大、州政协懂工业、有经验的领导及职能部门、相关部门懂工业、有经验、会管理的领导或人员为一体,集中力量抓工业。加强领导应注重科学规划,统筹布局,有序协调全州工业产业布局和区域布局。产业布局至少可考虑煤炭产业、黄金产业、铁合金产业、建材产业、医药产业、农特产品加工产业和积极引进装备制造业及高新技术产业等;区域布局应考虑建设"三大板块""两个园区",即"兴安板块""兴贞板块""晴普板块";册亨巧马工业园、望谟平洞工业园。加强领导应进一步统一认识,推进工作。可考虑以学习贯彻党的十八届三中全会和全省第二次工业发展大会精神为契机,近期召开一次全州工业发展和开发区(园区)建设研讨会,全面分析和研讨全州工业发展和开发区(园区)建设的现状、经验和问题,以进一步统一思想、达成共识后,尽快召开全州第一次工业发展大会,结合实际传达贯彻全省第二次工业发展大会精神,安排部署金州的工业经济工作,尽快掀起金州工业发展新高潮。

### 二、理顺关系,发展工业

理顺关系是加快发展的关键环节。州委、州政府尽快结合实际,进一步理顺金州工业发展中的机制体制关系,完善体制机制,

金州管理战略论

加快发展工业。

理顺关系应首先理顺金州的"新区""开发区""园区""试验区"之间的概念混淆的关系。"新区"主要指城市城镇拓展的新城区;"开发区"指经过省以上政府批准建立的工业经济区;"园区"指市州以下政府自行创办的工业小区或其他专业小区;"试验区"则指各级政府创办的具有区域特色的综合性经济区域。以上区域概念在我州应有尽有,数目繁多,交织互在,混淆不清,建议尽快加以理顺与界定。

对此,应着力理顺金州开发区(园区)、新区、试验区、园区办的体制关系。开发区(园区)的管理体制是为推进全州工业开发建设服务的。开发区(园区)体制是有级别区分的,具体可以分为国家级经济技术开发区、省级经济开发区和市州级工业园区。金州现有的开发区(园区)管理体制建议理顺为:州委、州政府只管一个条件较好的开发区,即顶效经济开发区,并努力创办升级为国家级经济技术开发区;兴义市委、市政府可直接管理两个以上省级经济开发区,安龙、兴仁、贞丰、晴隆、普安五县委、政府分别可直接管理或创办一个省级开发区,册亨、望谟两县委、政府可分别直接管理一个州级工业园区。理顺关系应逐步理顺新区、试验区的管理关系。建议州委、州政府统筹几个新区、试验区的整体规划并适时分步实施、分级管理为宜,即州委、州政府只直接管理义龙新区(顶效经济开发区),管理范围的方案之一可考虑调整为马岭河以北兴义市的乡镇和安龙的龙广镇、兴仁的雨樟镇,但最佳方案还是打顶效经济开发区(顶效新区)的合法牌子,管理范围调整为兴义市马岭河以北为宜(龙广镇仍归安龙县、雨樟镇仍归兴仁县管理);兴贞新区当前应是只做规划,缓后建设,而且最好交由两县分别自行管理;蔗乡临港经济试验区,州级应只负责统筹规划,具体实施和管理应交两县分别自行落实。理顺关系还应进一步理顺各县市园区办的管理职能关系,准确地说,现有的园区办仅是一个中间协调机构,不具有管理职能,最好是撤销园区办,将其职能交由相关职能部门归口管理为宜。

· 354 ·

### 三、发挥优势，大上工业

发挥优势是加快发展的根本保证，优势不在，难于发展；优势显现，发展有望；比较优势明显，跨越发展指日可待。州委、州政府应协调组织专题调研，找准列出全州工业发展的比较优势，并注重发挥优势，大上工业。

发挥优势应注重相对比较。比较而言，目前金州首先要发挥富集的矿产资源优势，特别是煤炭资源、黄金资源储量大，而且有一定的产业发展基础，开发前景可观；其次是要发挥水能、风能资源丰富的优势；再次是要发挥与煤炭、水能资源带动发展的建材产业、铁合金等冶金产业发展势头向好的优势。对此，我们必须发挥优势，加快建设，最大限度地延长产业链，提高附加值。

发挥优势应注重发挥地方特色优势。比较而言，金州具有"三大"地方特色资源优势，即品种多样的中药材资源、独具风格的农业特产资源和多姿多彩的少数民族文化资源优势，应尽快将这些地方特色资源通过工业化的手段，加工成特色产品，并尽快进入市场，变成商品，从而获取更大的经济效益。

发挥优势应注重发挥金州独特的区位优势和富足的劳动力资源优势。比较而言，金州的"兴安兴"半小时经济圈地势平坦、交通方便、基础设施相对完善，是大力发展工业的黄金宝地；加之全州拥有80多万人的农村富于劳动力，为工业经济储备了富足的劳动力资源。对此，我们必须充分发挥优势，大办经济开发区、大办工业园区，大力引进工业项目、人才和管理经验，大上工业、尽快补齐工业化这块短板，努力做大财政蛋糕和经济总量，从而实现工业化和城镇化的协调发展。

## 第三节 金州应扩大开放加快开发

综上所述，工业化已成为金州当前经济发展进程中的短板，补齐短板，扩展容量，是金州加快发展、后发赶超、实现跨越的最佳选择。金州应倍加重视工业，围绕工业化，推进城镇化，加快推进农业现代化，努力实现"三化同步"发展，从而实现扩大开放、加快开发之目标定位。

扩大开放，就是要结合金州实际，着力于加快解决金州"加快发展、后发赶超、同步小康"这一当前和今后时期的主要矛盾。抓住"扩大开放"这一矛盾的主要方面，全方位扩大开放、全面扩大开放、竭尽全力扩大开放。通过扩大开放，大力引进人才、技术、资金和管理经验，大力推进工业化、稳步推进城镇化、协调推进农业现代化，在实现"三化"同步的基础上，积极引进和培育信息技术等高新技术产业，迎头赶上全国"工业化、信息化、城镇化、农业现代化"协调发展的步伐。扩大开放应重点打造对外开放的平台和窗口，这个平台就是义龙新区，这个窗口就是顶效经济开发区；应尽快争取义龙新区被批准为省级新区、顶效开发区被批准为国家级经济技术开发区；这个平台就是兴义市的两个省级经济开发区（兴仁、安龙经济开发区）和其余各县的工业园区（力争尽快被批准为省级经济开发区）。

加快开发，就是要结合金州实际，充分发挥金州具有的比较优势，以牺牲一些必要的基础性资源为代价，大量换取金州紧缺的发展性资源，从而实现优势互补，尽快使金州的"经济洼地"变成"投资洼地""建设洼地"和"开放开发洼地"。

要全力打造开发平台，这个平台就是经济开发区和工业园区。要加大对经济开发区、工业园区基础设施的投入，尽快实现"四网一平"，确保加快开发落到实处。

总之，要结合实际打造扩大开放、加快开发的投资平台，考虑在顶效开发区创办保税区和出口加工区，大力引进和培育信息技术、生物技术等产业，跑步跟上全国的"工业化、信息化、城镇化和农业现代化"步伐，进而实现科学发展、转型发展。要努力实现"扩总量、调结构、拼速度、上台阶"的总体要求。只有这样，我们才能抓住发展大势，遵循经济规律，实现顺势起飞；只有这样，我们在"十二五"规划中提出的"五高于""七倍增"的目标才能够实现，金州与全国、全省同步建成全面小康社会的奋斗目标才能够如期实现。

# 参考文献

[1] [美] 萨缪尔森,诺德豪斯. 经济学 [M]. 北京:华夏出版社,1999.

[2] 丁四保. 区域经济学 [M]. 北京:高等教育出版社,2011.

[3] [美] 克雷格,彼得森,等. 管理经济学 [M]. 北京:中国人民大学出版社,2003.

[4] 周天勇. 发展经济学 [M]. 2版. 北京:中央党校出版社,2004.

[5] 周伟林,严翼. 城市经济学 [M]. 上海:复旦大学出版社,2004.

[6] [德] 马克思. 资本论 [M]. 海口:南海出版公司,2013.

[7] 高鹏业. 西方经济学 [M]. 5版. 北京:中国人民大学出版社,2011.

[8] 刘家顺,杨洁. 孙玉娟. 产业经济学 [M]. 北京:中国社会科学出版社,2006.

[9] 李义平. 来自市场经济的繁荣 [M]. 北京:生活·读书·新知书店,2007.

[10] 张军. 孙子兵法 [M]. 北京:时代文艺出版社出版,2002.

[11] 郑学益. "懒蚂蚁企业家"丛书 [M]. 北京:中国财政经济出版社,2004.

[12] 王方华. 企业战略管理 [M]. 上海:复旦大学出版社,2007.

[13] 杜润瑶. 哈佛管理学 [M]. 北京:中国华侨出版社,2012.

[14] 金占明. 战略管理 [M]. 2版. 北京:清华大学出版社,2004.

[15] 明确目标,找准路径,科学发展——论"一二三四"科学发

展思路［N］. 黔西南日报，2009.

［16］《中国招商指南》，2006 年国家信息中心资源开发部（内部资料）.

［17］《黔西南州十二五规划纲要》.

［18］张映红. 公共关系管理［M］. 北京：首都经济贸易大学出版社，2002.

［19］姚惠忠. 公共关系理论与实务［M］. 北京：北京大学出版社，2004.

［20］孙荣. 徐红. 行政学原理［M］. 上海：复旦大学出版社，2008.

［21］宿文成. 博弈学［M］. 延边：延边人民出版社，2008.

［22］王德清. 现代管理学原理［M］. 2 版. 重庆：西南师范大学出版社，2007.

［23］石冠峰，林志扬. 团队建设研究的新思路：边界管理的视角［J］. 中国工业经济，2010（1）.

［24］郑杭生. 社会学概论新修［M］. 北京：中国人民大学出版社，2004.

［25］叶金宝. 文化安全及其实现途径［J］. 学术研究，2008（8）.

［26］马永强，王正茂. 农村文化建设的内涵和视域［J］. 甘肃社会科学，2008（6）.

［27］问道，王非. 思维风暴［M］. 北京：华文出版社，2009.

［28］陈天祥. 人力资源管理［M］. 2 版. 广州：中山大学出版社，2004.

［29］孙彤. 组织行为学［M］. 北京：高等教育出版社，2000.

［30］董克用，叶向峰. 人力资源管理概论［M］. 北京：中国人民大学出版社，2003.

［31］付亚和，许玉林. 绩效考核与绩效管理［M］. 北京：电子工业出版社，2003.

［32］苏东水. 管理心理学［M］. 4 版. 上海：复旦大学出版社，2008.

［33］温毓良. 北大领导课［M］. 北京：新世界出版社，2013.

[34] 毛泽东选集（第一卷）[M]. 1952.
[35] 毛泽东军事思想研究（学术论文集）[M]. 北京：解放军出版社，1984.
[36] 崔文良，武红姝. 三十六计智谋大全[M]. 2版. 长春：长春出版社，2004.

# 后 记

本书系作者于 2002 年至 2013 年 11 年间的理论研究和教学科研成果之一，其中第二十八章"国外先进经验借鉴——以美国为例"，是由作者 2002 年随团前往美国招商引资返程后的考察报告改写而成的；第三十六章《金州应扩大开放与加快开发》，是作者于 2013 年 10 撰写完稿的。全书共三十六章，参考资料恰巧为三十六本书（文），也算献上的是三十六计。历史上"三十六计"的最后一计是"走"为上计，在此，作者认为，金州管理战略的最后一计应是"赶"为上计。

本书意在从决策咨询的角度，向金州从事经济社会管理工作的决策者和管理者献上不成熟的"三十六计"，以供参考。这"三十六计"也是作者身为金州的一名公务员、一名党员领导干部即人民公仆，面对金州长期处于"欠发达、欠开发、欠开放"的三欠境地，同步小康、后发赶超任务艰巨的现实，升华的"在州忧州、在州爱州、在州兴州"的感慨之言，算不上锦囊妙计，但希望能对金州经济社会管理战略的理论研究和实践探索起到抛砖引玉的作用。

由于本书章节的时间跨度较大，加之文中约有三分之一的章节曾独立成文在相关刊物上发表过，故存在章与章之间逻辑关系不够紧密，说理论证不够严谨等不足；加之作者理论水平有限，学术研究不精，深入调查不够，所以归纳概括较为肤浅，有些观点只是一家之言，难免存在疏漏与不足，希望得到领导、专家和读者的批评指正。

作 者

2014 年 4 月 24 日